철학의 여러 문제와
철학실천

한국연구재단 BK21플러스사업으로 달성한 연구성과를 총서로 엮어, 2019년도 강원대학교 국립대학 육성사업비로 출간합니다.

철학의 여러 문제와 철학실천

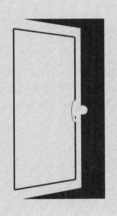

최희봉 김선희 최종문 이기원 유성선 윤석민 황정희 이진남 허서연 하종수

엘피

차례

2부
철학교육

3부
철학실천

현대사회는 철학에게 새로운 시대적 사명과 역할을 요구하고 있다. 그것은 철학의 초심, 즉 본연의 정신으로 회귀하여 그간 상아탑에 갇혀 화석화된 철학의 실천성과 생동성을 회복하는 것이다. 21세기에 이르러 세계는 여러 영역에서 급속한 물질적 성장을 지속하고 있지만, 이에 따른 부작용도 만만치 않다. 특히 최근 들어 각종 심리-정신적 병리 현상이 급속하게 퍼지고 있으며, 그 결과 사람들은 각종 심리적·정서적 장애 및 좌절에 빠지거나, 심한 경우 정체성과 삶의 의미까지 잃게 되어 극단적인 선택을 감행하기도 한다. 그리고 이러한 부정적인 결과들은 사회적 안정과 통합을 저해하는 악순환으로 이어진다.

이 책은 이런 사회적 현상에 대한 철학적 대응의 일환으로서, 강원대학교 철학과 BK21plus 사업팀이 4년여에 걸쳐 수행한 '철학상담치료 인재 양성 사업'의 결실들 중 하나이다. 이 책은 제1부 철학상담에서 시작하여 제2부 철학교육, 제3부 철학실천으로 이어지는 우리 사업팀의 탐구와 활동의 지속과 확장의 과정을 담고 있다. 즉, '철학적 상담과 치료'로부터 진행하여 철학실천이라는 더 넓은 지평을 향하는 방향성을 보여 주고 있다.

최희봉의 〈비판적 사고와 철학상담〉은 비판적 사고를 활용한 철학상담 방법론의 확립을 위한 예비적 시도로서, 필자는 이 글에서 코헨Elliot D. Cohen의 논리기반치료logic-based therapy: LBT에 주목한다. 이것이 가장 최근에, 그리고 명시적으로 비판적 사고의 방법을 표방한 철학상담의 한 형태이기 때문이다. 그리하여 앞의 큰 목적의 일환으로 필자가 수행하고자 하는 현실적이고 구체적인 과제는 이렇다. 코헨의 LBT를 비판적 사고를 적용한 철학상담의 한 형태로 보고, '비판적 사고' 이론과 방법론의 관점에서 LBT의 내용과 의의, 한계 등을 비판적으로 검토하는 것이다. 그럼에 있어 필자는 코헨의 최근 저서《논리기반치료의 이론과 실제》를 주된 텍스트로 삼았으며, 특히 이 저서의 1부 2장에서 상세히 소개하고 있는 LBT 5단계에 초점을 맞춘다. 필자는 기본적으로 비판적 사고 방법론을 '주어진 텍스트에 대해 비판적 사고의 여러 요소와 여러 기준을 적용시키는 것'으로 이해한다. 즉, 비판적 사고자는 여러 요소들을 적용하여 텍스트를 분석하며, 여러 기준들을 적용하여 텍스트를 평가한다. 따라서 이 글에서는 비판적 사고의 이런 분석과 평가의 단계를 철학상담의 진행 과정인 LBT의 5단계에 적용시켜 그 내용을 검토한다.

김선희와 최종문의 〈양심의 가책과 계보학적 철학상담〉은 우선 니체의《도덕의 계보》를 통해서 양심의 가책을 분석한다. 이를 바탕으로 소설《너의 이름은。》속에서 드러나는 양심의 가책을 재해석한다. 이를 통해 우리가 거주하고 있는 세계 속에 존재하는 다양한 이름들이 우리의 생각이나 행동, 나아가 정서에 미치는 영향력을 드러낸다. 나아가 오늘날 철학상담의 주요 대상 중 하나인 허무주의와 같은 과잉정서의 중심에 있는 익명화된 양심의 가책이 수반하는 정서적 오염과 더불어 역-오염, 즉 정서적 차원이 거꾸로 생각이나 감각을 통해 우리의 삶을 오염시키는 역-현상이 드러날 것이다. 뿐만 아니라 익명적 이름을 극복하고 다시 회복하는 대상으로서 실명적 이름의 지평도 드러날 것이다. 이로써 철학상담의 대상으로서 사고 차원과 정서 차원의 상관성이 지니는 상담적 의미도 환기될 것이다.

이기원의 〈공감을 위한 공자 철학상담〉은 《논어》를 중심으로 철학상담의 방법론을 모색한다. 특히 내담자의 개별성이나 독자성, 다양성을 이해하고, 내담자와의 공감의 극대화를 위해 상담자가 가져야 할 자세의 문제에 중점을 두었다. 이 문제를 상호작용과 관계 형성을 위한 공감, 듣기, 말하기, 기다리기라는 측면에서 살펴보았다. 상담자와 내담자 사이를 비대칭 관계가 아닌 대칭 관계로 보기 위해서는 상담자가 내담자의 문제를 어떻게 듣고 무엇을 어떻게 말할 것인가의 문제는 중요하다. 이러한 방법을 통해 내담자의 관점 변화를 유도할 수 있는 시점을 확보할 수 있을 것이다.

유성선의 〈AI시대 철학실천으로서의 인성교육〉은 동양철학의 인성교육적 철학실천의 본성이론으로부터 그 지혜를 찾고 현재에 적용하려는 노력의 일환이다. 4차 산업혁명 AI시대에는 사물의 연결성connectivity을 시작으로 새로운 개념의 강력한 지능intelligence이 대두되고 계속 진화할 것이다. 이 글은 AI와의 공존과 조절 통제는 그래도 인간이 판단하는 것이며, 따라서 인성교육의 철학실천에 입각한 선한 양심의 형성이 어떻게 가능한지 살핀다. 이를 통해 공자의 인과 맹자의 사단지심의 확충 및 호연지기, 퇴계 이황의 리발理發, 율곡 이이의 교기질矯氣質 등이 여전히 우리에게 유효한 인성교육의 철학실천 방법임을 보여 준다.

윤석민의 〈아동기 철학과 도가철학적 고찰〉에서 전개하는 논지는 다음과 같다. '아동기 철학'은 '아동을 위한 철학 또는 아동을 대상으로 하는 철학이나 그러한 철학교육'으로부터, '아동과 함께 하는 철학', '아동에 의한 철학'으로 그 연구가 확장되어 왔다. 그럼에도 현실의 아동기 철학은 대부분 아동을 대상으로 하는 철학, 철학교육에 그치고 있다. 동아시아 도가철학에서 영아嬰兒, 적자赤子가 가지는 본래성, 자발성은 아동이 함께하는 철학, 아동에 의한 철학으로 나아가야 할 주요한 방향과 방법을 안내하고 있다.

황정희의 〈율곡의 지도자 철학교육〉은 율곡 이이의 책《성학집요聖學輯要》 중 〈수기편修己篇〉과 〈위정편爲政篇〉을 바탕으로 철학교육적 의의 및 지도자 철학교육의 필요성, 나아가 현재 운영되고 있는 지도자 교육 프로그램의 부족을 지적하며 이를 바탕으로 실현 가능한 지도자 철학교육의 방법을 제시한다. 결론적으로 이 글은 한국철학을 대표하는 율곡 이이의 철학이 철학실천의 방법으로서 현대의 지도자 철학교육에 유용하게 활용될 수 있음을 보여 준다.

이진남의 〈문제해결과 철학실천〉은 심리학·교육학 등 여러 분야에서 개발되어 온 각종 문제 해결 방식을 비교하고 그 원형으로 존 듀이의 반성적 사고의 다섯 단계를 분석하며, 이 모델들에서 핵심적인 사항들을 뽑아 기존의 철학실천에 적용된 모델들과 비교하고 바람직한 모델을 제시하는 것을 목적으로 한다. 이를 위해 언스트G. W. Ernst와 뉴웰A. Newell, 정보처리론의 IDEAL, CPS, 립맨의 문제해결 모델을 검토한 뒤, 원형으로서 존 듀이John Dewey의 반성적 사고의 다섯 단계를 분석하고《우리는 어떻게 생각하는가How We Think》의 제1판과 제2판의 차이를 통해 교조적 적용에 대한 경계와 과거에 대한 검토가 중요하다는 사실을 보인다. 그리고 듀이의 5단계를 기준으로 여러 문제해결 모델을 비교함으로써 '최종 판단의 보류'와 '끝없는 탐구'라는 비판적 사고의 정신이 문제해결 과정에 있어 핵심이라는 사실을 도출한다. 마지막으로 가족치료의 한 기법인 해결중심치료와 매리노프Lou Marinoff의 PEACE, 피터 라베Peter Raabe의 4

단계 모델을 검토하고 분노치료에 적용한 필자의 모델을 제시한다.

허서연의 〈긍정주의의 문제와 반성적 사고〉는 현대사회에 만연한 긍정주의를 듀이의 철학을 활용하여 비판하는 철학실천이다. 긍정적인 암시가 우리에게 필요한 것은 무엇이든 가져온다는 믿음과 부정적인 생각을 하면 안 된다는 믿음은 우리가 살면서 부딪히는 문제들을 회피하는 태도를 가져온다고 저자는 역설한다. 무반성적인 욕망의 추구는 결코 우리에게 행복을 가져오지 않으며, 철학적인 반성을 통한 문제의 해결만이 실제로 문제를 사라지게 할 수 있음을 주장하는 이 글은 그 자체로 철학실천의 한 사례이자 철학실천의 필요성을 강조하는 글이라고 할 수 있다.

하종수의 〈임상철학과 《우리들의 일그러진 영웅》〉은 이문열의 소설 《우리들의 일그러진 영웅》 속 인물들의 철학적 병을 치료하기 위하여 철학적 해독제를 처방하고 적용하는 과정을 설명한다. 철학적 병의 진단과 처방은 임상철학에 대한 김영진의 주장을 바탕으로 하였다. 저자는 처방의 정확도와 치료 효과를 높이기 위하여 처방의 구성 과정을 세분화하였다. 처방의 적용에서는 철학적 병에 걸린 이들이 스스로 치료할 수 있도록 철학상담의 형식을 취했다. 철학적 해독제에는 공동체주의에서 주장하는 '연고적 자아'와, 알레스데어 매킨타이어Alarsdair MacIntyre의 '서사적 탐색' 그리고 마이클 샌델 Michael Sandel의 '자기통치'의 지혜를 원용하였다.

2016년 8월 우리 사업팀이 선정되었다는 통보를 들었을 때의 감동이 아직도 생생하다. 김선희, 이진남 교수의 헌신적인 노력이 아니었으면 이런 일은 불가능했을 것이다. 이 자리를 빌려 특별한 감사의 뜻을 보낸다. 사업을 마무리하는 시점에 이르니 또 한 번 다양한 감정이 솟구친다. 특히 올 연초에 발표된, BK21plus 사업단들에 대한 종합평가 결과에서 우리 사업팀이 최고 등급인 '매우 우수'의 성적을 받게 되어 더욱더 감동이 크고 진하다. 이제 또다시 총서 발간의 자리를 빌려 지금까지 수고해 주신 철학과 참여교수들, 연구교수들, 참여대학원생들 모두에게 진심 어린 깊은 감사를 드린다.

2020년 2월 6일
사업팀장 최희봉

1부

철학상담

1
비판적 사고와 철학상담

최희봉

이 글은 《철학논집》(제50집, 서강대학교 철학연구소, 2017)에 게재된 논문 〈비판적 사고와 철학상담: 코헨의 LBT 5단계를 중심으로〉를 수정 및 보완하여 재수록한 것 이다.

들어가기

이 글은 비판적 사고를 활용한 철학상담 방법론의 확립이라는 거시적 목적에 기여하기 위한 시도이다. 즉, 일명 '비판적-사고-기반 철학상담critical-thinking-based philosophical counseling'의 방법론을 세우려는 기획의 일환이다. 이를 위해 필자는 국내외 연구들 중 비판적 사고를 활용했다고 표방한 연구들을 검토했으며, 그중 코헨Elliot D. Cohen의 논리기반치료logic-based therapy: LBT에 주목했다. 이것이 가장 최근에 그리고 명시적으로 비판적 사고의 방법을 표방한 철학상담의 한 형태라고 여겨졌기 때문이다. 따라서 필자는 이러한 기획의 초기 단계로서 코헨의 LBT를 상세히 들여다보는 것을 이 글의 구체적 목적 또는 현실적 과제로 삼았다. 코헨의 LBT를 비판적 사고를 적용한 철학상담의 한 형태로 보고 이런 시각에서, 즉 '비판적 사고' 이론과 방법론의 관점에서 LBT의 내용과 의의, 한계를 비판적으로 검토하려 한다.

코헨은 최근의 저서 《논리기반치료의 이론과 실제》에서 자신의 LBT를 소개하고 있는데,[1] 이 책은 두 가지 면에서 의의가 있다. 먼저 이 책은 서적으로 출판된 최초의 LBT 소개서이다. 이 책의 출간 이전에 코헨의 LBT가 중점적으로 소개된 자료는 두 가지가 있는데, 하나는 연수자료집이고 다른 하나는 인터넷 사이트에 게시된 글이다.[2] 두 번째 의의로서, 코헨은 이 저서에서 처음으로 자신의 방법이

---

[1] E. Cohen, *Theory and Practice of Logic-Based Therapy: Integrating Critical Thinking and Philosophy into Psychotherapy*, Cambridge Scholars Publishing, 2013. 이하 Theory and Practice로 표기함.

[2] E. Cohen. "The Theory of Logic-Based Therapy" in (the Handbook of) *the workshop*

비판적 사고를 활용한 것임을 명시적으로 밝히고 있다. 이는 저서의 부제가 "비판적 사고와 철학을 심리치료에 통합시키다"로 되어 있는 데서 잘 드러난다.[3] 이전의 글에서는 '비판적 사고'라는 표현을 명시적으로 거론하지 않았던 코헨은 이 저서에서 책 제목에 이 표현을 적시함으로써 자신의 LBT를 공식적으로 '비판적 사고'와 결부시킨 것이다. 이런 두 가지 이유에서, 즉 이 저서가 LBT를 소개하는 대표적 자료이고 '비판적 사고'의 도입을 공식화했다는 점에서, 필자는 이것을 '비판적 사고 기반 철학상담'의 방법론을 모색하기 위한 주된 자료로 삼고, 이 저서를 중심으로, 특히 1부 2장에서 상세히 소개하고 있는 LBT 5단계에 초점을 맞추어, 코헨의 논리기반치료를 살펴볼 것이다.

이에 앞서 LBT가 철학상담과 어떤 관계가 있는지에 대해 간략히 검토해 볼 필요가 있겠다. 왜냐하면 필자의 궁극적 관심은 여타의 상담이나 치료, 가령 정신의학적 치료나 심리치료보다는 철학상담

---

of Philosophical Counseling by Dr. Elliot Cohen, Fu-Jen Catholic University, Taiwan, 2012. 10. 19-20, pp. 15-28.(대만보인대학교 천주교학술연구센터 및 대만철학상담학회 주관,《철학상담 연수자료집》); E. Cohen, "Logic-Based Therapy: The New Philosophical Frontier for REBT", REBT Network, 〈http://www.rebtnetwork.org/essays/logic.html〉, 2006; 추가적으로 최근에 출간된 또 하나의 LBT관련 저서에서 코헨은 일상의 다양한 정서들에 관한 풍부한 사례분석을 제공하고 있다. E. Cohen, *Logic-Based Therapy and Everyday Emotions: A Case-Based Approach*, Lexington Books, 2016.

3 코헨의 웹사이트에도 '비판적 사고'와 '논리기반치료'가 등장하지만 이 두 개의 분야가 다소 혼란스러운 방식으로 표시되어 있다. 이 두 분야는 두 기관명 속에 포함되어 이 홈페이지의 타이틀에 들어 있는데, 그 타이틀 자리에 두 개의 기관명이 위 아래로 명기되어 있을 뿐, 이 두 기관의 관계에 대해서는 아무런 설명이 없다. 위쪽에 '비판적 사고 연구소Institute of critical thinking'라고 쓰여 있으며, 그 아래에 '논리기반 치료센터Center for Logic-based Therapy'라고 적혀 있는 것이 전부이다. 〈http://www.instituteofcriticalthinking.com/〉 참조.

에 있기 때문이다. 그런데 문제는 정작 코헨 자신은 LBT를 심리치료의 한 형태로 소개하고 있다는 데에 있다. 그는 LBT를 "합리-정서 행동치료rational-emotive behavior therapy: REBT로 알려진 심리치료 이론의 한 변형,"[4] 또는 "철학적이고 논리적인 방법과 이론을 사용하는 비교적 새로운 심리-논리적 상담 형태"라고 규정한다.[5] 이런 점에서 코헨은 LBT를 기본적으로 심리치료의 한 형태로 보고 있음이 분명하다. 그렇지만 간과할 수 없는 사실은 그가 "그것은 또한 '철학실천'(또는 '철학상담')의 한 주도적 형태"라고 말하고 있는 점이다.[6] 문제는 심리치료와 철학실천(또는 철학상담)은 동일하다거나 유사하다고 말하기 쉽지 않은 분야들인데, 코헨이 자신의 LBT를 너무 쉽게 양 진영에 동시에 포함시키고 있다는 데에 있다. 그러나 이런 혼란과 의문의 요소들에 대해 필자는 크게 문제 삼지 않을 것이다. 왜냐하면 LBT의 정체성에 관한 논의는 이 글의 주된 목적이 아니기 때문이다.[7] LBT와 철학상담의 관계에 대해 필자는 앞서 코헨의 주장으로 충분하다고 본다. 본인이 LBT를 철학상담의 한 종류라고 보고

---

4 E. Cohen, *Theory and Practice*, Introduction, p. ix.

5 E. Cohen, *Theory and Practice*, p. 2.

6 E. Cohen, *Theory and Practice*, Introduction, p. ix.

7 LBT의 정체성에 대해서, 이영의는 "논리기반치료는 그것의 시발점인 합리적 정서 행동 치료와 분명히 구별되지 못하고 심리치료와 철학상담의 중간자로서의 애매한 성격을 갖고 있다"고 평가한다. 이영의, 〈논리기반치료의 형이상학〉, 《범한철학》, 제67집, 범한철학회, 2012, 283쪽; 이진남은 "논리기반치료를 합리 정서행동치료와 구분되는 철학치료의 한 형태로 보기보다는, 심리치료와 철학치료의 교집합에 해당되는 것"으로 본다. 이진남, 〈코헨의 논리기반치료에 대한 검토〉, 《인문과학연구논총》, 제35권, 명지대학교 인문과학연구소, 2013, 317쪽; 김선희는 LBT가 지닌 "심리치료와 철학치료 간의 절충성"에 주목하여 LBT의 "절충적 정체성"에 대해 탐구한다. 김선희, 〈논리기반치료와 합리적 정서행동치료의 절충적 정체성에 대한 철학치료적 분석: 진리관을 중심으로〉, 《철학연구》 제102집, 철학연구회, 2013, 342쪽.

있음은 명확하기 때문이다.

이런 점에서, 이 글은 철학상담의 정체성보다는 방법론에 집중한다. 최근 출간된 철학상담치료 분야의 연구 동향을 다룬 한 논문을 보면, 이 분야의 연구들을 정체성, 방법론 및 개별 전공 기반 연구, 이렇게 세 가지로 분류하고 있는데, 이 중 정체성 관련 연구와 개별 전공 기반 연구 쪽에서 풍성한 결과가 산출되고 있음을 알 수 있다.[8] 이렇게 보면 이 글은 철학상담치료의 이론적 연구 분야 중 상대적으로 연구가 미흡한 방법론 분야에 집중함으로써 철학실천 연구의 발전에 기여하려는 시도라고 볼 수 있다.

다음 절에서 필자는 비판적 사고를 활용한 철학상담의 방법에 대한 선행 연구를 살펴보고, 3절부터 본 글의 본론으로 진입할 것이다. 즉 3, 4, 5절에 걸쳐 LBT의 5단계 상담 과정을 살펴보고, 그 내용을 각 단계마다 비판적 사고와 관련해서 검토할 것이다. 그럼에 있어, 필자는 LBT의 5단계를 분석, 평가, 강화의 세 항목으로 구분하여 다룰 것이다. 즉, 3절에서 LBT의 5단계 중 제1단계를 분석의 단계(내담자의 정서와 사고를 분석하는 단계)로, 4절에서는 LBT 제2·3단계를 평가의 단계(분석을 통해 확인된 사항들을 평가하는 단계)로, 5절에서는 LBT 제4·5단계를 강화의 단계(평가를 통해 교정된 사고를 정서적·행동적으로 강화시키는 단계)로 분류하여 진행할 것이다. 이러한 분류는 비판적 사고론에서 일반적으로 구분하는 텍스트의 분석과 평가라는 두 가지 단계를 염두에 둔 것이며, LBT 5단계를 더 큰 단위로 단순화시켜 비판적 사고론과의 비교를 수월하게 하려는 의도

---

8 박은미, 〈철학상담 정체성 관련 논문 연구동향〉, 《시대와 철학》, 제27권 제4호, 철학사상연구회, 2016, 71~113쪽 참조.

를 담고 있다.[9]

비판적 사고를 활용한 철학상담: 선행 연구

비판적 사고를 활용한 철학상담에 대한 국내외 선행 연구를 살펴보자. 먼저 국외 연구의 경우, 비판적 사고를 언급한 연구자들 중 대표적인 인물로 엘리엇 코헨Elliot Cohen과 피터 라베Peter Raabe를 들 수 있다. 코헨은 철학상담과 관련하여 "비판적 사고"를 거론한 최초의 인물일 것이다. 그렇지만 실제로 비판적 사고의 어떤 요소들이 어떻게 철학상담에 적용되는지에 대한 설명은 충분하지 못하다는 것이 필자의 생각이다. 즉, 코헨은 비판적 사고와 관련하여 철학상담을 논한 초기의 글 〈철학상담: 비판적 사고의 몇 가지 역할들〉에서 "논리와 비판적 사고의 어떤 근본적 개념들의 응용이 상담에 대한 철학적 접근에 기여할 수 있는 몇 가지 방식들"을 다루고 있다. 그러나 이 글 어디에서도 자신이 사용하는 '비판적 사고'의 개념이 구체적으로 어떤 것인지에 대해서는 설명하고 있지 않다.[10]

라베도 철학상담에서 비판적 사고의 가치를 중요시하는 인물이다. 특히 그는 철학상담을 구성하는 근본적인 요소들을 열거하면서, 그 첫 번째 요소로서 '철학적 탐구'를 들고 있다. 그리고 이 철학적 탐구의 핵심을 설명하기 위해 라하브Ran Lahav의 '세계관 해석'을 거

---

9 비판적 사고를 분석과 평가의 두 단계로 구분하는 대표적인 이론가에는 알렉 피셔 Alec Fisher와 앤 톰슨Anne Thomson이 있는데, 이 논문에서 필자는 이들의 분석과 평가의 방법을 참조했다. A. 피셔, 《피셔의 비판적 사고》, 최원배 옮김, 서광사, 2010, 83쪽; A. 톰슨, 《비판적 사고: 실용적 입문》, 최원배 옮김, 서광사, 2012, 154쪽 참조.

10 E. Cohen, "Philosophical Counseling: Some Roles of Critical Thinking" 1995, p. 121.

론하면서, 철학상담사가 내담자의 세계관을 해석하는 것을 돕는 일은 "비판적·창의적 사고와 철학적 탐구 일반에서 구체적으로 발견되는 최소한의 몇몇 요소들을 활용함이 없이" 불가능하다고 말한다.[11] 나아가서 철학적 탐구에 중추적인 두 가지 요소로서 그 첫 번째를 상담사의 "철학적 지혜의 깊이와 비판적·창의적 사고 기술들에서의 전문성"을 들고 있다.[12] 문제는 코헨과 마찬가지로 라베도 그가 이야기하는 비판적 사고, 또는 비판-창의적 사고가 구체적으로 무엇인지에 대해서는 만족할 만한 설명을 제공하고 있지 않다는 데에 있다.

다음 국내 연구들로 눈을 돌리면, 비판적 사고를 철학상담에 적용시킨 초기의 연구자 박은미의 논문 세 편이 먼저 시야에 들어온다. 그 첫 논문은 철학실천 분야에서 국내 유일의 정기학술지인《철학실천과 상담》창간호에 게재된 것으로, 제2장 '비판적 사고를 해야하는 이유'에서 비판적 사고를 "어떤 진술이 타당할 가능성과 타당하지 않을 가능성을 동시에 살핌으로써 사태의 전체를 파악하려고 노력하는 것"이라고 정의하면서,[13] 논리를 비트는 심리의 작용에 대항하여 사고의 균형과 평형을 유지하는 이성적 능력을 철학상담에 활용할 수 있음을 역설한다. 두 번째 논문에서는 비판적 사고의 요소들을 조금 더 세부적으로 도입하고 있다. 즉, 제2장에서 논자는 비판적 사고 교육을 위한 방법으로 다음과 같이 네 가지를 소개한다:

11 피터 라베,《철학상담의 이론과 실제》, 김수배 옮김, 시그마프레스, 2010, 206쪽.

12 피터 라베,《철학상담의 이론과 실제》, 207쪽.

13 박은미, 〈논리를 비트는 심리, 심리를 조절하는 논리〉,《철학실천과 상담》제1집, 한국철학상담치료학회, 2010, 266쪽.

①논리와 심리의 차이를 인식하게 한다. ②잘못된 전제를 인식하고 검토해서 교정하게 한다. ③입장을 전환해 보도록 독려함으로써 보다 객관적인 인식에 이르게 한다. ④사태의 연관성이나 생각과 생각의 연관성을 파악하게 한다. 그리고 이 방법을 상담 상황에 접목시킴으로써 철학상담에서 활용할 수 있음을 보여 준다.[14] 세 번째 논문에서 논자는 '교정적 인식'이라는 개념을 도입하는데, 이 개념은 "내담자가 자신의 판단의 편향성을 의식해서 반대 생각에 더 중점을 두어 인식하는 것"을 의미한다.[15] 그런데 이 개념은 이 글에서 필자가 주목하는 비판적 사고의 제 요소와 제 기준들과는 거리가 있는, 일반적이고 대중적인 시각에서 관찰되는 넓은 의미의 비판적 사고 개념을 의미하는 듯하다. 전반적으로 박은미의 연구는 비판적 사고 교육을 철학상담에 접목시키는 분야를 개척했다는 점에서, 또한 학교교육 또는 삶의 현장에서 채집할 수 있는 풍부하고 친숙하면서도 의미 있는 사례들을 철학상담에 활용하고 있다는 점에서 흥미롭고 가치 있다고 생각한다.

다음으로 김덕수는 자신의 논문에서 철학상담의 방법론에 도움이 될 비판적 사고의 진정한 적용은 "단순히 사고능력이나 기술로부터 이루어지는 것이 아니라 사고의 성향과 더불어 사고능력이 전개될 때"라고 본다.[16] 따라서 그에 따르면 비판적 사고를 철학상담에 진정

---

14 박은미, 〈철학상담의 방법론으로서의 비판적 사고 교육: 그 적용방법과 사례를 중심으로〉, 《시대와 철학》 제21권 제3호, 한국철학사상연구회, 2010, 424~446쪽 참조.

15 박은미, 〈비판적 사고의 활성화를 통한 철학상담의 방법론 제안: 교정적 인식의 방법〉, 《시대와 철학》 제25권 제3호, 한국철학사상연구회, 2014, 77쪽.

16 김덕수, 〈철학상담에 대한 칸트적 접근: 비판적 사고와 도덕적 문답법을 중심으로〉, 《인문과학연구》 제50집, 인문과학연구소, 2016, 235쪽.

하게 적용하기 위해서는 무엇보다 비판적 사고의 성향을 논의에 포함시켜야 한다. 이를 칸트에 적용시키면, 칸트에 있어서 진정으로 덕을 도야한다고 할 때 여기에는 판단력의 훈련과 올바른 감정의 훈육이 포함되어야 하며, 이 양자를 통해 덕을 도야하게 만들어 주는 것이 칸트의 도덕 문답법이다. 그리하여 칸트의 도덕 문답법이 철학상담의 중요한 방법이 될 수 있다는 것이 김덕수의 기본 입장이다.

이상의 연구들은 비판적 사고와 관련해서 철학상담을 다룬다는 점에서 현 연구와 공통되지만 그 차이도 확연하다. 앞의 연구들은 '교정적 인식', 또는 '도덕 문답법'이라는 특정한 개념을 비판적 사고 또는 비판적 사고 성향을 대표하는 것으로 부각시켜 이런 개념들을 중심으로 철학상담을 논하지만, 일반적으로 논의되는 비판적 사고 방법론에 대해서는 다루고 있지 않다. 이와 달리 필자는 일반적인 비판적 사고 방법론을 가지고 철학상담을 고찰할 것이다. 즉, 한 손에는 철학상담의 한 모델인 LBT를 놓고, 다른 한 손에는 일반적인 비판적 사고 방법론을 놓고, 이 둘을 대조하는 방식으로 논의를 진행할 것이다.

분석(LBT 제1단계): 정서와 추론의 이해

LBT의 첫 번째 단계인 "내담자의 정서적 추론 확인하기"는 크게 두 개의 하위 단계로 이루어진다. 첫 번째가 내담자의 정서적 추론의 요소들을 찾고, 이 요소들을 가지고 실천삼단논법을 작성하는 단계이며, 두 번째는 상위 실천삼단논법의 전제들을 찾는 단계이다. 전자에서 상담사는 내담자의 감정적 사고를 구성하는 요소로서 정서emotion, 대상object, 평가rating에 해당하는 것들을 찾아내고, 이것들을 추론의 형태로 재구성한다. 후자에서는 내담자의 추론의 전제를 더 파고들어 그 상위의 전제들을 찾아낸다.

  제1단계의 내용을 살펴보기에 앞서, 코헨이 5단계 전체에 걸쳐 적용하는 하나의 상담 사례에 대해 그 개략을 설명할 필요가 있다. 즉, 코헨은 자신의 다섯 단계 상담을 진행하면서 하나의 사례를 모든 단계에 걸쳐 일관되게 사용함으로써 독자로 하여금 하나의 사례가 각 단계에서 어떻게 실제로 적용되는지를 잘 보여 주고 있는데, 이렇듯 하나의 사례를 다섯 단계에 동일하게 적용시키는 작업은 이전의 글에서는 없었던 새로운 시도이다. 이 사례는 내담자가 아버지에게 자주 바보라는 말을 들으면서 점차 자신을 세상에서 쓸모없는 인간이라고 생각하게 되어, 스스로 자기비하에 빠지고 우울감에 시달린다는 이야기를 담고 있다. 코헨은 이 사례에 등장하는 내담자의 신상이나 환경에 관한 세부적인 정보를 제공하고 있지 않기에, 필자는 사례에서 진행된 상담사와 내담자 사이의 대화 내용을 통해서 내담자의 세부 사항을 다음과 같이 추정하고 논의를 진행할 것이다. 즉, 내담자는 고등학교를 졸업하고 부모의 그늘에서 떠나 부모의 집 근처에 조촐한 방을 얻어 살고 있으며, 근처에 있는 작은 직장에 다니거나 아르바이트를 하고 있을 것이다. 그는 정기적으로 주말이나 휴일에 부모 집에 들러 가족이나 친지들이 함께하는 식사 모임에 참가하는데, 그 자리에서 그의 아버지는 자주 내담자에게 바보라고 핀잔을 준다는 것이다. 이로 인해 내담자는 자기비하와 우울감에 시달리게 되어 상담사를 찾게 되었다는 것이 필자가 추정한 사항이며, 이 사례는 이 글의 끝까지 거론되기에 이후로는 '바보 아들의 사례'라고 줄여 부르겠다.

정서와 기본추론

먼저 LBT 1단계의 첫 번째 과정, "내담자의 정서적 추론의 요소들 찾기"에 대해 살펴보자.[17] 코헨은 이 단계의 특징을 현상학적이고 소크라테스적이라고 규정하는데, 이런 특징은 이 단계에서 활용하는 다음의 세 가지 탐구의 방법에서 확인될 수 있다. 즉, ①개방형 질문open-ended questions, ②적극적 듣기active listening, ③정의 요청하기 asking for definition가 그것이다. 코헨에 따르면, 이 세 가지 방법을 적용하여 내담자와 대화하는 과정에서 상담사는 내담자의 지향적 대상과 그 대상에 대한 평가를 찾아낼 수 있다. 그리고 이런 대상과 평가를 통해 내담자의 기본 정서와 이 정서를 낳는 추론을 확인할 수 있게 된다. 이런 과정을 통해 상담사가 확인한 정서emotion는 지향적 대상intentional object과 이에 대한 평가rating로 이루어지며, 이것과 관련된 추론은 "만일 O이면 R이다. 그런데 O이다. 그러므로 R이다"의 형태를 띤다.

예를 들면 상담사는 '바보 아들'의 사례에서 그 아들이 자신에게 자주 바보라고 핀잔을 주는 아버지 때문에 우울감에 빠져 있음을 확인한다. 이 우울감의 요인은 '아빠가 자주 자기를 바보라 부른다'는 사태와 이에 대한 자신의 평가, 즉 그런 말을 듣는 자신은 스스로 가치 없는 존재라고 하는 자기비하적 평가이다. 이 요소들을 확인한 상담사는 이제 이것들을 가지고 아래와 같은 논증을 구성한다.

〈기본추론〉
(규칙) 만일 아빠가 자주 나를 바보라고 부른다면(O), 나는 무용지

17　E. Cohen, *Theory and Practice*, p. 21.

물이다(R).

(보고) 아빠는 자주 나를 바보라고 부른다(O).

(결론) 그러므로 나는 무용지물임에 틀림없다(R).

이 논증은 논리학의 명제논리에서 다루는 논증들 중 조건삼단논법에서 전건긍정식modus ponens의 형태를 띠고 있다. 상담사는 대화를 통해 내담자로부터 두 가지 정보를 얻는다. 먼저 내담자의 정서, 즉 그의 우울감을 들여다보면 내담자가 보고한 내용 중에서 그 정서가 가리키는 지향적 대상을 확인할 수 있다. 아버지가 내담자를 자주 바보라고 부른다는 사실이 그것이다. 다음으로 이에 대한 내담자의 평가, 즉 그 사실을 놓고 내담자는 '그렇기에 나는 무용지물이다'라고 평가하고 있음을 상담사는 확인할 수 있다. 상담사는 이 두 가지에 기초하여 이 논증의 대전제를 찾아내어 하나의 완성된 형태의 논증을 구성한 것이다. 이 논증은 더 이상 생략된 형태의 논증이 아니다. 두 개의 전제가 다 갖추어졌으며, 특히 대전제(If O then R)가 분명하게 드러난 것이다. 이제 상담사는 정당화되어야 할 폭로된 규칙을 검토할 수 있게 되었으며, 이처럼 내담자의 기본적 정서추론이 확인되고 이 추론을 내담자를 통해 검증하고 나면, 상담사는 이 추론을 더 깊게 조사하는 다음 단계로 진행할 수 있다.

지금까지 살펴본 LBT 제1단계의 첫 번째 과정을 놓고, 이 과정에 비판적 사고의 방법론이 적용된 부분을 검토해 보자. 먼저 내담자의 정서와 그 요소들(지향적 대상과 평가)을 탐색하는 과정, 특히 ②, ③의 과정에서 상담사는 명백히 비판적 사고의 방법을 사용하고 있다. 즉, 개념의 의미를 명료화하는 작업을 하고 있다. 앞서 살펴본 세 가지 사항 중에서 비판적 사고의 방법적 특징과 관련된 것은 '적극적 듣기'와 '정의 요청하기'이다. 이 두 가지는 내담자의 이야기를 분명하게 이해하기 위한 (그리하여 문제를 제대로 진단하기 위한) 필수적인 과정이다. 즉, 내담자의 정서가 어떠하며, 그런 정서를 낳는 추론의 요소들을 찾기 위한 기본적인 조건이, 내담자와의 상담에 들어 있는 표현들의 의미를 명료화clarify하고 구체화precise하는 일이다.[18] 예를 들어, 현재의 사례에서 상담사는 내담자가 사용한 구어체 또는 속어적 표현을 대화를 통해 되물으면서 의미를 구체화한다. 속어를 사용하기에 의미가 불분명한 경우로서, 상담사는 내담자가 "아빠는 내 기분은 안중에도 없다"는 의미로 "··· my dad really just doesn't give a damn"이라 말한 것에 대해 보다 분명한 일상어로 의미를 명료히 한다. 또한 내담자가 그냥 모호하게 "정말 무가치하게 느껴져요(I feel so unworthy)"라고 말한 것에 대해, 내담자 자신이 아니라 "아빠에 대해 무가치하게 느껴진다는 말이죠?(Unworthy of him?)"라고 되물으면서 의미를 분명히 하고 있다.[19]

개념의 의미를 명료히 하는 작업은 비판적 사고 이론가들이 공통적으로 채택하는 비판적 사고의 여러 가지 요소들 가운데 하나에 해당한다. 이제 코헨의 LBT의 5단계를 비판적 사고 방법론을 가지고 분석하기 위해, 필자는 (별도의 절을 할애함이 없이) 이 자리를 빌어 필자가 생각하는 비판적 사고의 방법론이 무엇인지에 대해 설명하고자 한다. 비판적 사고를 적용하기 위해서는 적어도 그 개념에 대

---

18 코헨에 따르면, 상담사는 "모호하거나 불분명한 언어를 명료화하거나 또는 정의 내릴 필요가 있다": E. Cohen, *Theory and Practice*, p. 22.

19 E. Cohen, *Theory and Practice*, p. 22.

한 정의와 방법론에 대한 구체적인 그림이 있어야 하기 때문이다. 물론 이것에 대해 이론가들 사이에 견해 차이가 있기는 하지만, 어느 정도 의견이 일치하는 방법론이 존재한다는 것이 필자의 생각이다. 필자가 생각하는 비판적 사고의 방법론이란 다름 아닌 '주어진 또는 자신이 구성한 텍스트를 놓고 이것에 대해 비판적 사고의 여러 요소와 여러 기준을 적용시키는 것'이다.[20]

비판적 사고의 요소와 기준들은 이론가들에 따라, 여덟아홉 또는 열 가지로 열거되는데, 비판적으로 사고한다는 것은 이런 요소들을 가지고 텍스트를 분석하고 이해하며, 이 요소들에 대해 특정 기준들을 적용시켜 판단하고 평가하는 것을 말한다. 따라서 필자가 코헨의 LBT를 비판적 사고의 관점에서 검토한다고 할 때 바로 이런 요소와 기준들을 코헨이 자신의 LBT에 얼마나 적용시키고 있는지를 검토하는 것이 될 것이다. 이제 '개념'을 포함하여 비판적 사고의 요소와 기준들을 이론가에 따라 열거하면 〈표 1〉, 〈표 2〉와 같다.[21] 그리고 앞서 LBT에서 비판적 사고의 성격을 지닌 첫 번째 것으로 언급한 '개념'의 의미에 관한 탐구를 아래 표를 적용시켜 설명하면, 〈표 1〉의 5번 요소('개념')를 〈표 2〉의 1번 기준인 '명료성clarity'과 2번 기준

---

20 비판적 사고의 정의와 그 방법론에 대해서는 졸고 2장 '비판적 사고 방법론' (588~591쪽) 참조; 최희봉·김태영, 〈비판적 사고와 철학적 논증〉, 《교양교육연구》 제8권 제6호, 한국교양교육학회, 2014. 585~614쪽 참조.

21 R. Paul and Linda Elder, *Critical Thinking: Tools for Taking Charge of Your Learning and Your Life*, New Jersey: Prentice Hall. 2001, p. 50(요소, 기준); G. Nosich, *Learning to Think Things Through: A Guide to Critical Thinking in the Curriculum*, Prentice-Hall, 2001, p. 87(요소), p. 117(기준); 김영정, 〈비판적 사고의 9요소와 9기준〉, 《대한토목학회지》 제53권 제11호, 대한토목학회, 2005, 218쪽(요소), 222쪽(기준); 박은진, 김희정, 《비판적 사고를 위한 논리》, 아카넷, 2004, 26~34쪽(요소), 34~41쪽(기준).

인 '정밀성precision'에 비추어 평가하고 의미를 분명히 하는 것이다.

〈표 1〉 비판적 사고의 요소

	1	2	3	4	5	6	7	8	9	10
리처드 폴	목적	문제	정보	함축 (귀결)	개념	관점	가정	추론		
제럴드 노지츠	목적	문제	정보	함축 (귀결)	개념	관점	가정	결론, 해석		
김영정	목적	문제	정보	함축	개념	관점	전제	결론	맥락	
박은진, 김희정	목적	현안 문제	정보	함축 (귀결)	개념	관점	가정	추론 (결론)	맥락	대안

〈표 2〉 비판적 사고의 기준

	1	2	3	4	5	6	7	8	9	10
리처드 폴	명료성	정밀성	정확성	중요성	관련성	논리성	폭넓음	깊이	공정성	완전성
제럴드 노지츠	명료성	정밀성	정확성	중요성, 관련성			폭넓음	깊이	충분성	
김영정	분명함	명료성	정확성	중요성	적절성	논리성	다각성	심층성	충분함	
박은진, 김희정	분명함	명료성	정확성	중요성	적절성	논리성	폭넓음	깊이	공정성, 충분성	

이렇게 보면 현 단계에서 비판적 사고의 요소들 중 또 다른 요소가 활용되고 있음을 알 수 있다. 즉, 정서추론을 구성하는 과정을 비판적 사고의 관점에서 바라보면, 이런 작업에서 비판적 사고에서 '숨은 가정 찾기'에 해당하는 요소를 발견할 수 있다.[22] 앞의 사례에서 대화

---

22 코헨이 "이전에는 생략되었던 대전제 규칙이 (…) 분명하게 모습을 갖추었다"고 말할 때, '생략되다suppressed'라는 말의 의미는 정신의학의 용어인 억압repression 이나 억제suppression와 관련되기보다는, 논리학이나 비판적 사고에서 사고자가 추론의 과정에서 당연히 참인 것으로 가정하여 '생략한(숨긴) 믿음이나 사고'를 뜻한 다. E. Cohen, *Theory and Practice*, p. 24. 그리고 동일 저서 11쪽의 소절(억제에 관한 LBT의 이론) 참조.

를 통해 내담자가 상담사에게 제공한 정보(보고)는 소전제이며, 내담자가 자신을 쓸모없는 존재라고 스스로 평가한 문장은 그의 추론의 결론이 된다. 이러한 사고의 진행을 검토하면서 상담사는 이런 추론이 생략된 형태이며, 이 추론을 완성된 형태로 만들기 위해 이 추론의 숨은 전제를 찾는다. 앞의 〈기본추론〉에서 "(규칙) 만일 아빠가 자주 나를 바보라고 부른다면, 나는 무용지물이다"가 바로 상담사가 찾아낸 내담자의 숨은 가정인 것이다. 이러한 숨은 가정 찾기는 비판적 사고 방법론에서 매우 중요한 요소를 차지하며 〈표 1〉 7번 '가정'에, 〈표 2〉 3번 '정확성'에 해당한다.[23]

상위 추론: 상위 삼단논법의 전제들

LBT 제1단계의 두 번째 과정은 앞 과정에서 확인한 기본 정서추론에 기초하여, 그 상위의 추론을 구성하는 과정이다. 많은 경우 정서추론의 규칙 전제들은 그 자체로 다른 상위 규칙들로부터 연역된다. 따라서 내담자의 정서추론의 배후에는 일련의 상호 연결된 삼단논법들이 존재하며, 상담사는 후속 회기들에 걸쳐서 내담자와 대화를 통해 더 많은 추론을 구성하고, 그 추론의 대전제를 찾아내는 작업을 하게 된다. 코헨은 앞서 소개한 사례를 통해 상담사가 기본추론에 이어서 상위의 추론을 3개 더 찾는 과정을 소개한다. 그 과정은

---

23 정확성accuracy은 '사실' 또는 '참'과 관련된 기준이다. 정확성에 대한 물음은 '그것이 정말로 참인가?'를 포함한다. Richard Paul, Linda Elder, *Critical Thinking: Tools for Taking Charge of Your Learning and Your Life*, New Jersey: Prentice Hall. p. 85; '정확성은 사실과 관련된, 혹은 참과 관련된 기준이다.' 박은진 · 김희정, 《비판적 사고를 위한 논리》, 37쪽.

앞에서 내담자의 정서 및 기본추론 확인에서와 마찬가지로 별도의 대화를 통해 면밀한 검증 과정을 거친다. 이 과정을 거쳐 완성된 3개의 상위추론을 한눈에 이해하기 위해 필자가 아래와 같이 표로 정리해 보았다.[24]

〈표 3〉 상위추론-1

(대전제 규칙 2)	만일 내가 아빠에게 인정받지 못한다(D)면, 나는 무용지물이다(W).
(연결 전제)	만일 아빠가 자주 나를 바보라고 부른다(T)면, 나는 아빠에게 인정받지 못하는 것이다(D).
(대전제 규칙 1)	그러므로 아빠가 자주 나는 바보라고 부른다(T)면, 나는 무용지물이다(W).
(보고)	아빠는 자주 나를 바보라고 부른다(T).
(결론)	그러므로 나는 무용지물임(W)에 틀림없다.

〈표 4〉 상위추론-2

(대전제 규칙 3)	만일 내가 내게 중요한 어떤 사람들에게 인정받지 못한다(S)면 나는 무용지물이다(W).
(연결 전제)	만일 내가 아빠에게 인정받지 못한다(D)면 나는 내게 중요한 어떤 사람들에게 인정받지 못하는 것이다(S).
(대전제 규칙 2)	그러므로, 만일 내가 아빠에게 인정받지 못한다(D)면 나는 무용지물이다(W).

〈표 5〉 상위추론-3

(대전제 규칙 4)	나는 내게 중요한 모든 사람들에게 인정을 받아야만 한다(A).
(연결 전제)	만일 내가 내게 중요한 모든 사람들에게 인정을 받아야만 한다(A)면, 그렇다면 (만일 내가 내게 중요한 어떤 사람에게 인정받지 못하면(S), 나는 무용지물이다(W))이다.
(대전제 규칙 3)	그러므로 만일 내가 내게 중요한 어떤 사람에게 인정받지 못한다(S)면, 나는 무용지물이다(W).

위의 세 가지 상위추론은 앞의 기본추론의 대전제를 결론으로

---

24 E. Cohen, *Theory and Practice*, pp. 24-27.

하여 상위의 전제들로 진행하여 최상위 전제, 즉 "기반 전제bedrock premise"[25]에 이르는 일련의 연결된 추론이며, 이 추론을 통하여 3개의 전제들이 추가로 드러난다. 이 전제들이 내담자가 대화를 통해 보고한 사건과 결합하여 내담자의 자기비하적 평가를 낳고, 이런 자기평가가 우울함의 정서를 결과한 것이다. 이렇게 하여 LBT 제1단계가 마무리된다. 즉, 내담자의 정서추론들을 구성함으로써 이 추론의 대전제들을 확인하는 단계가 끝난다.

이제 이 단계와 비판적 사고가 어떻게 관련되어 있는지를 살펴보자. 먼저 이 과정에서 특징적인 것은 무엇보다 논리학적이라는 것이다. 코헨은 일련의 전건긍정식을 사용하여 상위추론과 그 추론의 대전제를 찾아가고 있다. 이것을 기호화하여 논식으로 정리하면 아래와 같다.

〈표 6〉 기본추론과 상위추론

상위추론3	대전제 규칙-4	A
	연결 전제	$A \rightarrow (S \rightarrow W)$
상위추론2	대전제 규칙-3	$\therefore S \rightarrow W$
	연결 전제	$D \rightarrow S$
상위추론1	대전제 규칙-2	$\therefore D \rightarrow W$
	연결 전제	$T \rightarrow D$
기본추론	대전제 규칙-1	$\therefore T \rightarrow W$
	보고	T
	결론	$\therefore W$

이런 전문적인 논식을 활용하기 때문에 코헨이 이 상담 기법에 논리기반치료라는 이름을 붙였음을 잘 알 수 있게 해 주는 대목이

---

25   E. Cohen, *Theory and Practice*, p. 26.

다. 이렇듯 LBT는 기호논리의 형식을 사용함으로써 사고의 과정을 명쾌하게 이해하고 대전제 자리에 있는 신념(숨은 가정)을 쉽게 찾아낼 수 있는 장점이 있다. 그런데 LBT의 이런 특징은 논리적 특징이지 비판적 사고의 특징이 아니지 않을까? 이런 요소 하나에만 집중한다면, 즉 이 상위추론의 기호논리적 성격만 본다면 이는 순전히 논리적이다. 다만 이 상위추론 구성의 과정을 LBT의 다섯 단계를 통해 바라본다면, 이 과정은 비판적 사고의 일부로서 기능하는 것으로 볼 수 있다. 추론 또는 논증을 활용하는 것은 비판적 사고 방법론에 당연히 포함된다. 즉, 앞의 〈표 1〉 8번 '추론'과 〈표 2〉 6번 '논리성'과 관련된다.

문제는 이런 전문적인 기호논리학적 요소가 상담에서 내담자에게 부담을 느끼게 하지 않을지 우려된다는 것이다. 앞의 상위추론의 예를 보더라도 상담사는 여러 종류의 삼단논법의 논식을 사용하고 있다. 〈표 6〉에서 확인할 수 있듯이 전건긍정식, 가언삼단논법, 복합된 형태의 전건긍정식이 그것이다. 이 정도로 명제논리의 기호식을 구성하고 이해하려면 내담자가 적어도 대학교에서 기초논리학을 이수한 수준은 되어야 할 것이다. 물론 이 점을 고려하여 코헨은 그의 주저 제2장에서 LBT 5단계를 다룬 직후, 제3장에서 정서추론 템플릿을 제공함으로써 이 난점을 완화시키고자 하지만,[26] 이는 또한 자신의 LBT가 지나치게 논리적이라는 점을 코헨도 인정하고 있음을 방증하는 것이기도 한다.

다음으로 현 과정(LBT 제1단계 제2과정)이 비판적 사고와 관련되는 지점은 추가적인 '숨은 가정 찾기'의 작업에 있다. 이 과정에서

---

26   E. Cohen, *Theory and Practice*, pp. 41-52 참조.

상담사는 상위추론을 구성함으로써 숨은 가정으로서의 대전제 규칙 2, 3, 4를 추가적으로 찾아낸다. 이런 전제(가정) 찾기 작업은 전형적인 비판적 사고의 방법에 속하며, 이런 전제들의 수용가능성 여부를 판단하는 작업이 비판적 사고의 기준들을 적용하는 단계에서 이루어진다. 코헨의 LBT에서는 제2단계에서 이 가정들의 정체를 확인하고, 제3단계에서 본격적으로 기준을 적용한 평가를 통해 가정을 반박하는데, 이는 다음 절에서 살펴볼 것이다.

다만 현 과정에서 필자가 아쉽게 느끼는 부분은, LBT는 숨은 전제를 찾기 위한 추론의 형식을 전건긍정식과 가언삼단논법에만 한정시켰다는 데에 있다. 명제논리에서 숨은 전제를 포함할 수 있는 타당한 논식의 종류는 이것들 외에도 여럿 있다. 즉, 후건부정식, 선언삼단논법, 딜레마의 논식들을 통해서도 숨은 전제를 찾을 수 있다. 그것뿐인가. 추론에는 비형식적 추론도 있다. 즉, 다양한 종류의 귀납추론들에서도 생략된 전제를 찾을 수 있을 것이다. 예를 들어 유비논증을 보자. 즉 A와 B 사이의 유사성에 대한 가정이 생략되는 경우도 생각할 수 있다. 내담자 중에는 이런 유비추론을 통해 결론으로서 특정한 믿음에 도달한 사람도 있을 것이다. 그런데 이런 결론을 뒷받침하는 전제들 중 하나로서 유비논증의 대전제가 잘못된 것일 수도 있는 것이다.

나아가 추론에는 타당한 추론만 있는 것이 아니라 부당한 추론, 즉 오류추론도 있다. 비판적 사고에서는 이런 잘못된 추론을 찾아내는 것도 중요한 활동에 해당한다. 이에 대한 논의는 추론의 평가와 관련된 다음 절에서 다루겠다.

평가(LBT 제2단계와 제3단계): 비합리적 전제들의 확인과 반박

LBT의 제2단계와 제3단계는 비판적 사고 방법론의 관점에서 보면 분석의 단계에 뒤따르는 평가의 단계에 해당한다고 볼 수 있다. 즉, 앞의 LBT 제1단계는 분석의 단계로서, 개념의 명료화, 숨은(생략된) 가정 찾기, 추론에 대한 분석(전제와 결론의 관계에 대한 구조적 이해)을 담고 있다. 제2·3단계는 일정한 기준들을 적용하여 텍스트를 평가하는 단계에 해당된다. 제2단계에서는 LBT에서 확정한 기본 오류들의 목록에 비추어 내담자의 가정들이 어떤 오류에 해당하는지를 판정한다. 그리고 제3단계에서는 이 가정들을 논박한다. 즉, 이 가정들이 왜 오류인지, 왜 거짓인지(또는 왜 수용가능성이 낮은지)를 입증한다.

제2단계: 비합리적 전제들 확인하기

LBT의 제1단계에서 상담사는 내담자의 주된 정서를 확인하고 이 정서에 결부된 추론을 구성한다(제1단계 제1과정). 나아가 이 추론을 확장시키면서 추가적 추론을 구성함으로써 상위 전제들을 찾는다(제1단계 제2과정). '바보 아들'의 사례에서 내담자인 아들의 주된 정서는 '우울감'이며, 이 우울감은 그 지향적 대상인 '아빠가 나를 자주 바보라고 부른다'는 사태와 이 사태에 대한 그 자신의 평가, '나는 무용지물임에 틀림없다'의 결과물이다. 상담사는 이로부터 '기본추론'을 구성하는데, 이 추론의 대전제로 확인되는 것이 바로 '아빠가 나를 자주 바보라고 부른다면, 나는 무용지물임에 틀림없다'는 믿음이다. 이 기본추론에 기초해서 상담사는 내담자의 사고 속에서 상위의 전제들을 찾아낸다.

이제 제2단계에서 상담사는 내담자의 추론들 속에 들어 있는 전제들 가운데 문제가 되는 것들을 찾아낸다. 이 전제들을 코헨은 "비합리적 전제들" 또는 "오류들"이라고 부르는데, 이런 전제들이 현 단계에서 상담사가 공략할 목표물이 된다. 상담사는 현재의 사례에서 발견된 전제들을 LBT의 중대 오류들cardinal fallacies의 목록에 기초하여, 아래와 같이 3개의 오류들로 분류한다.[27]

먼저 앞 단계에서 찾아낸 '대전제 규칙-4'를 보자. 이것은 추론에서의 공리에 해당하는 것으로, LBT의 '중대 오류들'에서 완벽성 요구demanding perfection의 오류에 해당한다. 즉, 현 사례에서 내담자는 자신에게 중요한 사람들 모두에게 인정을 받아야 한다고 요구하는 오류를 범하고 있다. 다음으로 '규칙-2'와 '규칙-3'은 또 다른 중대 오류들 중 하나인 "인정 저주approval damnation"에 해당하는 것으로, "타인의 인정을 박탈당하거나 얻지 못한 것에 근거하여 자기 자신의 가치를 부정적으로 평가하는 것"을 의미한다.[28] 마지막으로 '규칙-1'은 "시류 편승jumping on the bandwagon"의 오류에 해당하는데, 이것은 "어떤 개인 또는 그 그룹이 말하거나 행위하는 것에 대한 진실성 없는 또는 앵무새 같은 순응"을 의미한다. '바보 아들'의 사례에서, 내담자는 자기 아빠가 자신을 바보라 하니까 그런 시각에 편승하여 자

---

27 LBT의 중대 오류들의 목록은 다음과 같다: 완벽성 요구Demanding Perfection, 시류 편승Jumping on the Bandwagon, 자기중심적 사고The World Revolves-Around-Me, 파멸적 사고Catastrophic Reasoning, (자기, 타인, 우주에 대한) 저주 Damnation(of self, others, and the universe), 난-못해-사고Can'tstipation, 의무적 걱정Dutiful Worrying, 교묘히 조종하기Manipulation, 현실을 지나치게 단순화하기 Oversimplifying Reality, 개연성 왜곡하기Distorting Probabilities, 맹목적 추측Blind Conjecture; E. Cohen, *Theory and Practice*, p. 14.

28 E. Cohen, *Theory and Practice*, p. 27.

신을 무용지물이라고 믿는다.

이 두 번째 단계에서 상담사는 제1단계에서 구성한 추론들의 대전제 자리에 있는 비합리적 전제들을 LBT의 '중대 오류' 목록에 기초해서 분류한다. 이러한 중대 오류는 코헨의 LBT를 떠받치는 4개의 형이상학적 전제들 가운데 하나인 "인간은 태생적으로 오류가능적이며 그들의 행동적, 정서적 추론의 전제들은 오류를 포함하는 경향이 있다"는 전제에 기초하여 선별된 일상인의 대표적 오류들이다.[29] 이것들은 LBT에서 내담자의 문제를 파악하는 데 유용하고도 중요한 역할을 한다.

이 단계를 비판적 사고와 관련해서 검토해 보자. 비판적 사고의 제 요소와 제 기준을 고려한다면 현 단계는 〈표 1〉의 7번과 관련된다. 즉, 내담자의 추론 속에 숨겨져 있는 또는 생략된 가정을 찾아내어서 이것이 오류임을 확인하며, 이것을 중대 오류 목록 속의 하나로 분류하는 것과 관련된다. 결국 LBT에서 전건긍정식들의 대전제들을 LBT 중대 오류들에 속하는 것으로 규정하는 것은 비판적 사고에서 추론을 구성하는 (숨은 전제들을 포함한) 여러 전제들을 추출해 내고 이것들 가운데 거짓인 것들이 없는지를 확인하는 작업, 즉 거짓인 전제들을 추려 내는 작업과 견줄 수 있다.

문제는 우리들이 범하는 오류들에는 잘못된 믿음(거짓 명제)뿐만 아니라 잘못된 추론도 있다는 데에 있다. 그런데 LBT에서는 주로 비합리적 전제(거짓 전제)만 문제 삼고, 잘못된 추론에 대해서는 다루지 않는다. 사실 코헨의 중대 오류 목록을 보면 11개의 오류들 중

---

29 E. Cohen, "The Metaphysics of Logic-Based Therapy," *International Journal of Philosophical Practice* 3(1), 2005, p. 1.

처음 8개의 오류는 "행동과 정서 규칙들의 오류들fallacies of behavioral and emotional rules"이라 불리면서, 실천삼단논법의 대전제 자리를 점한다. 이와 달리 나중 3개의 오류들은 "보고 오류들fallacies of reporting"이라 불리는데, 삼단논법의 소전제 자리를 차지하는 명제들이다. 이것이 의미하는 바는 LBT의 중대 오류들은 모두 명제(믿음, 사고)에 해당한다는 것이다.

반면 일반적으로 비판적 사고 또는 논리학에서 오류라고 말할 때 그것은 '거짓인 가정'을 의미할 뿐만 아니라 추론 과정에서의 잘못도 의미한다. 즉, 전제가 결론을 논리적으로 뒷받침하지 않을 때 그것이 바로 잘못된 논증, 즉 오류논증이다. 오히려 이것이 오류fallacy의 본래적 의미이다.[30] 그러므로 이 부분을 포함시킨다면 LBT는 훨씬 더 풍성한 내용을 갖게 되리라 생각된다. 참고적으로 이런 오류는 형식적 오류 외에 많은 비형식적 오류도 포함한다. 형식적 오류의 사례로 전건부정, 후건긍정, 선언지 긍정 등의 오류를 들 수 있으며 비형식적 오류로는 성급한 일반화, 논점 선취, 은밀한 재정의 등의 오류를 들 수 있다.

제3단계: 내담자의 비합리적 전제들을 반박하기

LBT 제3단계는 앞 단계에서 찾아낸 비합리적 전제들을 반박하는

---

30 오류는 논리학에서 일반적으로 다음과 같이 설명되거나 정의된다: "일상적인 대화에서 "오류"라는 용어는 종종 온갖 종류의 잘못된 신념 또는 참이 아닌 문장에 느슨하게 적용된다. (⋯) 그러나 논리학에서 "오류"라는 용어는 추론에서의 잘못에 한정된다." S. 바커, 《논리학의 기초》, 최세만 · 이재희 옮김, 서광사, 1986, 197쪽; "그것이 논리적으로 올바르다고 생각하도록 사람들을 오도할 수 있는 논리적으로 결함있는 논증." S. 바커, 《논리학의 기초》, 347쪽.

단계이다. 효율적인 반박의 방법은 상위의 전제를 포기시킴으로써 하위 전제를 포기시키는 것이다. 만일 하위 전제의 오류만을 찾아내고 그것을 반박할 뿐 그 상위의 오류를 그냥 놔둔다면, 내담자는 계속해서 같은 오류를 범할 것이다. 그러므로 상위 오류를 일차적 과녁으로 삼는 것이 최적의 방법이다.

논박이란 "한 전제가 비합리적이라거나 정당화되지 않는다는 것을 밝히는 것"을 포함한다.[31] 이제 상담사는 내담자와의 대화를 통해 구성한 추론의 최상위 전제인 '대전제 규칙-4'를 반박하는 대화를 내담자와 시도한다. 그 내용을 상담사 쪽의 말을 중심으로 요약하면 아래와 같다.[32]

① 너의 전제는 '네게 중요한 모든 사람이 너를 인정해야만must 한다'이며, 여기서 '해야만 한다must'는 이러한 인정이 필수적임을 의미한다.

② 이런 인정이 필수적이라면 너는 이미 언제나 모든 사람들에게 인정을 받았을 것이다.

③ 그러나 실제로는 모든 사람이 너를 인정하지는 않았다.

④ 그러므로 적어도 몇몇 사람은 너를 인정해야 할 필요가 없다(=인정하는 것이 필수적이지 않다). 만일 인정이 필수적이라면, 그들은 반드시 인정을 했을 것이기 때문이다.

⑤ 그러므로 '네게 중요한 모든 사람이 너를 인정해야 한다'는 너의 전제는 참일 수 없다. 그들의 인정은 필수적이면서 동시에 필수적

---

31 E. Cohen, *Theory and Practice*, p. 28.

32 E. Cohen, Theory and Practice, p. 28-29 참조.

42   철학의 여러 문제와 철학실천

이지 않기 때문이다. 이것은 불가능하다.

⑥ 그러므로 너의 전제는 의미가 통하지 않는다makes no sense.

이런 식으로 상담사는 내담자에게 그의 전제가 왜 비합리적인지를 알려 줄 수 있고 그럼으로써 왜 내담자가 그의 전제를 계속 유지해서는 안 되는지도 이해하도록 돕는다. 위의 사례에서는 내담자의 '인정 요구'가 왜 모순contradiction인지를 상담사가 설명해 주고 있다. 이러한 상위 전제에 대한 논박은 하위 전제 논박을 더 쉽게 해 준다. 상담사는 어렵지 않게 '규칙-1'에 해당하는 전제("만일 아빠가 자주 나를 바보라고 부른다면, 나는 무용지물이다")를 반박할 수 있다. 물론 코헨은 엄격히 말해서 상위 전제의 반박이 하위 전제의 반박을 논리적으로 함축하지는 않기에 필요한 경우 하위 전제에 대한 독립된 논박이 필요할 수 있음을 밝힘으로써 논리적인 철저함을 보여 준다.

LBT에서 논박이란 거짓임을 입증하는 것이다. 즉, 특정 믿음을 거짓이라고 판정하는 평가의 작업이다. 비판적 사고의 방법론은 사고의 여러 요소들에 대해 여러 기준들을 적용하여 그것을 평가하는 것이며, 어찌 보면 비판적 사고의 최종 목적은 이러한 평가에 있다. 즉 논증, 의사소통, 데이터 등의 텍스트에 대한 평가에 있으며, 이를 위해 개념들의 의미를 명료히 하고, 추론을 전제들과 결론으로 구분하여 이해하고, 그 안에 생략된 전제들을 찾아 보충하는 등의 다양한 분석을 하는 것이다. 이렇게 볼 때, 논박 단계인 제3단계야말로 LBT의 과정에서 최고 정점에 해당한다. 즉, 이리저리 얽힌 채 숨겨져 있는 내담자의 잘못된 믿음을 다양한 분석을 통해 찾아내서 이것이 거짓임을 입증하고 내담자가 마침내 그것을 인정함으로써 상담은 최고조에 이르게 되며, 이후로는 내담자의 실천적 행위를 위한 보완과 강화의 과정이 뒤따른다.

또한 이 단계는 필자가 보기에 '논리기반치료', 즉 'Logic-Based Therapy'라는 명칭에 가장 부합하는 두 개의 단계 중 하나이다. 제1단계가 논리적 분석이고, 현 단계가 논리적 평가이다.[33] 제1단계에서는 정서적 추론을 분석하기 위해, 제3단계에서는 평가를 위해 정통적인 논리를 활용한다. 이런 특징을 비판적 사고 방법론의 관점에서 본다면, 즉 비판적 사고의 제 요소와 제 기준의 시각에서 본다면, 내담자의 사고를 앞의 〈표 1〉에서 7번 '가정(또는 전제)'과 8번 '추론'의 요소들로 분석하고 이 중 생략된 가정을 찾아내어 〈표 2〉에서 3번 '정확성'의 기준을 적용해 그 진위를 평가한다. 이것이 LBT 제3단계에서의 작업 내용이다.

이 단계에서 LBT의 한계점은 무엇일까? 여기서의 반박 또는 평가가 전제들의 진위(또는 수용가능성) 평가에만 한정되어 있다는 것이다. 비판적 사고에서 추론(또는 논증)을 평가할 때 기본적으로 '좋다', '강하다', '건전하다sound' '설득력 있다' 등의 평가어를 쓴다. 이러한 평가는 기본적으로 두 가지로 이루어진다. 그 첫 번째가 전제들의 진위(수용가능성) 평가이며, 이를 내용적 평가라고 부르기도 한다. 두 번째가 전제들이 결론을 뒷받침하느냐에 대한 평가이며, 형식적 평가라는 표현을 쓰기도 한다. 이 두 가지에 적용되는 기준은 앞의 〈표 2〉에서 3번 '정확성', 7번 '논리성'이다.[34] 문제는 LBT에서

33　비판적 사고의 분석과 평가의 두 단계에 대해서 다음을 참고. A. 피셔, 《피셔의 비판적 사고》, 83쪽; A. 톰슨, 《비판적 사고: 실용적 입문》, 154쪽.

34　논증에 대한 형식적 · 내용적 평가와 관련하여, 이것이 논리학(형식논리), 비판적 사고, LBT에서 다루어지는 방식의 차이에 대해 필자가 발견한 흥미로운 점은 다음과 같다. 즉 논리학(형식논리)에서는 형식적 타당성을 주로 다루며, 내용적 참의

의 평가는 전제들의 진위 평가, 즉 내용적 평가에만 한정되어 있지 추론의 타당성 여부를 평가하는 작업은 거의 다루고 있지 않다는 것이다. 철학상담에서 내담자의 잘못된 판단(인지적 오류)의 종류가 잘못된 믿음이나 관념일 수도 있으나, 사고의 과정(추론)이 잘못된 경우도 많을 것이다. 따라서 비판적 사고에서 다루는 잘된 논증과 잘못된 논증의 다양한 유형에 관한 고찰이 철학상담에 도입된다면 내담자의 문제를 파악하는 데 더 큰 도움이 될 것이다.

다음으로 제기하고자 하는 문제점은 앞의 사례에서 살펴본 논박이 너무 전문적이고 어렵지 않은가 하는 것이다. 앞에서 상담사는 내담자의 최상위 전제인 "나는 내게 중요한 모든 사람들에게 인정을 받아야만 한다"는 믿음을 반박하면서 그 믿음이 자기모순적임을 입증하는 논리적 반박을 구사한다. 이러한 반박을 이해하려면 내담자는 상당한 지적 능력의 소유자여야 할 듯하다. 필자가 보기에 비판적 사고를 논리적 사고와 구별하는 한 가지 요소는 그 일상성, 비전문성에 있다. 이렇게 보면 앞의 사례에서 상담사의 논박은 지나치게 '논리학적'이고 전문 철학적이다. 조금 더 '비판적 사고'적이려면 일상적 사고에 가까워야 할 것이다.[35] 요점은, 지나치게 논리적인 것은 철학상담에서 단점으로 작용할 수 있다는 것이다. 이런 사실을 코헨도 잘 알기에 그 이름 LBT 속에 '논리'를 포함시키면서도 거기에

문제는 거의 다루지 않는다. 비판적 사고에서는 내용적 참과 형식적 타당성 양자를 골고루 다룬다. LBT는 추론의 논리적 형식을 활용해서 숨은 전제를 찾지만 평가에 있어서는 형식의 타당성은 거의 다루지 않고 주로 내용적 참만을 다룬다.

35 아마도 이런 이유에서 코헨은 그의 주저 제3부, 제5장에서 '완벽성 요구'를 논박할 때 현 사례에서보다는 훨씬 덜 논리학적인 방식으로 접근하는 것 같다. E. Cohen, *Theory and Practice*, pp. 72-75 참조.

'비판적 사고'라는 타이틀을 추가적으로 덧붙인 것은 아닐까? 그렇다. 필자가 보기에, 그는 자신의 LBT가 조금 더 쉽게, 일상에 더 친근하게 다가가는 것을 원하고 있다.

강화(LBT 제4단계와 제5단계): 해독제와 의지력

필자는 앞에서 분석의 단계라는 이름으로 LBT 제1단계를 다루었으며, 평가의 단계라는 이름으로 LBT 제2·3단계를 살펴보았다. 이는 비판적 사고의 과정이 크게 텍스트의 분석과 평가라는 단계로 구분되는 것과 견주기 위해 필자가 임의로 적용한 것이다. 비판적 사고에서는 대체로 평가의 과정을 끝으로 논의가 마감된다. 그러나 상담의 경우는 내담자의 문제에 대한 분석과 평가로 작업이 끝날 수 없다. 이런 작업은 어디까지나 인지적이고 지적인 차원에서의 분석이고 논박이기에 내담자의 정서적 차원에까지 영향을 미치지 못하기 때문이다. 이런 현상을 코헨은 '바보 아들'의 사례에서 내담자의 입을 통해 이렇게 표현한다: "그러나 아빠가 내게 바보라고 말한다는 것을 생각할 때 나는 정말이지 여전히 기분이 저하됨을 느낀다."[36] 이런 이유에서 코헨은 이후의 단계들(제4·5단계)을 통해 내담자의 사고를 강화하여 그의 정서와 일치시키며, 그럼으로써 미래에 유사한 상황이나 사건이 발생했을 때 같은 오류를 반복하지 않도록 예방하고자 한다. 이것을 필자는 강화의 단계라 이름 붙였으며, 그 첫 번째(제4단계)가 "반박된 전제들에 대한 해독제 찾기"이며, 두 번째(제5단계)가 "인지적 불일치를 극복하기 위해 의지력 수련하기"이다.

---

36 E. Cohen, *Theory and Practice*, p. 29.

제4단계: 반박된 전제들에 대한 해독제 찾기

이 단계에서 상담사는 내담자가 자신의 추론이 비합리적 전제에 기초한다는 인지적 자각에 도달했음에도 불구하고 여전히 자기를 부정하는 심리적 경향이 있음에 주목하고, 이러한 인지적 불일치를 내담자 스스로 극복하도록 돕기 위해 철학적 해독제를 제공한다.

코헨은 우리들이 일상에서 채택하기 쉬운 몇 가지 전형적인 잘못된 전제들을 목록화하여 이것들에게 '중대 오류들'이라는 명칭을 부여한다(제4장, 제1절). 그리고 이 오류들을 뛰어넘을 수 있는 행동적 성향을 '초월적 덕transcendent virtue'이라 부르고, 이 덕을 지지하는 철학적 이론들을 '철학적 해독제philosophical antidote'라 부른다. 코헨의 중대 오류들과 이에 상응하는 초월적 덕들의 목록은 아래와 같다.[37]

중대 오류cardinal fallacy	초월적 덕transcendent virtue
완벽성 요구	형이상학적 안정성(실재에 대한 안정성)
시류 편승	자기주재성主宰性; Authenticity(자기 자신되기)
자기중심적 사고	공감(타인과 연결되기)
파멸적 사고	(악에 맞서는) 용기
(자기, 타인, 우주에 대한) 저주	(자신, 타인 및 우주에 대한) 존중
난-못해-사고 Can'tstipation	극기(자기통제)
의무적 걱정	(도덕적 문제들에 대한) 분별력
교묘히 조종하기Manipulation	(타인의) 권익 지킴을 돕기Empowerment (of others)
현실을 지나치게 단순화하기	(편향 없는 판단으로서) 객관성
확률 왜곡	(확률 산정에 있어) 선견지명
맹목적 추측	(설명을 제공함에 있어) 과학성

---

37   E. Cohen, *Theory and Practice*, p. 14.

'바보 아들'의 사례에서 대전제 규칙-4, "완벽성 요구"는 일상인들이 쉽게 범하는 '중대 오류들' 중 하나로서, 이것을 넘어설 초월적 덕은 '형이상학적 안정성metaphysical security'이다. 이것은 당위성 또는 필연성에 대한 집착적이고 비현실적인 고집과 대조되는 개념으로서, 현실 세계의 불완전성을 실상으로 받아들이고 용인하는 성향을 의미한다. 따라서 어떤 철학이론이 형이상학적 안정성이라는 덕을 지지한다면 이 이론은 완벽성에의 요구에 대한 해독제로 적절하게 활용될 수 있다.

앞서 제3단계에서 제시된 대전제 규칙-4에 대한 논박의 사례를 되돌아보자. 상담사는 이 규칙을 LBT 중대 오류들 중 하나인 '완벽성 요구'의 오류로 보고 이를 논박했다. '자신이 자신에게 중요한 모든 사람들에게 반드시 인정을 받아야만 한다'는 믿음은 일종의 완벽주의적 요구로서 자기-일관적이지 못하다는 입증을 통해 반박되었다. 이제 제4단계에서 상담사는 제3단계에서 했던 것처럼 내담자의 잘못된 믿음을 일회적으로 논박하는 데 그치지 않고, 앞으로 유사한 유형의 오류를 반복적으로 범하는 것을 방지하기 위해, 이런 유형의 오류를 뛰어넘는 초월적 덕을 강화시키는 작업을 진행한다. 현 사례에서는 '형이상학적 안정성'의 덕을 키우기 위해 이에 대한 해독제로서 스피노자의 철학적 논제를 내담자와 검토한다.

코헨은 스피노자의 철학이론이 형이상학적 안정성을 위한 해독제의 핵심을 제공한다고 주장하면서, 다음과 같이 스피노자의 글을 인용한다.[38]

---

38   E. Cohen, *Theory and Practice*, pp. 30-31.

사람들이 집, 건물, 탑 등에 대한 보편적인 관념들을 형성하고 모델을 고안하고는, 어떤 사물의 모델을 다른 것보다 선호하기 시작한 이후로, 혹자는 그런 종류의 사물에 대해 자신이 형성했던 보편적 관념들과 일치하는 것을 완전하다고 불렀고, 그가 생각했던 모델과 덜 일치하는 것을 불완전하다고 부르게 되었다.

스피노자는 완벽주의적 관념의 근원이 '선호'임을 말하고 있다. 즉, 사람들은 그들이 선호하는 것을 "그래야만 한다"로 바꾸는 경향이 있다는 것이다. 이것이 우리에게 권하는 것은 선호의 수준에 남아 있으라는 것이다. 우리의 선호를 완전한 것과 덜 완전한 것에 대한 판단들로(편견으로) 급전환시키지catapulting 말라는 것이다. 코헨은 이러한 스피노자의 논제를 중심으로 상담사와 내담자가 나누는 대화의 사례를 제시한다.[39] 여기서 상담사는 내담자 자신의 사고의 함축들을 드러냄으로써 덕의 목표(형이상학적 안정성)를 채택하도록 돕고, 이러한 목표를 달성하기 위한 수단, 즉 '완벽성 요구'를 극복하기 위한 철학적 해독제를 제시한다.[40]

필자가 보기에 LBT 제4단계는 가장 철학적인 특징을 보이고 있다. 즉, 이 단계에서 동서고금의 다양한 철학의 지혜들이 활용될 수 있다. 코헨이 그의 주저 서론에서 "중대 오류들 각각에 대한 효능 있

---

[39]　E. Cohen, *Theory and Practice*, p. 31 참조.

[40]　이것에 이어 코헨은 칸트의 정언명법 중 목적의 원리를 가지고 철학적 해독제를 구성한 또 하나의 사례를 제시하고 있다. 이에 따르면 규칙-2와 규칙-3을 자기-저주damnation of self의 오류로 분류할 수 있으며, 이를 제압하는 초월적 덕으로서 자기-존중respect for self을 강화시키기 위한 철학적 해독제로 채택할 수 있는 것이 바로 칸트의 도덕론이다; E. Cohen, *Theory and Practice*, pp. 32-33 참조.

는 '해독제'를 구성하기 위해 (…) LBT는 또한 위대한 철학자들 속에 담겨 있는 다양한 시대의 지혜를 체계적으로 활용한다"고 말할 때, 이런 활용이 적극적으로 이루어지는 곳이 바로 이 단계인 것이다.[41] 현재의 사례에서 코헨은 스피노자와 칸트의 철학을 사용하지만, 그의 저서 전체를 보면 이들 말고도 상당히 많은 철학자들의 사상을 활용하고 있다. 이렇게 볼 때 LBT를 철학상담이게끔 만드는 것이 바로 이 단계인 것이다. 특히 코헨은 이 단계 속에 "철학 독서치료" 과정을 포함시킬 것을 권하는데, 이 역시 철학을 적극적으로 활용하는 LBT의 특성을 보여 주는 증거이다.[42]

다른 한편으로 현 단계를 비판적 사고의 관점에서 보자면, 앞서 지적한 것과 유사한 평을 할 수 있겠다. 상담을 위한 해독제가 대부분 철학자의 사상, 즉 추론의 결론으로서의 철학 논제를 중심으로 구성되어 있다는 점이다. 비판적 사고에서 중요하게 여기는 '올바른 추론하기'의 연습은 해독제로서 고려되고 있지 않다. 그렇지만 필자가 보기에 '올바른 추론하기'의 연습은 해독제로서 매우 유용하고 중요하다. 이런 부분은 어찌 보면 비판적 사고의 꽃이라고 볼 수 있다. 논리적으로 추론하기, 즉 연역적으로 타당하게 추론하기, 귀납적으로 올바로 추론하기는 철학하기의 기본에 해당하며, 아무리 통찰력 있고 심원한 철학의 논제들이라도 이런 기본적인 추론 과정의 타당성이 담보되지 않는다면 아무런 효력이 없을 것이다.[43] 그러므로

---

41 E. Cohen, *Theory and Practice*, p. xiii.

42 코헨은 제4단계에 "해독제 구성을 돕기 위해 철학 독서치료 활용하기"라는 제목의 소절을 삽입시켜 이런 독서치료 기법을 소개한다; E. Cohen, *Theory and Practice*, pp. 33-34 참조.

43 코헨은 사실 철학(또는 철학적 사고)과 비판적 사고를 뚜렷하게 구분하지 않는다.

이런 결과들에 도달하는 과정으로서의 올바른 사고의 방법을 배우는 것의 중요성은 LBT에서도 무시되기 힘들 것이다.

제5단계: 인지적 부조화를 극복하기 위한 의지력 수련하기

LBT의 마지막 단계는 철학상담이 마침내 효력을 발휘하는 단계, 즉 내담자의 실천적 행위를 이끌어 내는 단계이다. 앞의 단계들을 통해서 내담자는 자신의 비합리적인 전제에 대해 합리적이고 철학적인 해독제를 얻었지만, 내담자는 여전히 인지적 부조화cognitive dissonance의 상태에 있다. 한편으로 자신의 합리적, 철학적 사고와 다른 한편으로 생활 속에 깊숙이 배어 있는 비합리적 사고 사이의 갈등이 존재한다는 말이다.

이제 제5단계에서 코헨은 인지적 부조화를 극복하고 의지력을 강화시키기 위해 다음의 세 가지 진행 과정을 포함시킨다. ①내담자의 행동적 추론 확인하기, ②행동계획 세우기, ③행동계획 실행하기가 그것이다.

①'내담자의 행동적 추론 확인하기'에서 상담사는 내담자의 비합리적 신념들이 결과할 행동적 함축들을 밖으로 드러내는 작업을 진행하며, 해독제에 기초해서 행동계획을 수립하게 된다. 내담자는

다음의 설명에서 "내담자의 논증들에 대한 면밀한 검토"에 '추론의 정당성 평가'가 포함될 수는 있겠지만, 이것을 LBT에 적극적으로 활용하는 사례는 발견하지 못했다: "LBT상담사들은 또한 철학적 사고의 형식적 방법들을 풍부하고 체계적으로 활용한다. 예들 들어 내담자의 논증들에 대한 면밀한 검토, 주요 개념들에 대한 분석, 밑바닥의 가정들에 대한 면밀한 검토 등을 활용한다. 이런 작업들을 판명하게 철학적인 것으로 특징짓는 것은 이런 작업들이 주로 (그 인과적 원인론과 구별되는) 신념들에 대한 정당화에 일차적으로 초점을 맞추고 있다는 것이다. (…) 이런 "비판적 사고"의 방법들은 합리적 추론과 의사결정을 위한 기준들을 제공해 준다"; E. Cohen, *Theory and Practice*, introduction, pp. xii-xiii.

이제 인지적 변화cognitive changes뿐만 아니라 행동적 변화behavioral changes를 일으켜야 하기 때문에, 이를 위해 먼저 상담사는 내담자에게 과거와 똑같은 상황이 발생할 때 어떻게 행동할지에 대해 내담자와 대화를 통해 묻는다.[44] 그리고 그 결과에 기초하여 다음과 같은 실천삼단논법을 구성한다.

〈행동추론-1〉 행동에 관한 실천삼단논법
1) (행동규칙) 만일 내가 무용지물이라면(W), 나는 그냥 좌중에 섞여서 조용히 있어야 한다(B).
2) (정당화) 나는 무용지물이다(W).
3) (행동처방) 그러므로 나는 그냥 좌중에 섞여서 조용히 있어야 한다(B).

②'행동계획 세우기'에서 상담사는 앞의 과정에서 확인된 내담자의 비합리적 행동에 대해, 이를 극복하기 위해 사용할 수 있는 합리적 행동계획을 만든다. 이 계획은 제4단계에서 제조된 철학적 해독제에 기초해서 작성된다. 즉, 반대 세트의 행동적 "당위들"이 해독제로부터 연역될 수 있다. 이를 위해 상담사는 앞서 대화한 칸트와 스피노자의 사상을 가지고 대화하면서 새로운 행동적 처방을 이끌어낸다.[45] 그 결과로 구성된 행동추론은 아래와 같다.

---

44 대화의 내용: E. *Cohen, Theory and Practice*, pp. 34-35 참조.
45 대화의 내용: E. *Cohen, Theory and Practice*, pp. 35-36 참조.

〈행동추론-2〉 칸트의 정언명법

1) (행동규칙) 만일 너의 아빠나 다른 사람들이 너를 깎아내리면, 너는 자기주장(항변)을 함으로써 자신을 목적으로 대해야 한다.
2) (정당화) 너의 아빠 또는 다른 사람이 너를 깎아내린다.
3) (행동처방) 그러므로 너는 자기주장(항변)을 함으로써 자신을 목적으로 대해야 한다.

〈행동추론-3〉 스피노자

1) (행동규칙) 만일 당신이 타인들의 인정을 선호한다면, 당신은 이것이 단지 선호일 뿐이지 당신이 인정을 얻어야 한다고 요구하는 것은 아님을 깨달아야 한다.
2) (정당화) 당신은 당신의 아빠 또는 타인들의 인정을 선호한다.
3) (행동처방) 당신은 이것이 단지 선호일 뿐이지 당신이 인정을 얻어야 한다고 요구하는 것은 아님을 깨달아야 한다.

③ '행동계획 실행하기'의 단계는 일종의 행동강화 훈련의 과정이라 할 수 있다. 〈행동추론-1〉과 〈행동추론-2 · 3〉 사이의 인지적 부조화 상태는 의지력을 키우고 실행함으로써 해결될 수 있다. 이것은 그 부조화를 인지하는 것에 그치지 않고 새로운 행동을 실제로 실행하는 것을 포함한다. 따라서 그 일환으로 상담사는 내담자에게 과제를 내줄 수 있으며, 이 과제에는 타인이 내담자를 깎아내릴 때 항변하는 것 말고도 많은 다른 행위들을 포함한다. 예를 들면, "수치심 깨기 연습"과 같은 것이 있으며,[46] 합리적 정서 심상 형성rational-emotive

---

46 코헨은 이런 연습의 예로서, 상인과 가격 홍정하기, 식당에서 혼자 밥 먹기, 길거리

imagery의 방법도 사용할 수 있다.[47]

　행동계획을 실행하는 과정에서, 내담자는 자신이 고찰한 해독제들과 이에 상응하는 덕들에 힘입어 자신의 비합리적 신념들의 관성을 극복하게 된다. 이런 건설적인 변화를 향한 긍정적인 움직임은 오직 내담자가 (자기-파괴적인 정서들과 행동을 결과하는) 비합리적인 추론을 스스로 깨닫는 경우에만 가능해진다.

　비판적 사고의 관점에서 볼 때 ①과 ②의 과정은 LBT에서 논리적 추론의 일관된 활용의 또 다른 사례이다. 특히 ①에서 코헨은 내담자의 잘못된 (그러나 본인은 깨닫지 못했던) 믿음으로부터 연쇄적으로 진행된 추론이 최종적으로 잘못된 행동적 처방에까지 이어지는 모습을 그의 〈행동추론-1〉을 통해 잘 보여 주고 있다. 앞의 LBT 제 1단계에서 내담자의 정서추론의 결론은 "나는 무용지물이다(W)"였다. 이제 이 결론을 소전제(W)로 삼고, 대전제(W →B)를 찾아 보완하여, 행동적 결론(B)을 이끌어 내는 추론을 기호화하면 〈표 7〉과 같으며, 이는 앞의 〈표 6〉 '기본추론과 상위추론'과 연결된 하나의 연쇄식을 이룬다. 여기서 우리는 '논리기반치료'의 철저하고 일관된 논리적 분석의 전형적 특징을 볼 수 있다.

〈표 7〉 행동추론

기본추론(행동추론)	결론(정당화)	∴ W
행동규칙	대전제	W → B
행동처방	결론	∴ B

---

　38 참조.

[47]　E. Cohen, *Theory and Practice*, p. 38 참조.

다른 한편으로 필자가 강화의 단계로 명명한 LBT의 제4·5단계
는 이제까지의 '분석'과 '평가'의 단계에서와 달리 비판적 사고 '방법
론'의 적용보다는 비판적 사고 '교육론'의 적용과 관련해서 논의되
어야 할 것 같다. 특히 현 단계 중 ③의 과정은 결국, 비판적 사고 교
육론 통해 비판적 사고를 강화하는 활동에 비견될 수 있다. 즉, 비판
적으로 사고하기의 방법과 관련되는 부분은 '분석'과 '평가'의 단계
에 집중되며, 비판적 사고를 '강화'하는 문제는 비판적 사고 교육의
문제라는 말이며, 이 교육론에 관한 논의는 현 논의의 범위를 넘어
서기에 후속의 연구 과제로 미루겠다.

나가기

필자는 제1절 서론에 이어, 제2절에서 비판적 사고와 철학상담을
관련시킨 국내외 연구들을 살펴봤으며, 이것들에서 비판적 사고의
방법론을 구체적으로 제시하거나 비판적 사고의 요소들과 기준들을
적용한 연구를 찾아볼 수 없었음을 확인했다. 제3·4·5절에서 필자
는 본격적으로 LBT의 5단계를 비판적 사고의 요소와 기준들에 견
주어서 검토했다.

필자가 보기에 LBT라는 명칭, 논리기반치료의 논리적 특징이 가
장 잘 드러나는 곳은 제1단계 제2과정과 제3단계이다. 여기서 가장
전문적인 형식논리와 논리적 반박이 활용되었으며, 이것은 매우 또
는 지나치게 논리학적이다. 다른 한편으로 제4단계는 LBT가 지닌
철학상담적 성격을 가장 잘 드러내 주는 단계로서 매우 철학적인 성
격을 지닌다는 점을 확인했다. 제5단계는 그야말로 전형적인 상담적
성격을 지닌 단계이다. 내담자의 정서적 부조화를 극복하고 행동적

실천을 위한 의지력을 강화시키는 단계이기 때문이다.

이제 비판적 사고의 관점에서 LBT의 다섯 단계를 전체적 시각에서 바라보자. 〈표 1〉에서 볼 수 있듯이, LBT는 비판적 사고의 요소들 중에서 주로 '개념' '가정(전제)' '추론'의 요소들을 활용하여 상담을 진행함을 볼 수 있다. 한편으로 비판적 사고의 다른 요소들인 '목적', '문제', '정보', '맥락', '관점' 등은 특별히 거론되거나 다루어지지 않았지만, 이것들은 LBT에서 상담사가 내담자와 상담할 때 기본적으로 고려되고 파악되는 요소들이라고 여겨진다. 다만 한 가지 요소, 즉 '함축(귀결)'은 어찌 보면 특별한 설명이 필요한 듯이 보일 수 있지만, 사실 이것은 비판적 사고에서 '논증의 생략된 결론 찾기' 또는 '결론에 뒤따르는 파급효과 찾기'의 작업과 관련되는 것으로, 상담에서 자연스럽게 고려되는 것이라 여겨지기에 이 글에서 별도로 다루지 않았다.

전반적으로 봐서 필자에게 코헨의 LBT 5단계는 비판적 사고의 요소와 기준들을 적절히 활용한 것으로 보인다. 다만 '개념', '가정', '추론'의 요소들에 더하여 '목적', '문제', '정보', '맥락', '관점', '함축(귀결)'의 요소들을 조금 더 명시적이고 적극적인 방식으로 도입해서 활용한다면 그 비판적 사고와의 관련성을 더 확대시킬 수 있을 것이다. 다른 한편으로 본문에서 지적했듯이 너무 지나친 형식논리적 지식과 기술의 활용을 줄이는 것도 LBT의 '비판적 사고'적 성격을 부각시키는 데 기여할 것이다. 즉, 명실상부한 비판적-사고-기반 치료critical-thinking-based therapy: CTBT가 되려면, 논리, 특히 연역논리 위주의 분석에서 벗어나 다양한 비형식적 추론들에 대한 분석과 평가까지 포함할 수 있어야 할 것이다. 나아가 비판적 사고의 또 다른 중요한 장점인 '올바른 추론하기'를 분석 또는 훈련의 단계에서 더 많이 활용하는 것도 LBT의 발전에 기여하는 길이라 여겨진다.

이상의 글에서 필자는 코헨의 LBT 5단계의 내용을 가급적 빠뜨림 없이 소개하고자 했다. 제5단계는 비판적 사고 방법론과 관련해서 논의할 사항이 별로 없음에도 불구하고 마지막 절(제5절)에 포함시켰으며, 그러다 보니 글이 길어졌다. 다른 한편으로 비판적 사고 방법론을 소개하는 독립적인 절을 할애했다면 독자들의 수월한 이해를 도모할 수 있었을 터이나, 글의 분량 조절이 여의치 못하여 부득이하게 LBT를 단계별로 검토하는 자리에 포함시켰다.

참고문헌

김덕수, 〈철학상담에 대한 칸트적 접근: 비판적 사고와 도덕적 문답법을 중심으로〉, 《인문과학연구》 제50집, 강원대학교 인문과학연구소, 2016, 233~252쪽.

김선희, 〈논리기반치료와 합리적 정서행동치료의 절충적 정체성에 대한 철학치료적 분석: 진리관을 중심으로〉, 《철학연구》 제102집, 철학연구회, 2013, 331~363쪽.

김영정, 〈비판적 사고의 9요소와 9기준〉, 《대한토목학회지》 제53권 제11호, 대한토목학회, 2005, 218~224쪽.

박은미, 〈논리를 비트는 심리, 심리를 조절하는 논리〉, 《철학실천과 상담》 제1집, 한국철학상담치료학회, 2010, 259~282쪽.

_____, 〈철학상담의 방법론으로서의 비판적 사고 교육: 그 적용방법과 사례를 중심으로〉, 《시대와 철학》 제21권 제3호, 한국철학사상연구회, 2010, 413~451쪽.

_____, 〈비판적 사고의 활성화를 통한 철학상담의 방법론 제안: 교정적 인식의 방법〉, 《시대와 철학》 제25권 제3호, 한국철학사상연구회, 2014, 73~104쪽.

_____, 〈철학상담 정체성 관련 논문 연구동향〉, 《시대와 철학》 제27권 제4호, 한국철학사상연구회, 2016, 71~113쪽.

박은진 · 김희정, 《비판적 사고를 위한 논리》, 아카넷, 2004.

이영의, 〈논리중심치료의 철학치료적 성격〉, 《범한철학》 제65집, 범한철학회, 2012, 147~168쪽.

_____, 〈논리기반치료의 형이상학〉, 《범한철학》 제67집, 범한철학회, 2012, 267~285쪽.

이진남, 〈코헨의 논리기반치료에 대한 검토〉, 《인문과학연구논총》 제35권, 명지대학교 인문과학연구소, 2013, 299~330쪽.

최희봉 · 김태영, 〈비판적 사고와 철학적 논증〉, 《교양교육연구》 제8권 제6호, 한국교양교육학회, 2014. 585~614쪽.

Barker, S.,《논리학의 기초》, 최세만 · 이재희 옮김, 서광사, 1986.

Cohen, E., "Philosophical Counseling: Some Roles of Critical Thinking" in Lahav, Ran and Maria da Venza Tillmanns (eds.), *Essays on Philosophical Counseling*, Lanham, Maryland: University Press of America, 1995.

_____, "The Metaphysics of Logic-Based Therapy" *International Journal of Philosophical Practice* 3(1), 2005, pp. 1~19.

_____, "Logic-Based Therapy: The New Philosophical Frontier for REBT", REBT Network, http://www.rebtnetwork.org/essays/logic.html, 2006.

_____, *Critical thinking unleashed*, Maryland: Rowman & Littlefield Publishers, Inc, 2009.

_____, "The Theory of Logic-Based Therapy" in *(the Handbook of) the workshop of Philosophical Counseling by Dr.Elliot* Cohen, Fu-Jen Catholic University, Taiwan, 2012. 10. 19-20. pp. 15-28.

_____, *Theory and Practice of Logic-Based Therapy: Integrating Critical Thinking and Philosophy into Psychotherapy*. Cambridge Scholars Publishing, 2013.

_____, "Logic-based therapy and its virtues" in Elliot D. Cohen and Samuel Zinaich, (eds.), *Philosophy, Counseling, and Philosophy*, Cambridge Scholars Publishing, 2013, pp. 112-124.

_____, *Logic-Based Therapy and Everyday Emotions: A Case-Based Approach*, Lexington Books, 2016.

Fisher, A.,《피셔의 비판적 사고》, 최원배 옮김, 서광사, 2010.

Nosich, G., *Learning to Think Things Through: A Guide to Critical Thinking in the Curriculum*, Prentice-Hall, 2001.

Paul, R. and L. Elder, *Critical Thinking: Tools for Taking Charge of Your Learning and Your Life* (2ed.), New Jersey: Pearson Prentice Hall, 2006.

Raabe, P.,《철학상담의 이론과 실제》, 김수배 옮김, 시그마프레스, 2010.

Thomson, A.,《비판적 사고: 실용적 입문》, 최원배 옮김, 서광사, 2012.

2

양심의 가책과 계보학적 철학상담

김선희 · 최종문

이 글은 《니체연구》(제32집: 2017)에 게재된 〈채무관계를 통한 기억과 망각 그리고 양심의 가책에 대한 계보학적 분석〉을 수정 및 보완하여 재수록한 것이다. 김선희 는 제1저자 최종문은 공동저자이다.

서론

소설 《너의 이름은.》은 무언가의 이름의 기억과 망각을 화두로 삼고 있다.[1] 소설 속에서 여고생 미야미즈 미츠하는 미야미즈 신사에서 궁사宮司·ぐうじ(신사의 최고위 신관)의 손녀이기에 무녀로서, 그리고 선거를 앞둔 정치인 아버지의 과도한 엄격함 때문에[2] 그저 모범생으로서 살아가고 있다. 미야미즈 미츠하는 자신의 의지와 무관한 이 모든 일을 그저 인내하는 삶을 살아간다. 이러한 삶에는 기억하고 싶은 이름이 아니라 망각하고 싶은 이름들이 있을 뿐이었다. 그러던 어느 날, 그녀는 있는 힘을 다해 만약 신이 있다면 다음 생에는 이 마을이 아닌 곳, 이런 생이 아닌 다른 생을 살게 해 달라고 부르짖는다.[3] 그녀는 이번 생은 어쩔 수 없다고 생각했던 것일까? 다른 생에 다른 장소, 다른 인생을 살기를 원했던 그녀의 간절한 소원은

---

1 소설의 제목과 더불어 소설의 마지막 문장, 즉 "-너의 이름은." 그리고 소설 안에 자신의 이름의 기억과 망각에 대한 다양한 언급들이 그 예이다. 신카이 마코토, 《너의 이름은.》, 박미정 옮김, 대원씨아이, 2017, 284쪽, 32쪽, 33쪽 등 참조. 이 글에서는 신카이 마코토가 지은 《너의 이름은.》과 카노 아라타가 지은 《너의 이름은.Another side:Earthbound》(김빈정 옮김, 대원씨아이, 2017) 두 권을 모두 분석한다. 신카이 마코토의 《너의 이름은.》을 통해서는 기억과 망각 그리고 이 글의 주제인 양심의 가책을 다루며, 다른 한편 카노 아라타의 소설을 통해서는 미야미즈 미츠하의 엄마와 아버지인 미야미즈 후타바와 미조구치 토시키를 중심으로 마을의 신앙인 '무스비'를 계보학적으로 분석하고자 한다.

2 신카이 마코토 원작, 카노 아라타, 《너의 이름은.》, 63~64쪽.

3 그 내용은 다음과 같다: "더는 이런 마을 싫어요! 이런 인생도 싫다고요! 다음 생에는 도쿄의 꽃미남으로 태어나게 해 주세요! 주세요, 세요, 세요, 세요 … 어둠 속 산봉우리에 부딪혀 메아리치는 나의 바람은, 눈앞에 있는 이토모리 호수에 빨려 들어가듯 사라진다. 반사적으로 내뱉은 말이 너무 실없어서 내 머리도 땀과 함께 식어간다. 아, 그래도. 신이시여, 정말로 계시다면. 제발―. 신이 정말 있다면, 그렇다면 무엇을 빌어야 할지 나도 알 수 없었다." 신카이 마코토, 《너의 이름은.》, 50~51쪽.

다음 생이 아니라 이번 생에 변칙적인 형태로 이루어진다.

미야미즈 미츠하의 의식이 주기적으로 타치바나 타키라는 도쿄에 사는 남학생의 몸에 들어감으로써 그녀는 지금까지와 다른 장소에서 다른 인생을 살기 시작한다. 또한 이처럼 의식이 바뀜으로써 미츠하의 몸에 머물게 된 남자 주인공 타치바나 타키의 의식 또한 다른 장소에서 다른 인생을 살게 된다. 그러나 미야미즈 미츠하의 몸과 그녀의 공간 속에서 살 때 타치바나 타키의 의식은 아무런 반박도 하지 않고 주어진 상황을 참기만 하는 그녀에게 불쾌감[4]을 느낀다. 타치바나 타키의 의식은 미츠하가 처한 동일한 상황으로부터 다른 행동, 즉 그저 '모욕을 참고 견디는'[5] 무녀이자 '조용한'[6] 우등생과는 다른 인생을 삶으로써 기존의 미야미즈 미츠하와 다른 삶을 사는 동시에 기존의 타치바나 타키와도 다른 삶을 살아간다. 타키의 몸에 머무는 미야미즈 미츠하 또한 기존의 그녀와는 다른 삶과 더불어 기존의 타키와도 다른 타키의 삶을 살아간다. 장소와 인생이 바뀌고 되바뀌는 미야미즈 미츠하의 삶은 점차로 망각하고 싶은 이름들이 아니라 기억하고 싶은 이름들로 채워진다. 과연 떠나고 싶은 장소나 인생이 머물고 싶은 장소나 인생으로, 그리하여 기억하고 싶은 장소나 인생으로 변화하는 그 사이에는 어떤 일이 있을까?

자신에게 아주 소중한 이름조차도 망각되거나 익명화되기도 하고, 자기 자신에게 의미가 없는 이름조차도 망각되지 않고 기억 속

---

4 신카이 마코토 원작, 카노 아라타, 《너의 이름은。》, 35쪽.

5 신카이 마코토, 《너의 이름은。》, 44쪽.

6 마을 사람들은 타치바나 타키와 몸이 바뀐 미야미즈 미츠하를 다음과 같이 평가했다: "'얌전한 사람이라고 생각했는데', '조용한 우등생이 아니었구나.'" 이에 대한 자세한 서술은 신카이 마코토 원작, 카노 아라타, 《너의 이름은。》, 56쪽 참조.

에 각인되기도 한다. 이 소설의 제목《너의 이름은。》이 시사하듯이 소설은 이름의 망각이나 기억[7]의 과정과 그 결과가 지니는 가치를 거의 계보학적인 수준으로 추적하고 있다. 니체는《도덕의 계보》의 〈서문〉1절을 저 유명한 "우리는 자기 자신을 잘 알지 못한다"[8]라는 문장으로 시작함으로써 우리 자신에게 우리 자신이 알려지지 않은 낯선 존재이자, 이로 인하여 우리는 우리 자신에게 익명적 존재임을 고지한 바 있다.

니체는 우리가 누구이며, 우리를 지배하고 있는 도덕은 어디에서 왔으며, 그것은 우리의 삶에 어떤 영향력을 어떤 방식으로 행사하고 있는지에 대한 계보학적 물음을 통해서 우리의 익명성의 정체를 찾아 나간다.[9] 니체의 계보학적 물음은 모든 사물과 사건의 이름을 전통 형이상학이 주장하듯이 사물이나 사태 속에 존재하는 본질이 아니라 지배자의 권력에 의한 것으로 파악한다. '이것은 이러이러하다'고 이름을 부여하는 지배권과 더불어 언어Sprach 자체의 기원은 바로 지배자의 권력의 표식에 속하는 것으로 드러난다.[10] 계보학자의 연구 대상인 언어 그리고 그 중심에 있는 도덕은 그 의미를 해독하기 어려운 '상형문자Hieroglyphenschrift'[11]다.

이러한 현상은 우리의 정체성, 즉 우리의 이름, 그리고 그것을 구성하고 있는 도덕이 우리 자신에게 실명적 존재가 아니라 수수께끼

7 신카이 마코토,《너의 이름은°》, 41~42쪽.
8 프리드리히 니체,《도덕의 계보》, 김정현 옮김, 책세상, 2015, 337쪽.
9 프리드리히 니체,《도덕의 계보》, 40~341쪽을 참조.
10 프리드리히 니체,《도덕의 계보》, 354쪽.
11 프리드리히 니체,《도덕의 계보》, 346쪽.

나 암호와 같은 익명적 존재임을 드러낸다. 나아가 그는 상형문자와 같은 도덕들이 작동하는 중심기관을 〈제2논문: '죄', '양심의 가책' 그리고 그와 유사한 것들〉에서 '양심의 가책schlechtes Gewissen'[12]으로 제시한다. 양심의 가책의 형성이나 유지에 있어서 가장 치열한 과정을 그는 망각과 기억 사이의 긴장감에서 찾고 있다. 이와 같은 과정을 드러내기 위하여 니체는 〈제2논문〉 제1절에서는 '약속할 수 있는 동물'[13]의 유래를, 제2절에서는 '책임'[14]의 유래를, 제3절에서는 '기억술Mnemotechnik'[15]을 통해 망각에 대한 기억의 참혹한 현장을, 그리고 제4절부터 드디어 그 모든 것의 발생의 최종 목적인 '양심의 가책'[16]이나 '죄책감das Gefühl der Schuld'[17]의 음울한 유래를 드러낸다. 양심의 가책의 기원을 탐구하고 그것의 가치의 가치를 묻는 활동을 통하여 상형문자와도 같은 양심의 가책의 의미를 계보학적으로 해독해 나감으로써 그것이 우리의 삶에서 갖는 가치의 가치 여부와 정도를 가

---

[12] '양심의 가책'에 대한 니체의 논의는 주로 〈제2논문〉에서 다루어지는데, 이 양심의 가책을 해석하는 데에 있어서는 어려움이 따른다. 그리고 실제로 양심의 가책이라는 단어에 대한 여러 해석들이 존재하기도 한다. 양심Gewissen과 양심의 가책이 각각 다른 계보를 가진다고 보는 연구도 있으며(대표적인 연구로는 백승영, 〈양심과 양심의 가책. 그 계보의 차이〉,《철학》 제90집, 한국철학회, 2007),《도덕의 계보》에서 등장하는 능동적인 양심의 가책aktivische schlechte Gewissen이라는 개념을 중립적으로 보고 주인 역시 양심의 가책에서 자유로울 수 없다는 해석을 하는 연구도 있다(대표적인 연구로는 김주휘, 〈인간학적 문제로서의 삶의 부정〉,《니체연구》 제18집, 한국니체학회, 2010). 양심과 양심의 가책에 대한 해석과 구분은 필요한 작업이기도 하지만, 많은 해석이 존재하고 또한 이 연구의 범위를 넘어서므로 이에 대한 자세한 논의는 차후로 미루고자 한다.

[13] 프리드리히 니체,《도덕의 계보》, 395쪽.

[14] 프리드리히 니체,《도덕의 계보》, 397쪽.

[15] 프리드리히 니체,《도덕의 계보》, 399쪽.

[16] 프리드리히 니체,《도덕의 계보》, 402쪽.

[17] 프리드리히 니체,《도덕의 계보》, 427쪽.

늠하게 한다.

이 글의 본론 제1절은《도덕의 계보》의 '서문'과 〈제1논문: '선과 악'. '좋음과 나쁨'〉 그리고 〈제2논문: '죄', '양심의 가책' 그리고 그와 유사한 것들〉을 중심으로 니체의 계보학과 양심의 가책의 관계를 다루고자 한다. 이를 위하여 한편으로는 기존 최고 가치의 탈-가치화 현상으로서 허무주의 현상에 대한 분석을, 그리고 다른 한편으로는 양심의 가책에 대한 계보학적 진단을 채무관계에 대한 분석을 통해 전개할 것이다. 그리고 제2절에서는 제1절의 이론적 관점을 바탕으로 소설《너의 이름은。》에 드러나는 양심의 가책을 분석할 것이다. 특히 이토모리 마을을 지배하는 신앙인 '무스비'를 중심으로 기억과 망각 그리고 양심의 가책의 관계를 분석하며, 다시 이를 채무관계를 통하여 포착할 것이다.

이를 통하여 우리가 거주하고 있는 세계 속에 존재하는 다양한 이름들이 우리의 생각이나 행동 나아가 정서에 미치는 영향, 특히 양심의 가책이 우리의 삶에 미치는 영향을 드러내 보고자 한다. 이와 같은 연구는 한편으로는 오늘날 철학상담의 주요 대상 중에 하나인 허무주의와 같은 과잉정서의 중심에 있는 익명적 양심의 가책이 수반하는 정서의 오염과 더불어 역-오염, 즉 심리적이거나 정서적인 차원이 오히려 생각이나 감각을 통해 삶을 오염시키는 역-현상을 드러낼 것이다. 다른 한편으로는 소중한 기억이 아니라 망각되기를 원하는 대상이 되어 버린 익명적 이름을 극복하고, 다시 회복해야 할 대상, 즉 우리 자신의 삶으로 이루어진 실명적 이름의 지평을 드러내고자 한다. 이로써 철학상담의 대상으로서 사고의 차원과 정서의 차원의 계보학적 상관성도 드러나게 될 것이다.

니체의 계보학과 양심의 가책의 관계 분석

주지하다시피 계보학적 방법은 그 의미가 상형문자처럼 망각되었거나 익명화되어 있는 도덕der Moral이 지닌 가치의 가치에 대한 물음을 제기하는 철학적 방법이다.[18] 니체의 계보학적 물음, 즉 '가치들의 가치에 대한 물음'[19]은 우리가 신뢰하고 있거나 맹목적으로 따르고 있는 가치들의 가치를 검토함으로써 기존의 가치들에 대한 철학적 진단과 더불어 새로운 가치를 형성하는 철학상담의 치료적 접근을 돕는다.[20] 이와 같은 과정은 우리가 추구하는 가치에 대한 성찰과 변형을 통하여 "삶에 대한 평가절하나 무화 현상"[21]의 원인을 진단하고 해소하는 것을 돕는다. 이때 계보학적 방법은 기존 가치에 대한 탈-가치화와 더불어 새로운 가치로의 전환의 중요성을 환기시킨다. 특히 니체는 기존 가치들의 가치를 삶에의 기여 여부나 정도를

---

18 니체의 계보학적 방법의 이와 같은 관계를 상담치료적으로 접근한 철학적 연구로
  는 다음 연구가 있다: 김선희, 〈가치의 무화에 대한 니체의 계보학적 물음의 철학치
  료적 접목〉, 《니체연구》 제25집, 한국니체학회, 2014.
19 프리드리히 니체, 《도덕의 계보》, 343쪽.
20 니체의 계보학적 방법을 통한 계보학적 철학상담은 다음과 같은 단계를 통하여 구
  체화될 수 있다. 첫째 단계는 내담자의 무화된 최고 가치 목록을 확인하는 단계이
  다. 둘째 단계는 내담자의 최고 가치가 무화되는 결정적 순간을 확인하는 단계이
  다. 셋째 단계는 지금까지 밝혀진 내담자의 최고 가치가 무화됨으로써 초래되는 증
  후들을 살펴보는 단계이다. 넷째 단계는 내담자의 무화된 가치의 가치 여부나 정도
  를 검토하는 단계이다. 다섯째는 내담자의 무화된 가치에 대한 대체 가치를 모색함
  과 더불어 이 대체 가치의 가치 또한 확인하는 가치 전환의 단계이다. 여섯째 단계
  는 대체 가치의 실천적 조형 단계이다. 이 마지막 단계는 니체의 계보학적 사유의
  목표 지점이자 삶의 조형력을 주목한 삶철학의 실천적·치료적 힘이 현실과 구체
  적으로 연동되는 지점이다. 김선희, 〈가치의 무화에 대한 니체의 계보학적 물음의
  철학치료적 접목〉, 142~143쪽 참조.
21 김선희, 〈가치의 무화에 대한 니체의 계보학적 물음의 철학치료적 접목〉, 135쪽.

기준으로 망각할지 기억할지의 정도나 한계를 규정하는 '조형력die plastische Kraft'[22]의 역할을 주목한다.

삶을 조형하는 가치들의 가치 평가에서 과연 양심의 가책이 우리 삶의 성장이나 강화에 이바지하는지 아니면 오히려 퇴화와 약화를 초래하곤 하는지의 여부와 그 정도에 대한 물음은 매우 중요하다. 어떤 주어진 가치와 관습이 반드시 따라야만 하는 것으로 인식됨으로써, 그것에 위배되거나 충돌할 때 도덕적이며 정서적인 양심의 가책이라는 증상이 수반되곤 한다. 양심의 가책이 선택의 순간에 행사하는 결정적 영향력은 매우 일반적이고 일상적이다. 그렇다면 그러한 양심의 가책의 정체는 무엇일까? 그것은 어디에서 왔는가? 그리고 그것은 삶을 강화시키는가 아니면 오히려 약화시키는가? 니체가 제시하는 가치들의 가치에 대한 계보학적 물음, 즉 가치의 '기원Ursprung'이나 '유래Herkunft' 또는 '발생Entstehung'[23] 등에 대한 물음은 우리에게 죄책감을 느끼게 하는 양심의 가책의 정체를 파악하는 데

---

22 니체는 과거의 것이 단지 망각의 대상만이 아니라 또한 기억의 대상이자 조형의 대상임을 환기시킨다. 즉, 니체는 "과거의 것이 현재의 것의 무덤을 파지 않으려면, 과거의 것이 잊혀야 할 한도와 한계를 결정"하는 것의 중요성을 강조하고 있다. 나아가 그는 조형력을 "스스로 고유한 방식으로 성장하고, 과거의 것과 낯선 것을 변형시켜 자기 것으로 만들며, 상처를 치유하고 상실한 것을 대체하고 부서진 형식을 스스로 복제할 수 있는 힘"으로 규정한다. 프리드리히 니체, 《반시대적 고찰》, 이진우 옮김, 책세상, 2016, 293쪽.

23 형이상학에서 찾는 '기원'과 니체의 계보학에서 찾는 '기원'은 서로 상반되기 때문에 '유래'나 '발생'이라는 용어를 통해 이를 좀 더 분명히 할 필요가 있다는 주장은 이미 논의된 바 있다(김선희, 〈가치의 무화에 대한 니체의 계보학적 물음의 철학치료적 접목〉, 128쪽). 또한 니체의 계보학에서 기원을 밝히는 것은 형이상학적인 기원을 찾는 것을 의미하지 않으며, 오히려 본질적이고 유일한 원인이 존재하지 않음을 규명하려는 것에 가깝다는 주장도 논의되고 있다. 이경희, 〈선악에 대한 반성적 고찰〉, 《철학논총》 제71집, 새한철학회, 2013 참조.

도움을 줄 것이다. 나아가 양심의 가책의 내용인 다양한 도덕적 가치들과 그것이 삶에 미치는 가치들의 가치나 무가치 또는 탈가치뿐만 아니라 가치 전환은 우리 삶의 허무화 나아가 이와 연결된 우울, 분노, 혐오와 같은 삶의 정서화나 과잉-정서화에 대한 분석과 그것의 극복을 위한 단초를 제공할 것이다.

최고 가치의 탈가치화 현상으로서 허무주의

니체는 당시 유럽 사회에 팽배해 있는 기이한 현상, 즉 삶이 삶을 부정하는 허무주의적 현상을 자신의 철학적 화두로 삼았다. 그는 한편으로는 시대적 증상을 '허무주의Nihilismus'[24]로 진단하는 동시에, 다른 한편으로는 시대적 정서적 증상으로서 허무주의의 철학적 원인을 규명하고자 했다. 그는 허무주의라는 정서적 증상의 철학적 원인으로서 기존 가치들의 탈-가치화, 심지어 '신의 죽음'으로 상징되는 최고 가치로 숭상된 가치들의 탈-가치화를 포착해 냈다. 이처럼 니체는 시대의 정서적 증상으로서 허무주의를 포착하는 데에 멈추지 않고 오히려 그것의 원인을 철학적으로 해부하였다. 그 시대가 허무주의적 증상에 시달리는 수동적 또는 '불완전한 허무주의unvollständige Nihilismus'[25]에 노출되어 있었던 것에 반하여, 니체는 허

---

24 니체의 저서인 《도덕의 계보》에서 허무주의라는 용어가 많이 등장하지는 않지만, 위 책을 저술하던 시기에 남긴 유고에는 허무주의에 대한 자세한 분석이 들어 있다. 이 시기의 유고를 중심으로 니체의 허무주의를 논의한 연구로는 다음을 참조: 이상엽, 〈니체의 근원적 허무주의〉, 《니체연구》 제24집, 한국니체학회, 2013.

25 불완전한 허무주의는 삶에서 허무를 느끼고는 있지만 그 원인을 정확히 인식하지 못하거나 외면하려는 행위에서 나타난다. 이에 대한 자세한 논의로는 다음을 참조: 정동호, 《니체》, 책세상, 2014, 254~255쪽; 이상엽, 〈니체의 근원적 허무주의〉, 《니체연구》 제24집, 한국니체학회, 2013, 169~170쪽.

무주의의 원인으로서 가치의 무화라는 현상을 진단해 낸다. 나아가 그는 이 무화된 가치들을 대체할 수 있는 새로운 가치 창조의 중요성을 환기시킴으로써 가치 전환 없이 단지 기존의 가치를 해체하는 방식으로 허무를 극복하려는 소극적 시도와 변별되는 새로운 가치를 건설하는 적극적이면서도 창조적인 가치 전환을 통하여 '완전한 허무주의vollständige Nihilismus'를 제시해 나갔다.

19세기 유럽의 사회적 신경증이라고도 할 수 있을 허무주의를 진단하고 치료하기 위해서 니체가 선행한 작업은 저 신경증의 핵심적 요인이라고 할 수 있을 철학적 요인으로서 지배적인 가치들의 정체 분석이었다. 광범위하게 확산되어 있던 허무주의를 가동시켰던 철학적 요인으로 니체가 포착한 개념은 양심의 가책 또는 죄책감이다. 19세기를 지배했던 인간의 익명적 정체성에 대한 연구를 위해서는 언어, 나아가 언어를 관통하는 축으로서 도덕, 도덕의 중심에 위치한 양심의 가책, 그리고 양심의 가책에 의해서 수반되는 죄책감에 대한 면밀한 검토를 필요로 한다. 그 이유는 도덕이란 양심의 가책이라는 결정적인 장치를 통하여 자신을 유지하기 때문이다.

도덕적 행위와 이에 상응하는 양심의 가책은 서로 밀접히 연결되어 있다. 기존의 도덕체계를 따를 때, 우리는 상대적으로 편안한 양심의 상태를 유지할 것이다. 그러나 기존의 가치체계에 위배될 때, 우리는 이에 상응하는 양심의 가책이라는 무거운 짐을 짊어져야 한다. 하지만 기존의 도덕을 따르는 것이 비록 양심의 가책을 수반하지는 않는다고 할지라도 거부감이나 우울, 분노 또는 원한 감정이나 다양한 히스테리 증상을 수반할 수도 있다. 즉, 기존 가치의 가치에 대한 의혹이나 불신 또는 불만족은 가치 문제에 있어서 개인과 공동체 사이에서 또는 개인의 내면의 충돌에 의해서 가치의 탈가치화라는 니힐리즘의 반복적 출몰을 초래할 수도 있다. 따라서 삶의 치명적인 복병이라고 할 수 있는 허무주의의 극복을 위해서는 도덕의 가치와 더불어 양심의 가책의 정체에 대한 분석을 필요로 한다.[26]

계보학적 방법을 통해 니체는 기존에 진리처럼 받아들였던 양심의 형이상학적인 기원이 실상은 고안된 것이었음을 보여 줌으로써 사람들로 하여금 이 양심을 맹목적으로 추앙하는 대신에 그것의 근거를 묻게 하였다. 그 과정을 통하여 그는 그 양심의 근거를 제공했던 도덕의 가치들이 "목표가 결여되어 있으며 (…) 최고 가치들이 탈가치화"[27]되어 버린 허무주의적 현상을 수반함을 폭로하였다. 심지어 삶의 의미를 무화하는 허무주의는 니체에게 있어서 '금욕주의적 이상'과 같이 인간의 활동을 억제함으로써 고통을 줄이는 '수동적 허무주의passiver Nihilismus'로 나타나거나, 사회에 통용되는 도덕을 부정하고 파괴해 나가는 '능동적 허무주의aktiver Nihilismus'로 나타나기도 한다.[28]

니체는 《도덕의 계보》에서 당대 유럽에서 유행하던 '동정의 도덕'과 쇼펜하우어의 철학, 그리고 금욕주의적 이상을 비판[29]하고 있다

---

26 허무주의의 양가적 성격에 대한 연구로는 다음과 같은 논문이 있다: 양대종, 〈허무주의를 대하는 마음의 자세〉, 《철학탐구》 제35집, 중앙대학교 중앙철학연구소, 2014.

27 프리드리히 니체, 《도덕의 계보》, 22쪽.

28 수동적 허무주의와 능동적 허무주의에 대한 자세한 논의는 다음 논문을 참조: 이상엽, 〈니체의 근원적 허무주의〉, 170~172쪽.

29 니체는 힘에의 의지를 능동적으로 발휘하게 해 주는 가치판단을 좋은 것이라 주장하는데, 이는 니체가 완전주의Perfectionism의 관점에서 가치판단의 가치를 묻기 때문이다. 따라서 힘에의 의지를 제대로 발휘하지 못하게 하는 도덕들은 니체의 입장에서 비판의 대상이 된다. 이와 관련된 자세한 논의는 다음을 참조: 김바다, 〈니체의 《도덕의 계보》에 대한 재검토〉, 《니체연구》 제24집, 한국니체학회, 2013.

는 점에서 수동적 허무주의를 부정하며, 반면에 능동적 허무주의를 "강함의 징후"[30]라고 말하면서 이를 긍정적으로 평가하고 있다. 나아가 수동적 허무주의나 능동적 허무주의와 같은 불완전한 허무주의를 넘어서는 완전한 허무주의적 패러다임의 제안 또한 니체의 창조적 기여다.[31] 따라서 이와 같은 다양한 허무주의적 현상들의 근저에서 작용하는 양심의 가책의 계보학적 발생에 대한 검토는 허무주의를 극복하기 위하여 해결되어야 할 핵심적인 과제임이 분명하다.

양심의 가책에 대한 계보학적 진단

도덕의 가치의 익명화나 상형문자화 그리고 그것의 탈가치화와 관계없이 여전히 우리 삶에 각인되어 강력한 영향력을 행사하는 도덕의 배후에 존재하는 양심의 가책의 정체를 파악하는 일은 그 개념의 유래에 대한 니체의 계보학적 분석에 의해서 선명하게 드러난다. 〈제2논문: '죄', '양심의 가책' 그리고 그와 유사한 것들〉에서 니체가 양심의 가책의 형성이나 유지와 관련하여 이루어지는 가장 치열한 전쟁을 망각과 기억의 관계를 통해 분석할 때, 망각[32]에 대한 기억의 승리를 보장하는 결정체로 제시하는 것은 '약속할 수 있는 동물'[33]이다. 그러나 놀랍게도 약속할 수 있는 동물은 니체에 따르면, 인간의 본성에 그다지 어울리는 것이 아니다. 그 이유는 인간은 본래 망각

---

30 프리드리히 니체, 《도덕의 계보》, 23쪽.

31 백승영, 《니체, 디오니소스적 긍정의 철학》, 책세상, 2005, 210~214쪽 참조.

32 니체는 망각을 두 가지로 구분하고 있다. 단순히 타성적인 망각과 능동적인, 오히려 적극적인 저지 능력으로서 망각이 그것이다. 저 인용은 후자와 관련된 것이다. 프리드리히 니체, 《도덕의 계보》, 395쪽.

33 프리드리히 니체, 《도덕의 계보》, 395쪽.

의 동물이기 때문이다.

의식의 문과 창들을 일시적으로 닫는 것, 우리의 의식 아래 세계의 작동 가능한 기관이 서로 협동하든가 대항하기 때문에 일어나는 소음과 싸움에서 방해받지 않고 있는 것, 새로운 것, 특히 고차적인 기능과 기관에 대해, 통제하고 예견하며 예정(우리의 유기체는 과두적인 조직으로 만들어졌기 때문이다)하는 데 다시 자리를 마련하기 위한 약간의 정적과 의식의 백지 상태tabla rasa—이것이야말로 이미 말했듯이, 능동적 망각의 효용이며, 마치 문지기처럼 정신적 질서와 안정, 예법을 관리하는 관리자의 효용이다.[34]

나아가 니체는 약속할 수 있는 동물을 기른다는 저 과제의 성공에 의해서 마침내 가능해지는 것이 바로 책임이라는 것과, 이 책임에 대한 특권적 의식이 바로 양심이라는 고안품임을 아래와 같이 계보학적으로 폭로한다.[35]

:또한 필연적으로 그는 약속할 수 없으면서 약속하는 허약 체질의 경솔한 인간에겐 발길질을 해 댈 것이며, 입에 약속을 담고 있는 그 순간 이미 약속을 깨 버리는 거짓말쟁이에게는 응징의 채찍을 가할 것이다. 책임이라는 이상한 특권적 의식에 대한 자랑스러운 인식, 이 희한한 자유에 대한 의식, 자기 자신과 운명을 지배하는 이 힘에 대한 특권적 의식은 그의 가장 밑바닥 심연까지 내려앉아 본능이, 지배적인 본능

34 프리드리히 니체, 《도덕의 계보》, 395~396쪽.
35 프리드리히 니체, 《도덕의 계보》, 397쪽.

이 되어 버렸다: —만일 그 스스로 이에 대한 한 단어가 필요했다고 가정한다면, 이것을, 이 지배적인 본능을 무엇이라고 부르게 될 것인가? 그러나 의심할 여지 없이 이 주권적 인간은 그것을 양심이라고 부른다...[36]

니체는 양심의 배후에 존재하는 오랜 역사와 변천을 주목한다. 그곳에서 바로 저 약속할 수 있는 인간을 위한 전제로서 인간이라는 망각의 동물에게 기억을 만들어 내는 과정이 드러난다. '기억술 Mnemotechnik'[37]이라는 생소한 개념을 통해 망각에 대한 기억의 승리, 책임과 양심이라는 고안품이 제작되는 참혹한 과정을 드러낸다. 그는 "어떻게 부분적으로 우둔하기도 하고, 부분적으로는 멍청하기도 한 이 순간적인 오성, 이 망각의 화신에게 언제나 기억에 남는 인상을 각인할 수 있겠는가?"[38]라는 물음에 대한 답변을 '가장 오래된 심리학의 주요 명제'[39]라고 하는 "기억 속에 남기기 위해서는, 무엇을 달구어 찍어야 한다. : 끊임없이 고통을 주는 것만이 기억에 남는다"[40]라는 문구에서 찾는다.

그리고 이 모든 것의 최종 목적지이자 이 논문의 중심어인 '양심의 가책'[41]이 계보학적으로 분석된다. 니체는 '죄Schuld'라는 도덕적 개념이 '부채Schulden'라는 물질적 개념에서 유래하였음을 환기시키

---

36 프리드리히 니체, 《도덕의 계보》, 398~399쪽.
37 프리드리히 니체, 《도덕의 계보》, 399쪽.
38 프리드리히 니체, 《도덕의 계보》, 399쪽.
39 프리드리히 니체, 《도덕의 계보》, 340쪽.
40 프리드리히 니체, 《도덕의 계보》, 340쪽. 자세한 내용은 3절 전체 내용 참조.
41 프리드리히 니체, 《도덕의 계보》, 402쪽.

면서 양심과 같은 도덕의 주요 개념들을 '채무법Obligationen-Recht'으로 설명한다.[42] 니체에 의하면, 채권자와 채무자의 관계가 성립되기 위해서는 먼저 인간이 '약속할 수 있는' 상태가 되어야만 한다. 인간은 자신의 동물성을 극복하고 약속하기 위해 기억하고자 했고, 기억술을 통해 끊임없이 고통을 가해서 기억하는 것을 성공하고야 만다. 하지만 약속은 과거를 기억하는 것만으로 할 수 있는 것이 아니다. 그 이유는 약속은 미래의 일을 보증하는 것이기 때문이다. 그렇기 때문에 약속이 성립하기 위해서 약속하는 사람의 행동을 예측할 수 있어야 하며, 니체는 예측 가능한 존재가 되기 위해서 '풍습의 도덕과 사회적 강제'[43]가 필요했음을 환기시킨다. 이렇게 기억술과 사회적 강제를 통해서 약속할 수 있는 동물이 된 인간은 약속을 하게 되고, 이 약속을 지키지 못할 경우 느끼게 되는 부채감에서 죄나 양심의 가책과 같은 도덕적 개념들이 만들어졌다는 것이다.

한편 니체는 "공동체와 구성원의 관계 역시 채권자와 채무자의 근본 관계 속에 있다"[44]는 것을 환기시킨다. 공동체나 국가를 만든 힘 있는 자들은[45] "적대감, 잔혹성, 파괴의 희열 같은 인간의 본능이 공동체를 향해 폭발하는 일이 없도록 방향을 잡아 줄 필요"[46]를 느끼게

---

42 프리드리히 니체, 《도덕의 계보》, 406쪽 참조.

43 프리드리히 니체, 《도덕의 계보》, 397쪽. '양심의 기원'에 관한 니체의 가설에 대한 더 세부적인 논의는 제2논문의 16절 이하 참조.

44 프리드리히 니체, 《도덕의 계보》, 413쪽.

45 니체는 국가의 형성 과정을 다음과 같이 설명하고 있다. "천성적으로 '지배자'인 자, 일에서나 몸짓에서 폭력적으로 나타나는 자─이런 사람에게 계약을 한다는 것이 무슨 의미가 있다는 말인가! (…) 그들이 하는 일은 본능적으로 형식을 창조하는 일이며, 형식을 새겨 넣는 일이다." 프리드리히 니체, 《도덕의 계보》, 434쪽.

46 정동호, 《니체》, 196쪽.

되었고, 위와 같은 인간의 본능을 억압하기 위해 제도와 형벌을 만들었다는 것이다. 이 과정을 통해 사람들은 "관습의 억누름과 협소함과 규칙성 속에 처박혀 성급하게 스스로를 찢고 박해하고 물어뜯고 흥분시키고 학대"[47]하게 되었다. 힘 있는 자들이 주도적으로 만든 관습과 형벌에 의해 잔인함과 같은 본성을 외부로 표출할 수 없게 된 사람들은 자신의 잔인함을 내면에 가했으며,[48] 이렇게 형성된 것이 양심의 가책이라는 것이다.

니체에게 이러한 양심의 가책은 '조상Vorfahren'이나 '신Gott'이라는 개념과 밀접하게 연관된다. 왜냐하면 채무자와 채권자의 관계가 조상이나 신과 개인 사이에도 성립되기 때문이다. 니체는 "종족이 철저히 조상의 희생과 공헌에 의해 존속한다는 확신이,—희생과 공헌으로 이것을 그들의 조상에게 지불해야 한다는 확신이 지배한다"[49]라고 말한 바 있다. 사람들은 자신들의 조상에게 부채가 있음을 승인하고 이를 갚아 나갔는데, 자신의 종족이 번영할수록 조상에게 진 채무가 커지게 되었다는 것이다. 그리고 결국에는 그들의 선조가 "필연적인 하나의 신으로 변형"[50]되고 만다는 것이다. 니체는 이러한 예시로 "그리스도교 신의 출현"[51]을 든다.

그러나 니체는 이와 같이 '종교화된' 죄나 의무라는 개념의 전복

---

47 프리드리히 니체, 《도덕의 계보》, 432쪽.
48 백승영은 양심의 가책의 형성 과정을 내면화 이론으로 설명하고 있다. 이에 대한 자세한 설명은 다음의 논문을 참조: 백승영, 〈양심과 양심의 가책. 그 계보의 차이〉, 2007.
49 프리드리히 니체, 《도덕의 계보》, 437쪽 참조.
50 프리드리히 니체, 《도덕의 계보》, 438쪽.
51 프리드리히 니체, 《도덕의 계보》, 440쪽.

으로 '도덕화'를 주목한다.[52] 즉, 그는 저 죄나 의무라는 개념을 도덕화하여 양심의 가책으로 방향을 역전시키는 시도를 주목한다.[53] 신스스로가 인간의 죄 때문에 자기를 희생함으로써, 즉 채권자가 자신의 채무자를 위해 희생함으로써 이제 채무자는 자신의 부채를 해결할 수 없다는 것과 더불어 속죄도 가능하지 않다는 생각에서 양심의 가책이 배태된다는 것이다.[54] 이는 어떤 벌도 상응할 수 없기에 스스로 벌을 받아야 한다고 생각하는 인간의 의지, 즉 이러한 고정관념의 미궁에서 나오는 탈출구를 단번에 차단시키기 위하여 사물의 가장 깊은 근거를 벌과 죄의 문제로 오염시키고 독을 타려는 의지라는 것이다.[55] 니체는 〈제2논문〉 24절에서 바로 우리 현대인이란 수천 년간의 이와 같은 과정을 거쳐서 양심의 해부와 자기 동물성 학대의 상속인임을 드러낸다. 그리고 이러한 상속인에게 필요한 것이 '커다란 건강dieser grossen Gesundheit'[56]임을 환기시키는 동시에, 이것의 가능성에 관하여 물음을 던진다. 그리고 '지금까지의 이상이 현실에 부과했던 저주에서 벗어나는 구원을 가져오게'하는 자란 바로 '안티크리스트이자 반허무주의자, 신과 허무를 초극한 자'임을 강력하게 환

---

52 프리드리히 니체, 《도덕의 계보》, 440쪽.

53 프리드리히 니체, 《도덕의 계보》, 441쪽.

54 프리드리히 니체, 《도덕의 계보》, 441쪽.

55 프리드리히 니체, 《도덕의 계보》 442~443쪽 참조. 이와 같은 그리스교가 신들을 이용해 왔던 방식과 정반대되는 신을 니체는 그리스 신들에게서 발견한다. 프리드리히 니체, 《도덕의 계보》, 444~445쪽 참조.

56 커다란 건강 또는 위대한 건강에 대한 세부적인 논의는 다음 저서의 IV. 니체의 건강 개념과 이론: "커다란 건강"을 참조: 이상범, 《니체의 건강철학》, 집문당, 2019. 뿐만 아니라 이와 같은 커다란 건강에 상응하는 개념으로서 '큰 행복'의 관점에서 니체의 디오니소스적 행복을 논한 연구서로는 다음을 참조: 홍사현, 《니체의 행복론》, 커뮤니케이션북스, 2019.

기시킨다.[57]

소설《너의 이름은。》과 기억과 망각 그리고 무스비와 양심의 가책에 대한 계보학적 분석

망각과 익명적 기억

소설《너의 이름은。》[58]의 배경 공간은 이토모리 호수를 둘러싼 형태로 형성된 산간 마을인 이토모리 마을이다. 소설에는 자신이 살고 있는 이토모리 마을을 떠나고자 하는 마음과 이 마을을 지키고자 하는 마음 사이, 죽음과 탄생 사이, 기억과 망각 사이를 오가며 엮이는 등장인물들의 복잡한 삶의 착종 과정이 그려진다. 특히 대략 1,200년을 주기로 이 마을에 반복적으로 떨어진다는 운석, 그리고 다시 재앙의 반복을 앞둔 시점에서 벌어지는 등장인물들의 다양한 행동들이 죽음과 탄생이나 기억과 망각의 양면성을 통해 첨예하게 그려진다. 이미 1,200년 전에 운석이 이곳에 떨어진 적이 있었다. 이로인해 그전에 없던 이토모리 호수가 생기고 그전에 있던 마을은 사라졌다. 운석이 떨어진 곳은 호수가 되었고, 호수는 물고기를 부르고, 운석에서 떨어진 운철隕鐵은 부를 가져다주었다고 한다. 그렇게 마을이 다시 형성되었다고 한다. 그리고 긴 세월이 흘러 다시 혜성이

57　프리드리히 니체,《도덕의 계보》, 447~448쪽 참조.

58　신카이 마코토는 소설과 영화에서 마을에 운석이 떨어진다는 운명을 극복하는 주인공의 삶을 이야기한다. 원작을 바탕으로 외전을 저술한 작가인 카노 아라타는 운명 자체를 주어진 것이 아니라 만들어 가는 것으로 이해하는 방식과 중첩적으로 운명을 극복하려고 노력하는 주인공의 분투와 재앙을 이겨 냈다는 사실도 이미 정해져 있는 운명이라는 해석을 함께 내놓는다. 이 글에서는 작품의 구체적인 분석을 위해 카노 아라타가 저술한 외전도 인용할 것이다.

찾아오고 또 별이 떨어지고 또 사람이 죽었다고 한다.[59] 그리고 다시 형성된 마을이 지금의 이토모리 마을이었다. 그리고 또 다시 혜성이 떨어질 때가 다가오고 있다. 이제 이 마을은 다시 사라질 운명에 처해 있다.

소설의 영화판 해설에서 감독은 "인간에게 가장 잔혹한 일은 무엇일까? 당연히 죽음이다. 줄곧 그렇게 생각했다. 하지만 죽음보다 잔혹한 것이 있다. 바로 살면서 사랑하는 사람을 잊어 가는 것이다"[60]라고 한다. 사랑하는 사람을 잊는다는 것은 기억하지 못한다는 것이다. '너의 이름'을 기억하지 못하는 것, 망각하는 것이 인간에게 있어 죽음보다 더 잔혹한 것이라고 말하고 있다.[61] 이 소설에서 망각과 기억의 화두는 여주인공 미야미즈 미츠하의 할머니이자 신사의 궁사인 미야미즈 히토하에 의해서 표면화된다. 그 중심에는 화재로 인해 그녀가 지금 속해 있는 미야미즈 신사와 고문서가 전부 타서 무화됨으로써 신사가 행하는 것들의 모든 의미가 망각되어 버린 '마유고로의 큰불'이라는 사건이 있다. 미야미즈 히토하는 "그 일로, 우리가 꼬는 실매듭 문양이 무엇을 의미하는지, 춤은 또 어떤 의미를 담고 있는지 알 수 없게 됐지. 남은 건 형식뿐이고"[62]라고 말한다. 그녀는 그

---

59 신카이 마코토, 《너의 이름은.》, 166쪽.

60 신카이 마코토, 《너의 이름은.》, 294쪽. 소설의 작가인 신카이 마코토는 '작가 후기'에서 "소중한 사람이나 장소를 잃고 말았지만 발버둥 치자고 결심한 사람, 아직 만나지 못한 무엇인가에, 언젠가 반드시 만날 것이라 믿으며 계속 손을 뻗는 사람"을 위해 책을 썼다고 밝히고 있다. 신카이 마코토, 《너의 이름은.》, '작가 후기', 289쪽.

61 기억과 망각이 존재의 무화에 미치는 영향력에 대한 본 연구의 토대 연구로는 다음을 참조하였음: 김선희, 〈니체의 니힐리즘 사상을 통해 본 〈센과 치히로의 행방불명〉 속 존재와 세계의 무화에 대한 분석〉, 《니체연구》 제31집, 한국니체학회, 2017.

62 신카이 마코토, 《너의 이름은.》, 42쪽.

럼에도 불구하고 "하지만 의미가 지워졌다고 형식까지 없어지게 돼서는 안 돼. 형식에 새겨진 의미는 언젠가 반드시 되살아나는 법이니까"[63]라는 의미심장한 말을 함으로써 의미가 망각된 행위임에도 그 행위를 기억해야 하는 이유를 제시한다.

그 의미도 모름에도 불구하고 궁사의 손녀이자 무녀인 미야미즈 미츠하가 그토록 모욕감을 느끼면서까지 행하는 무녀 의식과 미야미즈 신사의 중요한 임무의 당위성의 이유가 바로 언젠가 되살아날 의미를 위한 것임을 제시함으로써 지금 익명적인 그 형식을 유지하는 이유가 환기된다.[64] 하지만 그 형식을 유지해야 한다는 당위성에 대한 어떤 기억이나 기록도 없기에 어떤 확인도 가능하지 않은 상태에서 또래의 혐오스러운 놀림이나 비웃음 또는 동시대 사람들의 눈요깃감[65]이 되기도 하는 무녀 의식을 행하는 미야미즈 미츠하의 삶은 고통스러운 기억으로 채워져 간다. 수천 년 전에 사람들은 운석이 떨어지고 사람이 죽는 재앙의 전조 현상과 재앙을 극복하는 방법을 기억해 두고자 하였고, 그리하여 혜성을 용으로, 실매듭으로 표현하였다고 한다. 그리고 갈라지는 혜성의 모습을 춤동작에 넣었다고 한다.[66] 그러나 긴 시간이 흐르고 흘러 용이나 실매듭의 의미뿐만 춤의 의미에 대한 어떤 기억이나 기록도 부재하는 상황에서 미야미즈 미츠하의 무녀로서의 삶은 어떠할까? 또는 그러한 상황에서 할 수 있는 것은 무엇일까? 이러한 고민은 미야미즈 미츠하만이 아니

---

63 신카이 마코토, 《너의 이름은。》, 42쪽.
64 신카이 마코토, 《너의 이름은。》, 42쪽.
65 신카이 마코토, 《너의 이름은。》, 43~47쪽.
66 신카이 마코토, 《너의 이름은。》, 167쪽.

라 미야미즈 가문의 고민이자 과제이기도 하였다.

무스비, 그리고 망각과 기억 사이의 실 잇기

이 소설의 등장인물들의 기억과 망각 활동은 양심의 가책의 유래인 채무관계에서 부채의식과 연결되어 있다. 이토모리 마을의 신앙인 '무스비むすび結び'(맺음, 이어짐)[67]의 전승자인 미야미즈 히토하는 무스비에 관하여 다음과 같이 말한다: "실을 잇는 것도 '무스비', 사람을 잇는 것도 '무스비', 시간이 흐르는 것도 '무스비', 전부 같은 말을 쓰지. 그 말은 신을 부르는 말이자 신의 힘이란다."[68] 이 말에 따르면 무스비는 고대의 신을 말하는 동시에, 신의 힘, 즉 실과 실, 사람과 사람, 그리고 시간과 시간을 잇는 것을 뜻한다. 잇는 것은 묶는 것이다. 잇는다거나 묶는다는 의미는 연대적 의미와 더불어 구속적 뉘앙스도 강하다. 따라서 무스비는 다양한 존재들의 연대나 유대와 동시에 구속이나 폭력이라는 이중적 의미를 지닐 수밖에 없다. 따라서 무스비는 창조적이고 긍정적인 동시에 강제적이고 폭력적인 방식으로 작동하는 양면성을 지니고 있음을 암시한다.

미야미즈 신사의 궁사 미야미즈 히토하의 딸이자 궁사 후계자인 무녀 미야미즈 미츠하의 사별한 어머니인 미야미즈 후타바 또한 무녀였다. 곧, 미야미즈 후타바의 남편이 되어 궁사가 될 미조구치 토시키는 그녀와 결혼하기 전에는 '역사문화학자이지만 거의 민속학

---

67 "타카미무스비노카미(高皇産靈神)란 高大한 生成의 신이라는 뜻이다."(연민수 · 김은숙 외,《역주 일본서기 1》, 동북아역사재단, 2013, 263쪽, 각주 9번) 이러한 자료를 토대로, 무스비(産靈)는 생성의 신이라는 뜻을 가지고 있음을 알 수 있다.

68 신카이 마코토,《너의 이름은。》, 99쪽.

과 비슷한 공부'[69]를 하면서 오래된 신앙과 의식에 관하여 조사하고 있었다. 신사를 찾아온 그는 당시 신사의 무녀인 미야미즈 후타바에 게 이 신사에서 모시는 신에 대하여 계보학적 수준의 질문을 계속한 다. 이 과정에서 미야미즈 신사는 베틀신인 '시토리노카미'를 모시는 신사이며, 이 신은 수수께끼가 풀리지 않은 신이라는 점이 드러나기 시작한다. 왜냐하면 인간에게 베를 짜는 방법을 가르친 신이 어떻게 다케미카즈치라는 영웅신도 퇴치하지 못한 별의 악신(혜성)인 아메 노카가세오를 쓰러뜨렸는지가 수수께끼이기 때문이다.[70]

따라서 미조구치 토시키는 그 수수께끼를 풀어 나가기 위하여 계 속되는 질문을 미야미즈 후타바에게 던진다. 그녀는 저 베틀신이 퇴 치한 아메노카가세오란 《일본서기》에 적힌 별의 신이 아니라 용이 었다고 말한다.[71] 이에 미조구치 토시키는 다시 어떤 식으로 베틀신 이 용을 퇴치했는지를 묻는다. 그러자 미야미즈 후타바는 전해지는 바는 없다고 말하며 그 대신 순수한 그녀의 생각을, 즉 베틀신이 끈 을 무수히 엮어서 용을 휘감는 방법을 사용했을 것이라고 이야기한 다.[72] 그러나 다시 끈을 꼬는 행위의 기원에 대한 기록의 여부를 묻 는 미조구치 토시키의 질문에 대해, 미야미즈 후타바는 저 유명한 200년 전 마유고로의 큰불로 인하여 종이에 적힌 기록이 모두 전소 되어 기록이 없음을 전한다.[73] 이와 같은 과정은 미야미즈 신사가 신

---

69 신카이 마코토 원작, 카노 아라타, 《너의 이름은.》, 175쪽.
70 신카이 마코토 원작, 카노 아라타, 《너의 이름은.》, 179쪽.
71 신카이 마코토 원작, 카노 아라타, 《너의 이름은.》, 같은 쪽.
72 신카이 마코토 원작, 카노 아라타, 《너의 이름은.》, 180쪽.
73 신카이 마코토 원작, 카노 아라타, 《너의 이름은.》, 182쪽.

을 모시고 있지만 모시고 있는 신에 대해서 기억하지 못하고 있음을 드러낸다.

모시는 신에 대한 기억도 없이 익명적으로 행하는 신사의 의식 활동은 무녀들 개인이나 신사, 나아가 마을 사람들에게 위험한 일이다. 따라서 망각의 내용에 대한 기억이 필요하다. 그렇다면 전소되어 없는 기록을 복구할 수 있는 방법이 있을까? 이들의 대화 중에 미조구치 토시키 스스로도 가능성이 희박한 일이라고 생각하면서도 던졌던 물음, 즉 "소실되지 않고 남은 축문에서 특징을 잡아내어 잃어버린 축문을 복구하는 일은 불가능할까요?"라는 물음과 이에 대한 미야미즈 후타바의 물음, 즉 "괜찮으시면 토시키 씨가 해 주실 수는 없을지요?"라는 되-물음은 중요한 변곡점이 된다. 이제 이들의 활동은 단지 망각을 망각으로 방치하거나 정리된 기록만을 추적하는 것에서 한 걸음 더 나아가, 소실된 기록을 사방으로 흩어져 있는 다른 기록들을 다시 잇고 묶음으로써 재창조해 내는 과정으로 전환한다. 단지 꼬아진 실을 재-기록하는 자에서 끊어진 실들을 다시 잇는 자로 전환한다. 그리하여 기존의 무스비를 모방만 하는 자에서 무스비를 창조하는 자로 확장되기 시작한다.

이제 이 둘의 관계 또한 묻는 자와 답하는 자의 이분법적 고착에서 탈피한다. 답변을 하고 있던 미야미즈 후타바가 이제 미조구치 토시키에게 물음을 던진다. 이에 묻는 자였던 미조구치 토시키는 대답하는 자가 된다. 그는 인터뷰를 진행하는 데 있어서 금기를 깬다. 즉, 그는 듣는 사람이 자신의 견해를 밝히는 일을 해 버린다.[74] 그는 대답하는 자가 되어, 과거에는 이 마을 사람들이 시토리노카미를 믿

---

74 신카이 마코토 원작, 카노 아라타, 《너의 이름은.》, 186쪽.

은 것이 아니라 다른 신, 아메노카가세오를 믿었던 것이 아닌가 하는 자신의 이야기를 한다. 그 신앙이 어떤 이유로 인해 버려지고 시토리노카미를 믿게 되었다는 것이다.

> 옛말로 뱀을 카카시라고도 합니다. (…) 카가세오라는 명칭은 카카시에서 생겨났고, 아메노카가세오는 하늘의 뱀, 즉 혜성을 뱀으로 비유한 명칭이라는 설이 있습니다. (…) 그러니까 아메노카가세오는 별의 신이자 용이기도 한 것이지요. (…) 어쩌면 실매듭은 뱀을 상징하는 물건이었을지도 모릅니다.[75]

미조구치 토시키의 가설에 따르면, 옛날에 이토모리 마을은 별의 신인 아메노카가세오를 믿고 있었으며, 끈을 꼬는 것은 별의 신을 형상화한 것이었다는 것이다. 그렇다면 문제는 오늘날 이토모리 마을은 아메노카가세오를 처치한 신인 시토리노카미의 신앙을 믿고 있다는 점이다. 왜 이러한 일이 벌어지게 되었을까? 토시키는 이토모리 호수가 운석이 떨어져 형성된 호수임을 토대로 가설을 제시한다.

> 운석이 언제 떨어졌는지는 분명하지 않지만 별의 신을 숭배하던 마을에 별이 떨어진 겁니다. 많은 사람이 죽었지요. 죽음과 파멸은 재앙입니다. 별을 믿던 사람들이 별로 인해 재앙을 맞았고 어떤 의미에서는 '신에게 배신당했다'고도 할 수 있지요. 그 재앙을 불식시키기 위해서 신앙의 대상을 바꾸었을지도 모릅니다. 아메노카가세오 신앙을 버리

---

75 신카이 마코토 원작, 카노 아라타, 《너의 이름은.》, 188쪽.

고 그의 천적인 시토리노카미 신앙을 도입한 것이지요.[76]

어느 날, 이토모리 마을에 별이 떨어지게 되었고, 별의 신인 아메노카가세오를 믿던 사람들은 그 신에 의해 피해를 입었다고 생각하게 되었으며, 그렇기 때문에 마을 주민들은 자신을 배신한 신에게 복수하기 위해 아메노카가세오를 처치한 신인 시토리노카미의 신앙을 도입했다는 것이 미조구치 토시키의 생각이다. 신앙의 대상이 바뀌게 되면서, 아메노카가세오를 형상화하여 만들었던 끈은 자신을 배신한 아메노카가세오를 묶는 끈으로 바뀌게 되었으며, 끈을 꼬는 습관은 시토리노카미 신앙에서도 통용되었기 때문에 남겨졌을 것으로 토시키는 추측하고 있다. 이렇게 이들은 익명화된 신의 정체성에 대한 계보학적 물음을 계속해 간다.

망각과 기억의 되엮임으로서 무스비

미야미즈 후타바와 미조구치 토시키의 이 같은 만남은 몇 번 더 지속되었고 이들은 곧 결혼하였다. 그리고 미조구치 토시키는 미야미즈 토시키가 되었고 미야미즈 신사의 궁사가 되었으며 두 딸이 태어났다. 그러나 병으로 미야미즈 후타바가 죽은 뒤, 미야미즈 토시키의 눈에 비친 이토모리 마을은 완전히 달라 보였다. 무스비와 이토모리 마을의 관계 또한 연대가 아니라 구속이자 폭력으로 다가온다. 양면성을 지니고 있는 무스비의 이음이 지니고 있는 이면이 그의 눈을 통해 드러나기 시작한다.

---

76 신카이 마코토 원작, 카노 아라타, 《너의 이름은。》, 같은 쪽.

토시키의 눈에 들어온 것은 이 마을의 수면 아래에 존재하는, 미야미즈 신사를 중심으로 하는 통합력의 소용돌이였다.

이 마을 사람들의 의식 저변에는 수평으로 넓게 펼쳐진 그물이 존재해서 사람들은 다들 그 그물눈의 어딘가에 자리 잡고 있다. 제로 좌표에는 미야미즈 신사가 있다. 이 그물눈에 후타바가 걸려 있었던 것이다.[77]

그는 신에 대한 신앙을 중심으로 삼는 공동체, 신에 의해 좌우되는 사람들, 그리하여 인간 미야미즈 후타바의 죽음을 무녀 미야미즈 후타바의 죽음으로만 받아들이는 것처럼 보이는 마을 사람들과 궁사이자 장모인 미야미즈 히토하를 받아들일 수 없었다. 그녀의 죽음을 필연적인 것, 신탁에 의한 것으로 받아들이는 마을 사람들, 그래서 인간으로서 후타바가 제대로 된 죽음조차 맞을 수 없고, 제대로 애도도 받지 못한 상황을 그는 용납할 수 없었다. 그리하여 그는 이 마을을 홀리고 있는 미야미즈 신사라는 의식의 괴물을 물리치기 위하여 이 마을의 구조를 바꾸기로 작심한다.[78] 미야미즈 신사를 중심으로 구축된 무스비의 구속력을 부수기 위한 방법으로 고안해 낸 것은 정계에 뛰어드는 것이었다.[79]

그러면서 동시에 미야미즈 신사의 신의 정체성에 대한 물음의 과정에서 이어 간 미야미즈 후타바와 나누었던 기억들도 토시키에게서 망각된다. 그 대신 토시키는 미야미즈 신사를 정체를 알 수 없는 과거의 유산이자 마을에 더 이상 필요 없는 것, 그리하여 부숴 버려

---

[77] 신카이 마코토 원작, 카노 아라타, 《너의 이름은.》, 219쪽.
[78] 신카이 마코토 원작, 카노 아라타, 《너의 이름은.》, 217~220쪽.
[79] 신카이 마코토 원작, 카노 아라타, 《너의 이름은.》, 221쪽.

야 할 것으로 단정하고, 이를 실행하기 위한 계획을 구체적으로 옮겨 간다. 미야미즈 신사와 무스비를 파괴하기 위한 그의 계획은 그의 뜻대로 차근차근 진행되는 것처럼 보였다. 미야미즈 신사의 궁사 자리를 떠나 그는 2년간의 준비로 이토모리 마을의 이장 선거에 출마하여 이토모리 마을 이장이 되었으며, 그렇게 6년이 지나고 첫 임기가 곧 끝날 때가 오자 연임을 위한 정치적 행보를 이어 갔다.[80]

별의 신인 혜성이 이 마을을 파괴할 것을 알아챈 타키와 미츠하, 그리고 친구들이 마을 주민들을 대피시키고자 고군분투하는 순간, 이장인 토시키는 별의 신이나 베틀신에 대한 기억 대신에 미야미즈 신사를 파괴하는 데에만 전념하고 있었다. 그리하여 그는 별의 신을 묶을 실들을 꼬는 일을 오히려 저지한다. 그러면서도 혜성이 이곳에 떨어질 것이라는 미츠하의 이야기를 떠올리면서 창문을 연다. 그런데 그가 연 창문으로 들어온 밤하늘을 가로지르는 혜성, 혜성의 꼬리, 두 갈래로 갈라져 있는 그 모습을 본 순간 망각되었던 모든 것들이 다시 그의 의식에 떠오르기 시작한다. 그의 아내이자 무녀였던 후타바와 자신이 함께 나눈 대화, 즉 하늘에서 꼬리를 끌고 떨어지는 별, 용, 그 용을 물리칠 수 있는 직물 혹은 사람과 사람의 이어짐을 의미하는 실매듭이 떠오른다.[81] 파편처럼 흩어져 망각되었던 기억들이 저 밤하늘의 혜성의 모습과 엮여짐으로써 순식간에 상형문자와 같은 저 신의 정체성에 대한 수수께끼가 풀린다.

저 조상이 전해 주고자 했던 기억으로서 춤과 실매듭의 의미를 파악한 순간에 토시키 또한 마을 사람들이나 미야미즈 신사가 믿는

---

80 신카이 마코토 원작, 카노 아라타, 《너의 이름은。》, 221쪽.
81 신카이 마코토 원작, 카노 아라타, 《너의 이름은。》, 227~228쪽.

무스비를 인정한다. 그는 잊고 있었던 "이 세상의 모든 것은 있어야 할 곳에 있는 법이다"[82]라는 미야미즈 후타바의 말을 기억해 낸다. 토시키가 기억해 낸 무스비는 결정론적이다. 즉, 재앙을 극복하는 모든 것들이 자신들은 망각하고 있었지만 무스비의 그물코 안에서 이미 정해져 있었다는 것이다. 그러나 이와 같은 결정론적 해석과는 반대되는 해석 또한 무녀이자 그의 아내였던 미야미즈 후타바에 의해서 그려졌었다. 생전의 미야미즈 후타바에 따르면, 미야미즈가 추구하는 것은 결과물이 천이냐 끈이냐가 아니라 바로 '엮고 짜는 행동'에 있다는 점에 있으며, 엮는 일 자체는 운석이 떨어지기 이전부터 미야미즈 신사의 신앙이었다는 것이다. 그들이 처음부터 지금까지 모신 신은 베틀의 신이라는 것이다.[83] 이와 같은 입장에서 보면 잇는 행위이자 힘을 말하는 무스비란 이미 결정된 모양을 따라서 엮고 짜는 것이 아니라 오히려 엮고 짜는 행위가 바로 모양을 결정하는 셈이다. 따라서 신카이 마코토 버전이 운명을 주어지는 것이 아니라 만들어 가는 것임을 주목했다면, 카노 아라타 버전은 만들어 가는 것임을 강력하게 피력하는 동시에 이미 주어져 있다는 관점도 함께 섞어 놓고 있다. 어쩌면 인간의 삶은 우연과 필연이라는 두 가닥의 실로 엮여 있기에 우연과 필연의 경계를 구분하기가 그토록 어려운 일이 되었을 것이다.

---

82 무스비를 받아들이는 때는 토시키가 미야미즈 신사를 부수기 위하여 정치 활동을 하여 이장이 됨으로써 비상시에 마을 사람들을 모두 대피시키라고 명령을 내릴 수 있는 것과 같은 그런 모든 일이 바로 후타바가 말한 "이 세상의 모든 것은 있어야 할 것에 있는 법이다"라는 의미였던 것임을 확인하는 순간이다. 신카이 마코토 원작, 카노 아라타, 《너의 이름은.》, 230쪽.

83 신카이 마코토 원작, 카노 아라타, 《너의 이름은.》, 189쪽.

채무관계와 양심의 가책 그리고 기억의 관계

니체는 계보학을 통해 양심이나 양심의 가책 개념이 채무법과 관련이 있음을 밝힌 바 있다. 소설에서 등장하는 무스비와 양심의 가책 역시 채무법으로 해석이 가능할 것이다. 작품에서 미야미즈는 시토리노카미의 후손,[84] 즉 베틀신의 후손임이 밝혀져 있다. 니체의 《도덕의 계보》에서 밝혔던 양심의 가책의 형성 과정을 소설에 비추어 본다면, 무스비가 만들어지는 과정 그리고 그것이 전승되어야 하는 이유는 그것이 이들의 운명과 연결되어 있기 때문이다. 무스비, 전해져 내려오는 의식의 유지나 단절과 관련된 양심의 가책의 여부는 축복이나 재앙으로 닥칠 운명과의 관계 맺음에 있어서 조상과 후손의 관계 방식을 또한 내포한다. 양심의 가책의 형성 과정에서 조상은 채권자에 해당하며 그 후손들은 채무자에 해당할 것이고, 공동체가 발전하면서 조상이 '신'으로 여겨졌을 것이다.

말하기조차 황송하오나 미야미즈 신사 대전에서 거듭 송구함을 무릅쓰고 아뢰나이다. 대신의 넓고 깊은 온정으로 먹을 것과 입을 것, 그리고 살 곳을 시작으로 일상의 모든 필요한 것을 누리고 있사오니, 하는 일마다 이루어지게 하시고 친족과 가족이 모두 화목하게 늘 별 탈 없이 살도록 널리 둘러보시고 지켜 주시어 세상을 떠날 때에도 영혼이 영원히 은혜를 누리어 저세상에서 신이 되고 후손을 두루두루 지키도록 도와주시며 (…) 마음이 평온할 수 있도록 베풀어 주시기를 바라옵니다.[85]

---

84 신카이 마코토 원작, 카노 아라타, 《너의 이름은。》, 158쪽.
85 신카이 마코토 원작, 카노 아라타, 《너의 이름은。》, 140쪽.

위의 인용문은 미야미즈 미츠하의 동생인 미야미즈 요츠하가 신사에서 공양을 하던 도중에 외운 축문이다. 이를 통해 우리는 먹을 것과 입을 것, 살 곳이 조상에 의해 제공되었기에 마을 사람들이 조상에 대한 채무를 지고 있음을 확인할 수 있다. 따라서 채무관계는 조상의 노고가 결정적 영향력을 행사하는 후손의 삶에 대한 기여를 전제로 하고 있다. 이 채무는 어떻게 갚을 수 있을까? 소설에서는 공양이나 신악무, 그리고 술인 구치가미사케를 신에게 바치는 것을 확인할 수 있다. 미야미즈 가문은 '신앙의 중심이자 동시에 이 땅의 호족'[86]으로 군림하는 동시에 미야미즈 신사를 통해 마을 사람들과 신의 중간에 서서 조상이 남긴 신악무와 실을 엮고 짜는 행위 등을 지켜 나간다. 조상과의 채무관계를 재설정함에 있어서 이 가문이 현재 해야 할 가장 중요한 행위는 바로 신악무와 실을 엮고 짜는 행위를 유지시키는 일과 이를 통해 그 누군가가 의미를 능동적으로 기억하는 것을 준비하는 일이라고 한다.

사람들은 그것을 기억해 두고자 한다. 어떻게든 다음 세대에 전하려 한다. 문자보다 오래 남는 방법으로, 혜성을 용으로, 실매듭으로 표현한다. 갈라지는 혜성의 모습을 춤동작에 넣는다.[87]

미야미즈 미츠하와 몸이 바뀐 타키는 미야미즈 집안의 사명을 "1,200년마다 찾아오는 재앙을 피하기 위해 수년 후를 사는 인간과 꿈을 통해 교신하는 능력, 무녀의 사명, 언제부터인지 모르지만 미

---

86 신카이 마코토, 《너의 이름은。》, 167쪽.
87 신카이 마코토 원작, 카노 아라타, 《너의 이름은。》, 140쪽.

야미즈의 핏줄에 새겨진 세대를 넘어 이어지는 경고 시스템"[88]으로 해석한다. 따라서 이 신사는 비록 마유고로의 큰불로 인하여 그 의미는 망각되었지만 그 형식을 전수해야 한다. 왜냐하면 주지하다시피 미야미즈 히토하가 "하지만 의미가 지워졌다고 형식까지 없어지게 둬서는 안 돼. 형식에 새겨진 의미는 언젠가 반드시 되살아나는 법이니까"라고 환기시켰듯이, 누군가에 의해서 그 의미가 되살아날 수 있기 때문이다.[89] 단지 형식으로만 남아 있는 무스비가 어떻게 되살아날 수 있을까? 어떻게 조상들이 후손의 삶을 위해 남긴 메시지가 제때에 해독될 수 있을까? 그것은 베틀신이 했듯이 실을 꼬는 것이었다.

실을 꼬는 행위는 생존에 필요한 것을 망각하지 않고 필사적으로 기억하는 것이다. 1,200년 동안 의식을 통하여 춤을 추고 실을 꼬는 행위들이 기억된다면 재앙의 순간에 이를 포착하는 실매듭이 꼬아질 것이기 때문이다. 이로써 저 혜성, 즉 별의 신이자 용은 실매듭에 묶임으로써 이토모리 마을은 재앙을 피할 수 있을 것이다. 이로써 후손은 조상과 채무관계를 맺게 될 것이다. 조상의 메시지를 기억함으로써 후손은 죽음이 아니라 삶을 유지할 수 있게 될 것이다.

이러한 활동은 과거와 현재의 관계 맺기이자 채무관계인 동시에, 이 현재와 미래의 관계 맺기이자 채무관계라는 중첩성을 지닌다. 따라서 현재는 단지 과거의 유지나 보존만이 아니라 미래를 만들어 가

---

[88] 신카이 마코토, 《너의 이름은。》, 179쪽.

[89] 운석이 이 마을에 떨어질 것을 전혀 예상하지 못했고, 미츠하의 이야기를 전혀 믿지 않았던 토시키조차도 바로 저 춤과 실 꼬기가 전하고자 한 메시지를 상기해 내는 순간을 맞이하게 된다. 신카이 마코토 원작, 카노 아라타, 《너의 이름은。》, 227~229쪽.

는 과정이기도 하다. 만일 이토모리 마을 사람들이 그 재앙을 피하지 못했다면, 이토모리 마을은 조상들에게 이중의 채무관계를 지닐 것이다. 즉, 조상이 애써서 빌려준 것을 제대로 사용하지 못함으로써 현재 자신들이 이곳에서 살 수 있는 기회를 상실한 것에 대한 채무와 더불어 후손들이 이곳에서 살 수 있는 기회를 앗아 간 것에 상응하는 채무관계에 놓였을 것이다. 과거와 현재, 그리고 이 현재와 미래에 대한 이중 채무관계는 결국 이중의 양심의 가책을 수반할 것이다.

이토모리 마을의 반복적 재앙을 피할 수 있는 방법은 미야미즈 신사에서 과거로부터 전해 내려오는 춤과 실 꼬기를 맹목적으로 기억하는 것도 아니고 근거에 대한 물음이나 확인도 없이 그것을 망각하는 것도 아니다. 현재가 과거에 반복되었던 재앙을 피해 현재의 삶을 유지할 수 있는 방법은 저 미야미즈 신사의 의식의 가치와 더불어 조상과의 채무관계의 가치의 여부나 정도를 삶의 현장에서 면밀히 검토하는 것이다. 그리고 그와 같은 과정은 또 하나의 실 꼬기이자 신악무가 될 것이다. 후타바의 말처럼 결과물이 천이냐 끈이냐가 중요한 것이 아니라 그 과정인 엮고 짜는 행동 자체 중요하며, 이것이 이들의 무스비이자 신앙인 것이다. 그리고 그것은 이미 각인되어 있는 과거의 기억이나 망각이 아니라, 과거와 현재가 적극적으로 함께 엮고 짜는 과정인 것이다. 소설에서 기억과 망각의 문제는 과거와 현재의 관계뿐만 아니라 현재와 현재의 관계에서도 마찬가지로 부각되고 있다. 즉, 미츠하와 타키가 서로의 이름을 망각하지 않고 기억하려고 사력을 다해 애쓰는 장면이다.

사라져 간다. 그렇게도 소중한 것이 사라져 간다.
"누구지, 누구야, 누구야, 누구야…?"

떨어져 나간다. 분명 있었던 감정들까지 흩어진다.

"소중한 사람. 잊어서는 안 되는 사람. 잊고 싶지 않았던 사람!"

(…)

내가 무언가를 잊어버렸다는 사실 그 자체도 나는 곧 잊어버릴 것이다.[90]

마침내 소설의 마지막 장면에서 망각했던 서로의 이름을 비로소 기억하여 부르려는 장면은 이름처럼 말이나 문자 그리고 도덕이 지니고 있는 가치가 진정으로 가치화되는 조건, 즉 니체가 비판하였던 타성력vis inertiae으로서의 망각[91]에 상응하는 타성적 기억과 변별되는 능동적 기억이 지니는 절실한 의미를 암시하고 있다. 이 소설은 가치 있는 소중한 것들이 때로는 더 강한 권력에 의해 때로는 자연의 필연성에 의해 부단히 익명화되고 무인칭화됨으로써 망각되어 가는 세계에서 진정 소중한 것을 기억하는 것, 망각하지 않는 것이 지니는 가치를 환기시키고 있다. 이는 익명적이고 타자적인 기억의 과잉과 폭력의 시대에 대한 니체의 폭로 이면에서 니체가 되살리고자 했던 자기 자신의 기억이 지니는 가치를 드러낸다.

맺음말

우리는 살아가면서 양심의 가책을 느낀다. 이러한 양심의 가책은 인간으로서 살아가는 데 도움을 주기도 하지만 삶을 위협하는 치명적인 허무주의를 수반하기도 한다. 이 글에서는 익명적인 양심의 가

---

90 신카이 마코토, 《너의 이름은.》, 231~233쪽.

91 프리드리히 니체, 《도덕의 계보》, 395쪽 참조

책을 해소하기 위한 철학적 방법으로서 니체의 계보학적 방법을 도입하였다. 계보학적 물음은 양심의 가책의 기원을 탐구하고 주어진 가치들의 가치를 묻는 작업을 통하여 우리의 삶에 양심의 가책이 갖는 가치의 가치 여부와 그것의 정도를 파악하는 데에 도움을 준다.

니체는《도덕의 계보》에서 계보학적 방법을 사용하여 기존에 통용되던 가치들의 가치를 비판적으로 검토하여 그것의 가치의 탈가치를 폭로하였다. 그는 죄라는 개념이 부채에서 유래했음을 폭로하면서, 양심과 같은 본질주의적이고 선천적인 도덕적 개념들의 유래를 삶의 유지와 관련된 채무법으로 설명함으로써 후천적이고 고안적인 개념으로 재해석하였다. 니체는 채무관계가 성립하기 위한 선행 조건으로서 약속할 수 있는 동물의 탄생을 기억술과 사회적 강제 속에서 발견하였다. 나아가 이를 통해 죄나 양심의 가책과 같은 도덕적 개념들이 채무관계에서 약속을 지키지 못할 경우 느끼게 되는 부채감에서 만들어진 것임을 드러냈다.

이 글에서 논자들은 양심의 가책의 계보를 한편으로는 니체의《도덕의 계보》를 통해 이론적으로 추적하고, 다른 한편으로는 소설《너의 이름은。》을 통해 삶의 현장 속에서 구체적으로 드러내 보고자 했다. 이 과정을 통하여 본 연구는 타성적 망각으로 인해 탈가치화됨으로써 무의미해진 가치가 어떤 가치를 가지는지의 여부를 검토하고, 또한 그중에서 기억과 망각의 결계, 즉 가치의 가치의 탄생 지점이 지니는 계보학적 의미를 삶을 근거로 보다 건설적인 차원에서 검토해 보았다.

양심의 가책에 대한 계보학적 작업은 철학상담의 대상의 철학적 차원과 정서적 차원의 상관성을 치밀하게 드러냄으로써 정서가 수반하는 철학적 차원과 더불어 철학적 차원이 수반하는 정서적 차원을 드러낸다. 이로써 특정 사고방식이 단지 사고 차원에 머무는 것이 아니라 정서적 차원과 연동되는 동시에. 정서적 차원 또한 정서적 차원에만 국한되어 작동하는 것이 아니라 인지적 차원에 영향력을 행사하는 상호작용을 드러내 보였다.

참고문헌

김바다, 〈니체의 《도덕의 계보》에 대한 재검토〉, 《니체연구》 제24집, 한국니체학
　　회, 2013.

김선희, 〈가치의 무화에 대한 니체의 계보학적 물음의 철학치료적 접목〉, 《니체연
　　구》 제25집, 한국니체학회, 2014.

_____, 〈니체의 니힐리즘 사상을 통해 본 〈센과 치히로의 행방불명〉 속 존재
　　와 세계의 무화에 대한 분석〉, 《니체연구》 제31집, 한국니체학회, 2017.

김주휘, 〈인간학적 문제로서의 삶의 부정〉, 《니체연구》 제18집, 한국니체학회,
　　2010.

백승영, 《니체, 디오니소스적 긍정의 철학》, 책세상, 2005.

_____, 〈양심과 양심의 가책, 그 계보의 차이〉, 《철학》 제90집, 한국철학회,
　　2007.

신카이 마코토 원작, 카노 아라타, 《너의 이름은˚ Another side: Earthbound》, 김
　　빈정 옮김, 대원씨아이, 2017.

신카이 마코토, 《너의 이름은˚》, 박미정 옮김, 대원씨아이, 2017.

양대종, 〈허무주의를 대하는 마음의 자세〉, 《철학탐구》 제35집, 중앙대학교 중앙
　　철학연구소, 2014.

연민수 · 김은숙 · 이근수 · 정효윤 · 나행주 · 서보경 · 박재용, 《역주 일본서기
　　1》, 동북아역사재단, 2013.

이경희, 〈선악에 대한 반성적 고찰〉, 《철학논총》 제71집, 새한철학회, 2013.

이상범, 《니체의 건강철학》, 집문당, 2019.

이상엽, 〈니체의 근원적 허무주의〉, 《니체연구》 제24집, 한국니체학회, 2013.

정동호, 《니체》, 책세상, 2014.

프리드리히 니체, 《선악의 저편 · 도덕의 계보》, 김정현 옮김, 책세상, 2015.

_____, 《유고(1887년 가을~1888년 3월)》, 김정현 옮김, 책세상, 2015.

_____, 《이 사람을 보라》, 백승영 옮김, 책세상, 2016.

_____, 《반시대적 고찰》, 이진우 옮김, 책세상, 2016.

홍사현, 《니체의 행복론》, 커뮤니케이션북스, 2019.

3
공감을 위한 공자 철학상담

이기원

머리말

아헨바흐Gerd Achenbach의 국제철학실천협회 창시를 시작으로 철학은 실천적 측면philosophical practice을 강화시켜 왔다. 철학실천의 한 영역인 철학상담은 내담자가 이성적 활동을 통해 자신의 문제를 스스로 해결해 가도록 돕는 대화를 중심으로 하는 활동이다. 아헨바흐는 철학상담자가 가져야 할 자세 중 "철학상담자는 내담자를 변화시키려고 해서는 안 되며 상담 이전에 계획한 목표나 의도를 버려야 한다" 또는 "철학 상담자는 내담자가 자신의 관점을 확장하도록 도와야 하며 그 경우에 적절한 것은 무엇이든지 제공해야 한다"는 것을 제시하고 있다.[1] 상담자가 내담자를 자신이 의도하는 대로 변화시켜서는 안 된다는 것은, 내담자가 처한 고통이나 상황에 대한 감정적인 공감 없이 무엇을 의도적으로 해서는 상담이 성공할 수 없다는 의미로 이해된다. 이러한 면에서 본다면, 아헨바흐의 견해는 상담자와 내담자 사이의 공감에 의한 '상호작용'의 중요성을 강조하는 것이다. 피터 라베Peter Rabe 역시 철학상담에서 상담자가 내담자의 어려운 상황을 감정이입을 통해 공유함으로써 내담자가 자신의 상황에 대한 고찰을 하도록 도와준다고 하여 내담자와의 공감의 중요성을 강조한다.[2]

일반적으로 철학상담에서 상담자는 내담자를 환자로 보지 말아야 하며, 내담자의 상태를 정상과 비정상으로 구분해서도 안 된다. 상

---

[1] 이영의, 〈철학상담과 심리치료의 관계: 아헨바흐의 견해를 중심으로〉, 《범한철학》 53집, 범한철학회, 2009, 394쪽.

[2] 피터 B. 라베, 《철학상담의 이론과 실제》, 김수배 옮김, 시그마프레스, 2010, 34쪽.

담자와 내담자 간의 대화는 규정적이 아니라 상호적이며 협력적이어야 한다는 점을 지적한다.[3] 상담자가 내담자에게 신뢰를 얻지 못하면 철학상담을 통한 내담자의 변화는 기대하기 어려울 것이다. 철학상담에서 상담자의 진정성과 신뢰는 중요한 문제이다. 이러한 측면에서 본다면, 철학상담이 제대로 기능하기 위해서는 결국 철학상담자로서 가져야 할 상담자의 자세가 관건이 된다. 상담자가 어떠한 태도로 내담자와의 관계를 형성하는가에 따라 상담의 효과는 다르게 나타나기 때문이다.

현재 논의되고 있는 철학상담은 주로 서양철학적 방법을 중심으로 하는 철학상담이지만 동양철학에서도 철학상담과 관련된 연구가 지속되고 있다. 이 연구들은 동양철학에서 철학상담 가능성의 모색을 주로 논의의 대상으로 삼고 있다. 이러한 연구를 바탕으로 임상적 측면에서 철학상담의 방법론을 모색하는 것이 앞으로의 과제가 되고 있다.

이 글은 공자와 《논어》를 중심으로 철학상담의 방법론을 모색한다. 필자가 《논어》를 중요시하는 이유는 《논어》가 공자와 제자들 간의 대화로 이루어져 있기 때문이다. 공자는 제자들과 대화를 통해 제자들이 안고 있는 문제들에 답변하면서 제자들 스스로의 변화를 추구했다. 철학상담은 상담자와 내담자 사이에 이루어지는 대화를 통해 내담자의 자기변화를 유도하는 것이다. 이러한 면에서 《논어》에서 볼 수 있는 공자의 대화 방법이나 대화의 특징, 대화의 중점 등을 살펴보는 것으로 철학상담의 방법론을 구상할 수 있을 것이다.

---

3   이진남, 〈철학상담의 어제와 오늘, 그리고 미래〉, 《철학실천과 상담》 제1집, 한국철학상담치료학회, 2010, 131쪽.

이 글에서는 특히 철학상담에서 중요한 내담자의 개별성이나 독자성, 다양성의 이해, 내담자와의 공감의 극대화를 위해 상담자가 가져야 할 자세의 문제에 중점을 두고자 한다. 이를 위해 상담자의 측면에서 내담자와의 상호작용과 관계 형성 방법을 살펴보고 이어 듣기, 말하기, 기다리기라는 측면에서 상담자의 자세를 살펴보고자 한다. 상담자와 내담자 사이를 비대칭관계가 아닌 대칭관계로 보기 위해서는 상담자가 내담자의 문제를 어떻게 듣고 무엇을, 또는 어떻게 말할 것인가의 문제는 중요할 수밖에 없다. 마찬가지로 철학상담이 내담자 스스로가 자신의 문제를 찾아 관점을 변화시켜 가는 자기 치료를 추구하는 것이라면, 내담자가 스스로 변화되기를 기다리는 과정도 철학상담에서 중요할 수밖에 없다. 이러한 틀에서 철학상담의 방법론을 구상할 수 있을 것이다.

공감을 위한 상호작용과 관계 형성

상담자와 내담자 사이의 상호작용과 관계 형성을 위해 상담자가 가져야 할 기본적인 자세를 생각해 보자. 흄David Hume은 인간 본성 중에서 가장 강력한 도덕적 원리가 공감이라고 주장한다. 타인의 기질이나 감정이 나와 다르다 해도 상호 교류를 통해 타인의 기질과 감정을 수용할 수 있는 성향을 누구나 소유하고 있다고 보는 것이다. 공감은 서로 얼굴과 얼굴을 마주보며 이야기하는 것과 같다. 타자는 나의 거울이라고 말한다. 얼굴을 서로 마주한다는 것은 타자와 나의 시선이 공동의 '현재'를 만드는 것이다. 타자와 나의 시선이 하나의 장소에서 마주하게 되는 것이며 서로의 시선이 같은 곳을 향한다. 이럴 때 우리는 타자와 지속성을 갖게 된다. 공동의 '현재'라는 지속성 위에서 공감이 이루어진다. 공감이란 나는 지금 당신과 같은 시공간에 있다는 것을 확신시켜 주는 것이다. 내담자는 이러한 확신이 들 때 자신의 이야기를 끄집어낼 것이다.

따라서 상담자가 가져야 할 자세는 타자, 즉 내담자와의 관계 형성을 위한 상담자의 태도와 상담자 스스로의 내적 변화라는 두 측면에서 살펴볼 수 있다. 내담자 스스로가 반성적 사려와 분별적 사려의 능력, 실천적 능력이 갖추어져 있는 능동적 주체가 되기 위해서는 먼저 상담자가 그러한 위치에 있어야 한다.[4] 상담자는 내담자의 길 안내자의 역할을 하기 때문이다. 관계 형성은 상호작용에서 이루어지는데, 내담자가 상담자를 신뢰할 수 없다면 상담은 성공하기 어렵다. 또한 상담자의 내적 변화를 중시하는 이유는 자신이 건강해야 타인을 치료할 수 있다고 보기 때문이다. 이것은 상담자의 정신적, 신체적으로 건강한 자기형성을 위한 것이다. 공자의 제자들은 공자를 절대적으로 신뢰하고 있었다. "탄식하여 말하길 우러러볼수록 더욱 높고 뚫으면 더욱 견고하며 바라보면 그를 보면 앞에 있었는데 홀연히 뒤에 있다"[5]고 한 안연의 공자에 대한 평가는 상담자에 대한 절대적 신뢰의 중요성을 보여 주는 대목이다. 이처럼 상담자가 내담자에게 절대적인 신뢰를 얻기 위해서는 반드시 자기수양이 필요할 수 밖에 없다.

상담자의 자기 본성의 자각과 실천을 위한 성찰법으로 유효한 것은 '경'이다. 주희는 배우는 자들의 공부는 오직 '거경'과 '궁리'(《주

---

4 최영찬 · 최연자, 〈유가철학치유의 사려방법 – 정감체험을 중심으로〉, 《철학실천과 상담》 제3집, 한국철학상담치료학회, 2012, 46쪽.

5 《論語》〈子罕〉, "顔淵喟然歎曰, 仰之彌高, 鑽之彌堅. 瞻之在前, 忽焉在後."

자어류》권9)에 있다고 했다. '경'의 체득과 실천이 수양의 가장 핵심이 되고 있다. 마음의 함양과 성찰을 통한 자기절제가 '경'의 실천을 통해 가능해진다.

《논어》에는 다양한 장면에서 '경'이 제시되어 있다. 예를 들어 "귀신을 공경한다",[6] "안평중은 남과 사귀기를 잘한다. 오래되어도 그 사람을 공경한다",[7] "군자의 도가 넷 있는데 몸가짐이 공손하고 윗사람을 섬김이 공경스럽다"[8] 등에서 보듯이 '경'에는 '타자에 대한 공경'의 의미가 있다. 또한 '경'에는 어떠한 일에 임할 때 '공손한 마음가짐'의 의미가 들어 있다. 예를 들어 "천승의 나라를 다스릴 때는 일을 공경하게 하여 신임을 얻고 쓰기를 절도 있게 하여 백성을 사랑하고",[9] 또는 "거할 때에는 공손히 하며 일을 집행할 때에는 공경스럽게 하고"[10] 등에서는 '공손한 태도'나 '마음가짐'의 의미로 사용되고 있다. 이러한 점에서 '경'에는 대타적対他的 시점, 향외성向外性이 있다. 향외성적 측면에서의 '경'은 타자 응대의 문제를 포함하고 있다.

'경'은 '타자'를 향한 향외성과 함께 《주역》에 "경으로 안을 곧게 하고 의로 밖을 바르게 한다(敬以直內, 義以方外)"고 한 것처럼 '자기' 내면의 수양, 즉 향내성向內性이 있다. 이 향내성은 공자와 자로子路의 대화에서 다음과 같은 형태로 제시되어 있다.

---

6 《論語》〈雍也〉, "樊遲問知, 子曰 (중략) 敬鬼神而遠之."

7 《論語》〈公冶長〉, "子曰, 晏平仲善與人交, 久而敬之."

8 《論語》〈公冶長〉, "子謂子産, 有君子之道四焉. 其行己也恭, 其事上也敬, 其養民也惠, 其使民也義."

9 《論語》〈學而〉, "子曰, 道千乘之國, 敬事而信, 節用而愛人."

10 《論語》〈子路〉, "樊遲問仁, 子曰, 居處恭, 執事敬."

자로가 군자에 대해 물었다. 공자가 대답하기를 경으로 자기를 다스린다. 자로가 말하길 이것뿐입니까? 공자가 말하길 자기를 다스려 사람을 편히 하는 것이다. 자로가 말하길 이것뿐입니까? 공자가 말하길 자기를 다스려 백성을 편히 하는 것이다.[11]

이 대화에서 보면 '경'을 통한 수양이 '안인安人' – '안백성安百姓'으로, 다시 말하면 '경'은 향내성에서 향외성으로 확장되어 간다. '경'에는 자기의 마음수양이 타인의 배려와 자신이 속한 공동체를 편안하게 만들어 주는 속성이 있다. 주희는 '경'에 대해 다음과 같이 설명한다.

경이란 어떤 것인가? 단지 조심한다(畏)는 글자와 서로 닮아 있다. 귀에 들리는 것도 없고 눈에 보이는 것도 없이 홀로 멍하니 넋 빠진 듯이 앉아 아무것도 살피지 않는 것을 말하는 것이 아니다. 오직 심신을 수렴하고 정제순일하여 이같이 방종하지 않는 것이 바로 경이다.[12]

여기에서 보듯이 '경'은 심신을 수렴하고 정제, 순일한 상태를 의미한다. 그것은 아무 일도 하지 않고 멍한 상태로 있는 것이 아니라 "다만 일에 따라 오직 전일하고 삼가 조심하여 마음을 풀어 놓지 않는 것"[13]이다. '경'은 마음속에 일어나는 많은 욕망을 억제하고 행동

---

11   《論語》〈憲問〉, "子路問君子, 子曰, 修己以敬. 曰, 如斯而已乎. 曰, 修己以安人. 曰, 如
     斯而已乎. 曰, 修己以安百姓. 修己以安百姓, 堯舜其猶病諸."
12   《朱子語類》卷12, 208쪽, "然敬有甚物, 只如畏字相似. 不是塊然兀坐, 耳無聞, 目無
     見, 全不省事之謂. 只收斂身心, 整齊純一, 不恁地放縱, 便是敬."
13   《朱子語類》卷12, 211쪽, "只是隨事專一, 謹畏, 不放逸耳."

거지를 단속하고 마음을 전일하게 하여 흐트러지지 않게 한다. 이것은 마음의 집중과 보존이 '경'한 상태를 유지하게 해 주는 관건이 된다는 것으로 이해할 수 있다.

공감을 위한 이성과 감성의 조화

그런데 "예를 행함에 경을 근본으로 한다"[14]에서 알 수 있는 것처럼 '경'은 '예'와 불가분의 관계에 있다. '예'는 '경'과 마찬가지로 사욕이나 사심에 의해 가려진 자기의 본성을 깨닫게 해 주는 기능을 갖는다.

예는 천리의 절문이다. 인을 하는 것은 그 마음의 덕을 온전히 하는 것이다. 마음의 온전한 덕은 천리 아닌 것이 없는데 또한 인욕에 의해 파괴될 수밖에 없다. 그러므로 인을 하는 자는 반드시 사욕을 이겨 예로 돌아가면 일마다 모두 천리여서 본심의 덕이 다시 내 몸에 온전하게 된다.[15]

'예'가 자연의 이치에서 나온 것처럼 인간의 모든 일이 '예'에 의해 이루어진다. '예'가 아니면 사욕, 사의 같은 사사로운 것에 얽매이게 된다. 이러한 사욕을 극복하게 되면 모든 행위가 '예'에 맞게 된다.

그런데 '예'는 이성적인 판단을 중시하기 때문에 자칫하면 감정

---

14 《論語》〈八佾〉 26장의 주자주, "為礼, 以敬為本."
15 《論語》〈顔淵〉 1장의 주자주, "礼者天理之節文也, 為仁者, 所以全其心之德也, 蓋心之全德, 莫非天理, 而亦不能不壞於人欲, 故為仁者必有以勝私欲而復於礼, 則事皆天理, 而本心之德, 復全於我矣."

전달이나 타자의 감정을 읽어 내는 데에 소홀할 수 있다. 그것을 보완해 주는 것이 '음악'이다. '예'에 의한 수양은 반드시 '음악'과 함께 이루어진다. 다음의 예문을 보자.

음악을 철저하게 알아 마음을 다스리면 곧 화이, 정직, 자애, 순량한 마음이 유연히 일어난다. 화이, 정직, 자애, 순량한 마음이 일어날 때는 곧 마음이 화락해지고 마음이 화락해지면 편안하다. (…) 이것이 음악을 궁극하게 알아서 마음을 다스리는 효과이다. 예를 철저하게 알아 몸을 다스릴 때는 몸이 장경해진다. 장경해지면 엄위해진다. (음악을 철저하게 알지 못하면) 심중이 잠시도 화이하지 못하고 안락하지 못하므로 천박하고 사특한 마음이 일어난다.[16]

여기에서 보듯이 감성과 이성의 교감과 조화를 통한 질서의 형성, 그 속에서 자신의 도덕성을 체득하는 인격의 형성을 추구하는 데 음악은 중요한 기능을 갖고 있다. 음악은 타자와의 정서적인 감발이 일어나게 한다. 슬픈 마음이 감동할 때는 그 소리가 낮고 약하며, 즐거운 마음이 감동할 때는 소리가 풍부하고 한적하고, 기쁜 마음이 감동할 때는 소리가 높고 빠르고 흥분된다. 노여운 마음이 감동할 때는 소리가 거칠고 격심하며, 공경하는 마음이 감동할 때는 소리가 곧고 맑다. 사랑하는 마음이 감동할 때는 소리가 평화롭고 부드럽다. 이처럼 음악은 사람의 본성에서 나오지만 타자와의 울림 속에서

---

16 《禮記正義》〈樂記〉, "致樂以治心 , 則易直子諒之心油然生矣. 易直子諒之心生則樂 , 樂則安 (중략) 致樂以治心者也. 致禮以治躬則莊敬 , 莊敬則嚴威, 心中斯須不和不樂 , 而鄙詐之心入之矣."

최대한 그 울림에 부합되는 소리를 내게 된다. 음악은 사람의 정情에 따라 만들어졌는데 화기和气와 화이和易가 속성이기 때문에 자연히 감화된다. 그렇지 못하면 거칠어진다.

음악에는 감성적인 면과 윤리 도덕적인 면이 함께 존재한다. 인간 본성과 서로 어울림이 있는 것이며 자연과 조화를 이루게 되고 거기에서 천지의 질서가 생긴다. 공자의 "사람으로 인하지 못하면 음악은 어떻게 하겠는가"[17]에서 보듯이, 공자는 음악이라는 '소리'에 '인'이라는 '도덕'을 겸비시켰다. 그렇기에 음악에 의한 수양은 감성 영역의 수양에서만 그치는 것은 아니다.

그러면 '경'과 '예악'에 의한 상담자의 자기수양과 이를 바탕으로 한 타자 응대는 충분하다고 할 수 있을까? 전술한 것처럼 철학상담은 내담자와 어떻게 공감할 것인가가 관건이다. 이와 관련하여 "자기가 하고자 하지 않는 것을 남에게 베풀지 마라"[18]는 '서恕'의 원리를 생각해 볼 필요가 있다. '서'의 원리는 '안'(돌이켜 자기를 돌아보는 반구저기反求諸己)에서 '밖'(자기를 미루어 타인에게 이르는 추기급인推己及人)으로, 다시 말하면 '자기'에서 '타자'로 향한다. '서' 개념이 내담자에게 아무런 작용도 가하지 말라는 것은 아니다. 내담자의 고통에 최대한 공감해야 한다는 것을 의미한다. '서'는 상담자 자신의 측면이 아니라 내담자의 측면에서 내담자를 보는 것이다. 내담자에게 필요한 것은 무엇인지를 세심하게 파악하는 것이 바로 '서'이다. 상담자와 내담자 사이에 상호작용이 필요하다고 할 때 '서'의 원

---

17 《論語》〈八佾〉, "子曰, 人而不仁, 如禮何, 人而不仁 , 如樂何."
18 《論語》〈衛靈公〉, "子貢問曰, 有一言而可以終身行之者乎. 子曰, 其恕乎, 己所不欲 , 勿施於人."

리는 이러한 상호작용을 이끌어 낼 수 있는 좋은 방법으로 기능할 수 있다. 상담자가 내담자에게 무엇을 하게 만든다는 생각을 내려놓을 때 상호 작용과 공감이 시작된다고 본다면 '서'의 원리는 충분한 효과를 기대할 수가 있을 것이다. 철학 상담사는 "어떤 규범적 이상에 맞는 어떤 기준으로 환자들을 치료하거나 충고하는 존재가 아니기" 때문이다.[19] 공자의 제자들이 공자를 절대적으로 신뢰한 것처럼 상담자에 대한 절대적인 신뢰는 상호 공감에서 생겨난다.

듣기|hearing를 통한 이해

우리는 가끔 한참 시간이 지난 후에 '그때 너의 소리를 들었어야 했는데'라는 후회를 하곤 한다. 내가 누군가의 말을 듣는다는 것은 그 사람과 내가 지금 같은 공간에 있다는 것을 의미한다. 같은 공간에 있다는 것은 같은 시간을 함께한다는 것이며 서로에게 향하고 있다는 것을 보여 주는 것이다. 상담에서 내담자의 말을 듣는 것의 중요성은 말할 필요도 없다. 듣는다는 것은 곧 타자의 말을 수용한다는 것이며 타자의 자기이해의 장을 열어 주는 것이다. 듣기에는 타자에게 무엇을 하게 만든다거나 무엇을 주장하거나 논한다거나 하는, 타자 앞에서 자기를 표출하는 행위가 아니라 타자의 말을 받아들이는 행위가 갖는 의미가 있다.[20] 타자의 말을 받아들이는 것은 타자의 말에 수긍하고 납득한다는 것을 의미한다. 따라서 듣는다는 것은 상담자가 내담자를 이해하고 공감하기 위한 것이다.

---

19 피터 B. 라베, 《철학상담의 이론과 실제》, 159쪽.
20 鷲田淸一, 《聽くことの力》, TSBブリタニカ, 1999, 11쪽.

여기서 내러티브narrative가 중요한 모티브를 제공한다. 내러티브란 "어떤 힘에 의해 삶의 균형이 무너진 상태에서 그 균형을 회복하고 자 적대자들과 싸워 가며 자신의 욕망을 구현해 나가는 과정"으로 이해할 수 있다.[21] 한 사람의 내러티브에는 균열과 파탄, 또는 회복 을 위한 욕망이 있다. 내담자가 어떻게 살아왔는지를 그 사람의 내 러티브를 통해 들여다볼 수 있다. 내담자의 내러티브를 알게 된다면 내담자가 마주한 현실과 그 현실을 어떻게 살아갈 것인지 전망할 수 있는 것이다. 내담자는 자신의 이야기를 끄집어낼 수 있어야 상담이 가능해진다. 내러티브 연구에서 내담자가 무엇인가 말한다는 것은 자기 삶의 균형이 무너진 상황에서 이루어지는 행위로 간주된다. 내 담자의 삶에 갈등이나 장애가 발생했다는 것이다. 모든 내러티브에 는 말하는 주체의, 그렇게 말할 수밖에 없는 '사정'이 존재한다. 인간 은 이야기를 하면서 자신의 문제, 즉 마음의 고통을 줄이거나 의미 있는 삶을 이야기하거나 하면서 현재 자신이 안고 있는 문제들을 극 복하고 해결할 수 있는 힘을 갖게 된다. 내러티브는 현재와 과거에 의미를 부여하기도 하고 또 미래의 가능성을 상상하게도 한다. 내러 티브에 치유적 속성이 있다는 것은 이러한 의미이다.[22]

기본적으로 내러티브에는 논리적 연관성이 있어야 건강한 서사주 체가 될 수 있다. 내담자의 그렇게 말하는 이유와 그 이유를 바탕으 로 한 행위가 설명되기 때문이다. 그러한 이유와 행위가 설명이 안

---

21   이민용, 〈서사담화와 정신분석학 기반의 내러티브 치료〉, 《독일문학》 125집, 2013, 167쪽. 인간은 기본적으로 무엇인가를 말하며 이야기하는 존재, 즉 호모 로쿠엔스 homo loquens (말하는 인간)이면서 동시에 호모나렌스Homo Narrans (이야기하는 인간)이기 때문이다.

22   대니얼 테일러, 《왜 스토리가 중요한가》, 윤인주 옮김, 정연, 2011, 84~85쪽.

된다면 거기에는 내담자의 내러티브가 안고 있는 논리적 모순이나 비정상적인 어떤 것이 개입되어 있을 수 있다. 심하면 내러티브의 파탄도 있을 수 있다. 예를 들어 '묻지마 살인'의 경우, 살인을 저지른 사람은 갑자기 그러한 충동에 빠진다. '묻지마 살인'을 저지른 사람에게도 내러티브는 존재하기 마련이다. 하지만 그 내러티브에는 어째서 그러한 행위를 저지르게 되었는지 그 이유가 생략된 채로, 또는 공백인 채로 존재하는 경우가 많다. 어린 시절의 어떠한 경험과 그후 성장 과정에서 갖게 되는 경험 사이에 존재하는 간극을 찾아내는 것이 내러티브의 과제이다. 그 과정에서 문제가 되는 내러티브를 찾아내어 보다 건강한 내러티브를 갖게 해 주는 것, 다시 말하면 대안적 스토리를 갖게 해 주는 것이 상담자의 역할 중 하나이다.[23] 건강한 서사주체를 만드는 것이 내러티브 치료의 목적이라면 상담자는 내담자의 내러티브를 논리적으로 재구성해서 어떠한 문제가 있는지 등을 이해시킬 필요가 있을 것이다. 물론 행위의 원인을 찾아낸다고 해서 그것이 치유가 되는 것은 아니다. 중요한 것은 그러한 행위 혹은 판단 때문에 현재 얼마나 힘든가를 알아차리는 것이다. 중요한 것은 내담자의 과거가 아니라 현재와 미래이기 때문이다. 철학상담은 내담자의 비논리적이며 비합리적인 것을 찾아내어 논리적이고 합리적인 대안을 찾을 수 있도록 도와주는 것이다.

내담자를 이해하기 위한 지언知言의 중요성

이러한 점에서 상담자가 내담자의 언어를 이해하는 것은 가장 기

---

23 이민용, 〈서사담화와 정신분석학 기반의 내러티브 치료〉, 177쪽.

본적인 것이면서 절실한 부분이 된다. 맹자는 말을 알아들으면 의리가 정밀하고 이치가 밝아진다고 했다. 말은 행위로 드러나게 되는데 맹자는 편벽된 말이나 방탕한 말, 간사한 말, 회피하는 말의 분간의 중요성을 강조하는 '지언知言'을 말한다.[24] 맹자는 '지언'을 통해 자신과 타자의 반추 과정을 통한 자각을 강조하는 것이다. 말을 통해 비도덕적인 말과 행동을 분간하고 사리사욕에 가려지고 도리에 어긋난 것이나 함정, 논리의 궁함 등을 파악할 수 있다. 말은 모두 마음에서 나온다고 하는데 《대학》에서 "마음에서 정성스러운 것은 밖으로 드러난다(誠于中形于外)"고 한 것처럼, 말을 안다는 것은 곧 마음의 상태를 알 수 있다는 것과 같은 맥락이다. 말 한 마디에 진실함이 담겨 있다면 상대방이 안다. 진실한 말은 상대방을 움직일 수 있다. 내담자의 말을 안다는 것은 그 사람의 마음을 안다는 것이고, 그것은 그러한 말을 하게 되는 마음의 바탕에 무엇이 있는지를 안다는 것이다. 그것은 결국 내담자의 내러티브가 무엇인지를 안다는 것이 된다. 맹자의 '지언'은 내담자의 내러티브를 통해 내담자가 어떠한 갈등에 처했는지, 또는 장애가 있다면 그것이 어떠한 장애인지 등을 알 수 있다는 것으로 이해된다.

맹자가 강조하는 것은 말이 밖으로 드러나는 것의 중요성이다. 다시 말하면, "군자의 본성은 인의예지가 마음에 뿌리하여 그 얼굴빛에 나타남이 밝고 맑게 드러나며"[25]에서 보듯이 인의예지의 도덕 본성이 마음에 뿌리를 두고 있기 때문에, 마음을 어떻게 사용하는가

---

24 《孟子》〈公孫丑上〉 2, "何謂知言, 曰詖辭知其所蔽, 淫辭知其所陷, 邪辭知其所離, 遁辭知其所窮."

25 《孟子》〈盡心上〉 21, "君子所性, 仁義禮智根於心, 其生色也, 睟然見於面."

에 따라 그 사람의 문제를 알게 된다. 마찬가지로 "가슴속이 바르면 눈동자가 밝고 가슴속이 바르지 못하면 눈동자가 흐리다. 그 말을 듣고 그 눈동자를 보면 사람들이 어떻게 자신의 마음을 숨기겠는가?"[26]에서도 보면 마음속에 품은 생각은 그대로 눈동자에 드러나게 된다. 그렇기 때문에 마음속이 선한지 어떤지, 즉 마음의 생각을 알 수 있는 것이다. 나의 말도, 타인의 말도 진실함이 있다면 그 진실함은 전해지기 마련이다.

그러면 내담자의 말을 듣는 상담자의 태도는 어떠해야 하는가? 이 문제는 곧 내담자가 자신의 이야기를 가감 없이 말할 수 있는 분위기 조성과도 관련되는데 먼저 공자의 태도를 살펴보자. 공자는 타자를 대할 때 '순순함(恂恂)', '변변함(便便)', '간간함(侃侃)'과 '은은함(誾誾)'이 있었다. '순순함'이란 신실한 모양으로 겸손하고 온순하여 어짊과 지혜로 남에게 앞서려고 하지 않는 것이다. '변변함'은 말을 분명하게 하는 것이지만 함부로 말하지 않는 삼가는 태도가 들어 있다. '간간함'과 '은은함'은 강직한 태도와 화하는 태도이다.[27] 인(仁)의 의미에 용인하는 것(認)이 있는 것처럼[28] 순순함, 변변함, 간간함, 은은함은 '인'한 마음이 드러난 형태라 할 수 있다.

그러면 이러한 태도를 바탕으로 하여 유가에서는 내담자의 말을 어떻게 들어야 하는가의 문제를 생각해 보자. 내담자의 말을 듣는다는 것은 어떠한 판단을 할 것인가와 관련되어 있다. 내담자가 사용

---

26 《孟子》〈離婁上〉15, "孟子曰 : 存乎人者, 莫良於眸子, 眸子不能掩其惡. 胸中正, 則眸子瞭焉. 胸中不正, 則眸子眊焉. 聽其言也, 觀其眸子, 人焉廋哉."

27 《論語》〈鄕黨〉, "孔子於鄕黨, 恂恂如也, 似不能言者, 其在宗廟, 朝廷, 便便言, 唯謹爾. 朝, 與下大夫言, 侃侃如也, 與上大夫言, 誾誾如也."

28 《論語》〈顏淵〉, "司馬牛問仁, 子曰仁者, 其言也訒."

하는 언어의 이해와 그것을 통해 내담자가 안고 있는 문제를 이해한다는 것은, 곧 어떠한 상담을 해 줄 것인가의 문제이기도 하다. 이와 관련하여 다음의 예문을 보자.

공자는 네 가지 마음이 없었는데 사사로운 뜻이 없고 기필하는 마음이 없고 고집이 없고 사심이 없었다.[29]

위에서 보이는 공자의 사절四絶에 해당하는 의意, 필必, 고固, 아我는 상담자가 가져야 할 중요한 덕목이다. 상담자가 사사로운 생각(意)이나 반드시 무엇을 해야 한다는 생각(必), 고집이나 집착(固), 사심(我)에 얽매인다면 내담자의 실체를 온전히 파악하기 어렵고 내담자의 말을 듣기가 어렵다. 그렇게 되면 내담자와 교감, 공감의 형성이 어려움에 처하게 될 것이다. '사절'에서 필요한 것은 '중용'의 자세이다.

《중용》에서 '중中'은 "편벽되지 않고 치우치지 않으며 과불급이 없는 것"이며 '용庸'은 "평상함"이다.[30] '중용'은 어느 한쪽에 치우치지도 쉽게 바뀌지도 않는 상태이다. 이러한 상태를 중용에서는 "강하다. 가운데에 위치하여 어느 쪽으로도 기울지 않으니 강하다"[31]고 하여 어느 쪽으로도 치우치지 않는 태도를 '강함(強)'에 비유하고 있다. '중용'은 한가운데가 아니라 "양극단을 붙잡아 그 가운데를 쓰는 것"으로 양극단을 배제하는 것이 아니다. 포용하는 것이다. 상담자

---

29 《論語》〈子罕〉, "子絶四, 毋意, 毋必, 毋固, 毋我."
30   10)《中庸章句》서언, "中者不偏不倚無過不及之名, 庸平常也."
31 《中庸》10, "強哉矯. 中立而不倚, 強哉矯."

는 내담자의 말을 듣기 위해서 '중용'의 상태를 지향할 필요가 있다. 편벽되고 치우치지 말아야 하기 때문이다. 맹자의 '지언' 역시 중용의 상태에서 가능하다.

여기서 또 한 가지 생각해 볼 필요가 있는 것은 내담자의 내러티브 이해와 관련하여 공자의 언어관이다. 공자의 언어관은 정명론正名論에서 단적으로 알 수 있다.

제 경공이 공자에게 정사에 대해 묻자 공자는 군주는 군주답고 신하는 신하답고 아버지는 아버지답고 자식은 자식다워야 한다고 했다.[32]

명이 바르게 서지 않으면 말이 서지 않고 말이 서지 않으면 일이 이루어지지 않는다.[33]

위의 첫 번째 예문은 이름과 실제가 부합되지 않으면 안 된다는 것인데 '명名'과 '실實'의 부합 문제는 두 번째 예문에서 언어의 문제로 전환되고 있다. 두 번째 예문에서 보면 '명'이 '언어(言)'와 정합성을 이루게 될 때 '일(事)'이 이루어진다. 개념(지시 대상)과 언어가 일치할 때 세상 모든 일들이 제자리를 얻게 된다. 사물에 대한 개념이 명확하지 않으면 말들이 비논리적으로 되며 그렇게 되면 사물의 실체가 본연의 모습을 찾기 어렵다.[34] 공자 언어관의 특징은 지시 대상과 언어의 일치에서 그치는 것이 아니라, 지시 대상과 언어의 일치

---

32 《論語》〈顏淵〉, "齊景公問政於孔子, 孔子對曰君君, 臣臣, 父父, 子子."

33 《論語》〈子路〉, "名不正, 則言不順 ; 言不順, 則事不成."

34 권혁석, 〈공자의 언어관을 통해본 사상〉, 《중국어문학》 48집, 2006, 12쪽.

가 곧 '일'과 정합성을 이룬다는 점에 있다. 공자는 '정명'을 통해 언어와 도덕 윤리를 결합시켜 사회의 혼란을 방지할 수 있는 수단으로 삼았다. 다음의 예문을 보자.

처음에 나는 사람을 대할 때 그의 말을 들으면 곧 그의 행동을 믿었다. 지금은 사람을 대할 때 그의 말을 들으면 곧 그의 행동을 살펴봐야 한다. 재여宰予가 나의 태도를 이렇게 바꾸어 놓은 것이다.[35]

여기에서는 언어와 실제 행위의 일치 여부의 중요성이 제시되어 있다. 실제 행위는 앞에서 말한 '일'의 범주에 속한다. 세계와 타자 그리고 자신이 '사事'의 범주에 들어간다. 세계와 타자, 자기가 서로 정합성을 이룰 때 본연의 모습을 찾게 되며 이 삼자가 비정합적이 되면 혼란스럽게 된다. '명'과 '언'과 '사'의 혼란이 결국 가치관이나 세계관의 혼란을 야기한다고 볼 수 있다. 정명론은 선악과 시비가 한데 엉켜 있다거나 혼란해져서 어떻게 판단하면 좋을지 애매해진 상태, 가치관의 혼동이나 행동 기준의 준거 틀이 없을 때, 그것으로 인해 사회가 혼란해질 때 그러한 것을 막아 줄 수 있는 방법으로 기능한다.

내담자의 내러티브에서 무엇이 혼란을 일으키는지, 무엇이 엉켜 있는지와 같은 것을 찾아내어 그것을 주지시켜 줄 때 내담자에게 건강한 내러티브를 갖게 해 줄 수 있다는 점이다. 내담자의 내러티브가 실제와 일치하는지의 여부를 묻는 것이 중요하다는 점이다. 정명

---

35 《論語》〈公冶長〉, "子曰始吾於人也, 聽其言而信其行. 今吾於人也, 聽其言而觀其行, 於予與改是."

론은 내담자의 사고에 통일된 질서의 형성, 곧 사고와 행위의 일관된 표현을 가능하게 해 줄 수 있는 방법이 된다. 내담자 스스로 통일된 사고와 질서를 형성하도록 만드는 것이다.

말한다는 것talking

말한다는 것은 내가 지금 당신을 향해 있다는 것을 의미한다. 당신을 향해 나의 온몸이 향하고 있다는 것이다. 두 사람이 대화하면서도 어느 한쪽이 다른 곳을 볼 수도 있다. 상대방이 그러한 태도를 갖고 나와 대화한다면 이 사람이 나의 말에 관심이 없다는 것을 금방 알아차릴 것이다. 관심 없는 대화는 상대방에 대해 관심이 없다는 것을 표현하는 것이다. 이러한 대화는 지속될 수 없다. 여기에서 단절이 생긴다.

철학상담은 내담자에게 철학적 사유를 할 수 있도록 돕는 '대화'를 중시하기 때문에, 상담자가 어떻게 말할 것인가 역시 중요한 문제이다. 내담자는 상담자의 말을 믿어야 하는데 말을 믿지 못한다면 상담자의 말은 공허해질 것이다. 내담자가 상담자의 말을 듣고 믿는다는 것은 그 말의 진실함을 믿고 진실함에서 나오는 치유 가능성을 믿기 때문이다.[36] 말한다talking는 것은 독백이 아니라 서로 주고받는 대화이다.

상담자의 말할 때의 태도와 관련하여 《논어》에는 "너그러우면 대중을 얻고 신의가 있으면 사람들이 신임한다"[37]고 하여 관대함(寬)과

---

36 대니얼 테일러, 《왜 스토리가 중요한가》, 169~170쪽.

37 《論語》〈堯曰〉, "寬則得衆, 信則民任焉."

신의(信)의 중요성을 말하고 있다. '관대함'과 '믿음'에 기초한 진실된 말은 상호 간 마음을 열 수 있는 중요한 덕목이 된다. 이처럼 상담자의 말하기는 내담자의 문제를 얼마나 효과적으로 이끌어 낼 수 있는가와 관련되는 문제이다. 상담자가 내담자와 어떠한 방식으로 대화하는가가 관건이 된다. 여기에는 곧 내담자가 묻는 질문에 어떻게 답하는 것이 효과적인가의 문제가 있다. 상담자가 내담자의 물음에 이것이 정답이라는 식의 대답을 하는 지시적인 상담을 하기보다는, 내담자에게 다시 그 물음을 되돌려 줌으로써 내담자가 다시 자기의 문제로 돌아와 생각할 수 있는 시간을 갖게 하는 것이다. 서로 묻고 대답하는 과정에서 내담자는 자기의 문제를 직시할 수 있는 기회를 갖게 된다. 상담자는 내담자가 안고 있는 문제의 해답을 알려 주는 자가 아니라, 내담자 스스로 문제를 해결할 수 있도록 도와주는 조력자여야 하기 때문이다.

그러면 '말하기'와 관련된 공자의 기본적 태도를 보기 위해 먼저 다음의 예문을 참고해 보자.

> 공자는 차근차근히 사람을 잘 이끌어 문으로 나를 넓혀 주고 예로 나를 요약해 주었다.[38]

위 예문에 나타난 '박문약례博文約禮'에는 두 가지 방법이 있다. '박문'을 위한 '치지'와 '격물'이며 '약례'를 위한 '극기복례'이다. 먼저 '박문'을 위한 치지와 격물의 방법이다. 주희는 격물에 대해 "물

---

[38] 《論語》〈子罕〉, "夫子循循然善誘人, 博我以文, 約我以禮."

리의 지극한 곳이 이르지 않음이 없는 것"[39]이라 했는데 사물의 지식을 깨닫는 방법이 격물이다. 《대학》의 8조목에 해당하는 수신은 마음을 바르게 하는 '정심'이 선행되어야 하고 '정심'은 뜻을 성실히 하는 '성의'가 선행되어야 하는데 '성의'는 지식을 지극히 하는 '치지'가 선행되어야 한다. '치지'는 사물의 이치를 궁리하는 '격물'이 반드시 필요하다. 그런데 '격물'은 가만히 앉아서 마음의 수양을 하는 것이 아니다. 그것은 광범위한 독서, 사물과의 접촉, 도덕실천을 통해 가능해진다.[40] 격물의 최종 목표는 사물의 '그러한 까닭'(소이연)과 '마땅함'(소당연)을 아는 것인데 그렇게 되면 "모든 사물의 표리와 정조에 이르지 못함이 없고 내 마음의 전체와 대용이 밝혀지게"된다.[41]

그런데 위에서 말하는 '박문'을 이루기 위한 격물과 치지는 기본적으로 "널리 배우며 자세히 물으며 신중히 생각하고 밝게 분변하며 독실히 행한다"에 나타난 것처럼[42] 널리 폭넓게 배우는 '박학博學'과 자세하게 묻는 '심문審問', 신중히 생각하는 '신사愼思', 밝게 분변하는 '명변明辨', 독실히 행하는 '독행篤行'을 필요로 한다. 좋은 철학상담자가 되기 위해서는 인간에 대해 다양한 관점에서 이해하는 것이 필요하다. 우리들이 안고 있는 많은 문제는 단순하지 않고 복잡성을 띤다. 박학은 다양한 관점에서 인간의 행위와 생각을 다양하게 생각해 볼 수 있는 시점을 제공해 줄 것이다. 마찬가지로 철학상

---

39 《대학》 1장 주자주, "物格者物理之極處無不到也."

40 진래, 《송명성리학》, 안재호 옮김, 예문서원, 1997, 264쪽.

41 《대학장구》 '격물보전장', "一旦豁然貫通焉, 則衆物之表裏精粗無不到, 而吾心之全體大用無不明矣."

42 《中庸》 20, "博學之, 審問之, 愼思之, 明辨之, 篤行之."

담자는 내담자의 문제가 무엇인지 세밀하게 물어야 한다. 의사가 환자에게 문진問診하여 병의 원인을 찾아내는 것처럼, 철학상담자도 내담자가 현재 무엇 때문에 힘들어 하는지 자세하게 물어 가는 과정이 필요하다. 이때의 물음은 일방적인 질문이 아닌 상호성에 입각한 대화이어야 할 것이다. 철학상담자는 내담자의 이야기를 들으면서 신중하게 판단하는 신사와 명변의 과정을 거쳐야 한다. 마지막 단계의 독행은 철학상담자의 태도, 즉 인격과 관련된다. 이러한 박학, 심문, 신사, 명변, 독행은 절실하게 묻는 '절문'과 가까운 것에서부터 생각하는 '근사'의 일이다.[43] 이것은 내담자 스스로가 자신의 문제가 무엇인지를 절실하게 묻는 과정에 해당된다.

다음으로는 '약례'를 위한 극기복례의 방법이다. 극기복례의 방법은 자기를 이겨 예로 돌아가는 것을 의미하는데 그러한 상태가 곧 '인'한 상태이다. 그 방법으로는 "예가 아니면 보지 말고 예가 아니면 듣지 말고 예가 아니면 말하지 말고 예가 아니면 행동하지 말라"[44]에서 보듯이 보고 듣고 말하고 행동하는 모든 것을 조심히 하는 것이다. 예를 들어, 위기 청소년들에게 "자신의 욕구나 감정 등을 냉철하게 파악할 수 있는 인식 능력이나 감정 조절, 충동 억제, 인내하는 자기관리, 독단적이며 독선적인 행동과 행위의 지양"[45]이 필요하다고 할 때 극기복례의 방법은 중요한 시사점을 줄 것이다.

---

43 《論語》〈子張〉, "子夏曰博學而篤志 , 切問而近思 , 仁在其中矣."

44 《論語》〈顏淵〉, "子曰非禮勿視 , 非禮勿聽 , 非禮勿言 , 非禮勿動."

45 한성구 외, 〈학교폭력 예방을 위한 초등학교 인성교육 프로그램 개발 연구〉, 《한국 철학논집》 28집, 한국철학사연구회, 2010, 190쪽.

말한다는 것과 인인시언

그러면 공자가 그렇게 하는 이유는 어디에서 찾을 수 있을까? 다음의 예문을 보자.

마음속으로 통하려고 노력하지 않으면 열어 주지 않고 애태워하지 않으면 말해 주지 않되 한 곳을 들어주었는데 이것을 가지고 남은 세 곳을 반증하지 못하면 다시 일러 주지 않았다.[46]

여기에서 보면 통하고 노력하고 애태워하는 무엇인가를 하는 주체는 상담자 쪽이 아니라 내담자 쪽에 있다. 내담자가 스스로 힘을 써서 깨닫지 않으면 깨달을 때까지 새로운 것을 말해 주지 않는다는 것이 공자의 기본 태도이다. 이 예문에서 확인할 수 있는 것은 내담자가 안고 있는 문제는 내담자가 스스로 해결할 수 있도록 상담자는 옆에서 도와주는 위치에 있다는 점이다. 문제 해결을 위한 단서를 제공해 주는 것이 상담자의 역할이다. 이러한 인식은《논어》에 전반적으로 나타나 있는데, 예를 들어 "함께 공부할 수는 있어도 도에 나아가게 할 수 없다"[47]는 것 역시 상담자 측이 아니라 내담자 측의 문제로 설정되어 있다. 이처럼 상담자는 처음부터 내담자에게 적극적으로 개입하여 문제를 해결하려고 하지 않는 대신에 내담자가 처한 문제를 스스로 자각하여 극복하도록 돕는 것이다.

위 인용문에 나타난 방법은 계발(계도와 발분)적 방법이다. 이것

---

46 《論語》〈述而〉, "子曰不憤不啟, 不悱不發, 擧一隅不以三隅反, 則不復也."

47 《論語》〈子罕〉, "子曰可與共學, 未可與適道."

은 문제 해결의 실마리를 찾을 수 있도록 돕는 방법이다. 공자 역시 선천적으로 진리를 깨달은 자가 아니라 "옛것을 좋아하고 부지런히 그것을 구한 자"[48]였다. 공자는 부단히 질문하고 사색하며 공부를 통해 자신의 문제를 해결해 나갔다. 이러한 점에서 공자의 제자들과의 대화에 나타난 위와 같은 태도는 진리가 무엇인지를 알려 주기보다는 진리를 스스로 찾아갈 수 있도록 유도하는 방법이라 할 수 있다. 이러한 방법은 다음에서 보듯이 각 사람이 처한 문제 상황에 따라 내용과 방법을 달리한다.

자로가 (공자에게) 들으면 실행해야 합니까 하고 묻자 공자는 부형이 계시니 어찌 들으면 실행할 수 있는가? 하고 말했다. 염유가 (공자에게) 들으면 실행해야 합니까 하고 물으니 공자는 들으면 실행해야 한다고 말했다. 공서화가 말하길 자로가 들으면 실행해야 하는가 하고 물으니 선생은 부형이 있다 하고, 염유가 들으면 실행해야 하는가 하고 물으니 선생께서는 들으면 실행해야 한다고 했습니다. 저는 의혹이 있어 감히 묻습니다. 공자가 말하길 염유는 물러남으로 나아가게 한 것이며 자로는 일반인보다 나음으로 물러가게 한 것이다.[49]

여기에서 보듯이 위 대화의 특징은 각 사람이 처한 문제 상황에 따라 처방전이 다르다는 부분에 있다. 자로와 염유의 '들으면 바로 실행해야 하는가?'라는 동일한 질문에 대한 공자의 대답이 이처럼

48 《論語》〈述而〉, "子曰我非生而知之者, 好古, 敏以求之者也."
49 《論語》〈先進〉, "子路問聞斯行諸, 子曰有父兄在, 如之何其聞斯行之. 冉有問聞斯行諸, 子曰聞斯行之, 公西華曰由也問, 聞斯行諸, 子曰有父兄在. 求也問聞斯行諸, 子曰聞斯行之, 赤也惑敢問. 子曰求也退, 故進之, 由也兼人, 故退之."

서로 다른 이유는 무엇인가? 그것은 자로와 염유의 성격 등에서 찾을 수 있다. 자로는 상당히 진취적이며 과감한 성격으로 실행하려는 뜻이 지나쳐 마땅히 해야 할 일을 빠뜨리는 경우가 많았다. 공자는 자로에게 좀 더 차분히 생각할 것을 주문한 것이다. 이에 비해 염유는 일을 실행하는 데 머뭇거리거나 위축되는 면이 있어 용감하게 일을 실행하지 못하는 나약한 성격이었다. 그렇기 때문에 공자는 들으면 바로 실행해야 한다고 말했다. 염유는 좀 더 과감할 필요가 있다고 공자는 판단했기 때문이다. 각각의 성격이나 재능에 따라 달라지는 공자의 말하기 패턴을 볼 수 있다. 이것을 '인인시언因人施言'적 방법이라 할 수 있다.[50] 인인시언적 방법에서는 사람에 따라 대화법이 차별화된다. 이것은 각 사람의 특성이나 성격, 재질에 맞게 유도하는 것이다. 대화 역시 그러한 방향에 따라 진행된다. 상담자는 내담자에 입장에 따라 적절한 말을 선택해야 한다.

공자의 '인인시언'적 방법은 질문자의 질문에 정확한 해답을 제시하는 것이 아니다. 해답은 질문자가 스스로 찾아내야 한다. 예를 들어 안연이 공자에게 '인'이 무엇인지를 묻는다. 공자는 극기복례가 '인'이 된다고 말한다. 공자의 대답은 '인'이라고 할 수 있는 상태를 말한 것이다.[51] 사마우가 공자에게 군자를 물었을 때도 공자는, 군자는 걱정하지 않고 두려워하지 않는다고 답한다.[52] 공자는 군자의 특징을 말한 것이다. 이처럼 인이 무엇인가에 대한 질문이나 군자에

---

50 이러한 공자의 교육방법을 '인재시교因材施教'적 방법이라고도 한다. 김경옥, 〈철학교육으로 본 공자의 교육에 관한 소론〉, 《퇴계학논총》 6권, 2000, 187쪽.

51 《論語》〈顔淵〉, "顔淵問仁, 子曰克己復禮為仁, 一日克己復禮, 天下歸仁焉."

52 《論語》〈顔淵〉, "司馬牛問君子, 子曰君子不憂不懼."

대한 질문은 모두 '인'과 '군자'에 대한 정의definition에 관한 질문이다. 하지만 공자는 그러한 질문에 정의를 내리지 않고 대신에 질문자가 스스로 개념에 대한 '정의'를 찾도록 유도하고 있다. 이러한 과정을 통해 내담자는 자신이 처한 문제 상황을 직시하면서 처음의 상태로 다시 돌아가 자신을 돌아볼 수 있는 시점을 확보할 수 있게 되는 것이다.

기다린다는 것waiting

위에서 제시한 듣기와 말하기는 상담자가 내담자에게 어떠한 작용을 가하는 것이다. 그런데 내담자에게 어떠한 작용을 가하기 어려운 경우라면 어떻게 할 것인가? 여기에서 '기다리기'가 중요한 역할을 제공해 줄 것이다. 기다리기는 '작용action'과 반대되는 개념이다. 어떤 것을 적극적으로 실행하는 것이 '작용'이라면 '기다리기'는 무엇을 적극적으로 하지 않는 것을 의미한다. 내담자가 히키코모리(은둔형 외톨이) 성향을 보이는 사람이라면 상담자는 내담자가 마음을 열고 말할 때까지 기다려 주는 것이 효과적일 수 있다. 히키코모리의 발생 원인은 다양한데 사회 불안장애, 전반성 불안장애, 우울증, 강박성 장애와 같은 정신적인 장애, 가족들의 과도한 간섭에서 오는 자기긍정감의 상실이나 타자와 관계 맺는 것을 싫어하는 성격 등을 지목한다.[53] 이러한 히키코모리는 폐쇄성을 공통으로 갖고 있다. 폐쇄성을 갖는 사람에게 적극적으로 자신의 방 밖으로, 다시 말하

---

53 이광래 · 김선희 · 이기원 지음,《마음: 철학으로 치료한다》, 지와 사랑, 2011, 275~
279쪽.

면 '세상으로' 나오도록 어떠한 '작용'을 가하는 것이 문제가 된다면 '기다리기'라는 것이 좋은 방법이 될 수 있다. 물론 '기다리기'는 때로는 방치가 될 수도 있다. 왜냐하면 히키코모리가 자기 스스로 결정할 때까지 그 결정만을 믿고 언제까지나 기다릴 수만은 없기 때문이다. 그럼에도 불구하고 기다린다는 것이 중요한 것은 왜일까?

기다림의 의미를 갖는 '수需' 자의 의미를 사전에서 찾아보면 구하다, 머뭇거리다, 기르다, 사용하다, 부드럽다, 기다리다의 의미가 있다. 《주역》 십익의 하나인 〈단전〉에 출전을 갖는 '기다림'을 나타내는 것이 바로 '수괘需卦'이다. '수괘'에 대해 "기다림은 믿음이 있으니 크게 형통하고 바르게 하면 길하다"[54]고 했다. 기다림에는 믿음이 필요함을 말하고 있다. 믿음을 두고 기다리는 것, 그것이 빛나고 형통한 것이며 바르게 행동하는 것이 된다.[55] 《주역》에서 '기다린다는 것'에 대해 다음과 같은 설명이 이어진다. 기다림에는 물에서 한참 멀리 떨어진 들에서 기다리는 것처럼 안전한 상태도 있다면 물에 더 가까워진 모래밭에서 기다리는 위험한 상황도 있을 수 있다. 이처럼 《주역》은 다양한 상황에서 기다림의 의미를 다시 생각해 볼 수 있는 시점을 준다. 아주 위험한 상황에서 기다릴 수도 있고 전혀 위험하지 않은 상황에서 기다릴 수도 있다. 그렇지만 기다리기에는 아무리 위험한 상황에서도 그 상황을 극복할 수 있는 힘이 있다. 《주역》은 기다린다는 것에는 믿음이 있다고 말한다. 여기서 믿는다는 한자로 '부孚' 자를 사용하고 있다. 이 '부' 자는 믿는다는 의미 외에도 기쁘다, 빛난다는 의미도 있다. 따라서 기다린다는 것은 불안하고 두렵

---

54 《周易正義》上經, 권2〈象傳〉, "需有孚, 光亨貞吉."
55   김석진, 《대산주역강의》(1), 한길사, 1999, 293쪽.

고 믿지 못하는 마음 상태가 아니다. 거기에는 타자에 대한 신뢰함이 있기에 기쁠 수 있고 또한 빛날 수 있다. 긍정적으로 기다리는 것이다. 기다린다는 것은 자기 자신에 대한 믿음과 타자에 대한 믿음을 동시에 내포하고 있다.

그러면 《주역》의 '기다리기'(수괘)를 상담자와 내담자의 문제로 환원하여 생각해 보자. 유가는 적극적인 교육을 강조하기 때문에 비적극적인 '기다리기'가 가능할지에 대한 의문이 자연히 생길 수밖에 없을 것이다.

기다림과 잃어버린 마음 찾기(求放心)

그렇다면 유가에서 '기다리기'가 중요한 이유는 어디에 있을까? 유가의 인성 함양이 기본적으로 '수기', 즉 자기의 선한 본성을 깨닫는 것에 목적이 있는 데서 알 수 있는 것처럼, 유가는 강제성이 동반되지 않는 자기 스스로에 의한 절제와 수양을 추구한다. 이것은 맹자가 말하는 것처럼 "만물이 나에게 갖추어져 있다(萬物皆備於我矣)"는 인식이 바탕에 있기 때문이다. 자기에게 모든 만물의 기본 원리가 갖추어져 있는데 그것을 깨닫기만 하면 되는 것이다. 배움은 "잃어버린 마음을 찾는 것"이다.[56] 자기의 본심을 발현하는 것이 급선무가 되고 있다. 여기서 구한다는 것은 밖에 있는 것을 구하는 것이 아니다. 그것은 맹자에서 보이는 "구하면 얻고 버리면 잃는다. 이 구함은 얻음에 유익함이 있는데 자신에게 있는 것을 구하기 때문이다. (…) 이것을 구함은 얻음에 유익함이 없으니 밖에 있는 것을 구하기

---

[56] 《孟子》〈告子上〉 11, "學問之道無他, 求其放心而已矣."

때문이다"[57]에 나타나 있는 것처럼, 자기의 마음에 구비되어 있는 것으로 자기를 돌이켜 구한다는 것(反求諸己)은 곧 자기에게 있는 것을 구하는 것이다. 그것은 곧 자각 행위이다. 타자가 도와주는 것이 아니라 어디까지나 자기 스스로 자기가 잃어버린 것이 무엇인지를 구하여 찾는 것에 중점이 있다. 그렇기 때문에 '기다리기'는 내담자가 잃어버린 것이 무엇인지를 찾을 수 있도록 도와주는 과정이 될 수 있는 것이다. 공자 역시 "어찌할까 어찌할까 하고 말하지 않는 자는 나도 어찌할 수 없다"[58]고 하여 깊이 생각하고 살피지 않고 함부로 행하는 것의 문제를 지적한다.

이러한 '기다리기'에서 배제해야 할 것으로 초조함과 성급함을 들 수 있다. 이것은 빨리 변화되기를 기대하는 성급함과 변화가 늦어진다는 것에서 오는 초조함이다. 공자는 빠른 성과를 기대하기보다 다음과 같은 것, 즉 "그 하는 것을 보며 그 이유를 살피고 그 편안히 여기는 것을 살펴본다면 사람들이 어떻게 자신을 숨길 수 있겠는가? 사람들이 어떻게 자신을 숨길 수 있겠는가?"[59]에서 보듯이 상대가 어떠한 행동을 하는지, 그렇게 하는 이유는 어디에 있는지 등을 차분하게 살펴볼 것을 주문한다.

공자의 제자 자로는 성격이 매우 급한 자로 알려져 있다. 공자는 자로에게 "아는 것을 안다고 하고 모르는 것을 모른다고 하는 것이 아는 것"[60]이라고까지 말해 주었다. 한편 자로는 위나라 군주가 공자

57　《孟子》〈盡心上〉3, "孟子曰, 求則得之, 舍則失之, 是求有益於得也, 求在我者也....是求無益於得也, 求在外者也."

58　《論語》〈衛靈公〉, "子曰不曰如之何, 如之何者, 吾末如之何也已矣."

59　《論語》〈爲政〉, "子曰視其所以, 觀其所由, 察其所安, 人焉廋哉, 人焉廋哉."

60　《論語》〈爲政〉, "子曰由, 誨女知之乎, 知之爲知之, 不知爲不知, 是知也."

와 함께 정치를 하고자 한다는 말을 들었을 때 공자에게 무엇을 먼저 할 것인가 물었다. 공자는 명분을 바로잡겠다고 대답한다. 이 말을 들은 자로는 공자에게 우활하다고 성급하게 판단해 버렸다. 자로는 공자의 의도를 제대로 파악하지 못한 채 성급한 단정을 해 버린 것이다. 이에 대해 공자는 "비속하다. 자로는! 군자는 자기가 알지 못하는 것에는 가만히 있는 것이다"라고 하면서 자로의 문제점을 지적해 준다.[61] 이처럼 성급한 자로에게 공자는 "솔선하고 부지런히 할 것"과 "게을리하지 말 것"을 주문한다.[62] 《맹자》에는 다음과 같은 예화가 있다.

효과를 미리 기대하지 말아서(勿正) 마음에 잊지도 말며 억지로 조장하지도 말아서 송나라 사람과 같이 하지 말라. 송나라 사람 중에 벼싹이 자라지 못함을 안타깝게 여겨 뽑아 놓은 자가 있었다. (…) 그 아들이 달려가서 보았더니 벼싹이 말라 있었다. 천하에 벼싹이 자라도록 억지로 조장하지 않는 자가 적으니 유익함이 없다 해서 버려두는 자는 비유하면 벼싹은 김매지 않는 자요, 억지로 조장하는 자는 벼싹을 뽑아 놓는 자니 이는 유익함이 없을 뿐만 아니라 도리어 해치는 것이다.[63]

위의 '정正'자에 대해 주희는 '미리 기약함(預期)'이라 하여 "미리

---

61 《論語》〈子路〉, "子路曰衛君待子而為政, 子將奚先, 子曰必也正名乎. 子路曰有是哉, 子之迂也, 奚其正, 子曰野哉, 由也, 君子於其所不知, 蓋闕如也."

62 《論語》〈子路〉, "子路問政, 子曰先之, 勞之, 請益, 曰無倦."

63 《孟子》〈公孫丑上〉 2, "必有事焉而勿正, 心勿忘, 勿助長也, 無若宋人然, 宋人有閔其苗之不長而揠之者...其子趨而往視之, 苗則槁矣. 天下之不助苗長者寡矣. 以為無益而舍之者, 不耘苗者也. 助之長者, 揠苗者也, 非徒無益, 而又害之."

효과를 기대하지 말아야 한다[64]는 의미로 주해한다. 내담자의 변화가능성에 대해 미리 기대하는 것이 지나치게 되면, 위에서 말하는 것처럼 억지로 조장하는 형태를 밟게 될 것이다. 그것은 곧 벼가 빨리 자라도록 뽑아 두는 것과 같은 것이며 결국 벼는 말라 죽게 되는 것처럼 '조장'하는 것은 아무런 유익함이 없으며 해치는 행위가 될 뿐이다. 이러한 성급함과 조장이 안고 있는 문제는 다음의 공자와 자로의 대화에서도 확인할 수 있는데 "속히 하려고 하면 이르지 못하고 조그만 이익을 보려고 하면 큰일을 이루지 못한다"[65]고 했다. 빨리 성과를 보려고 하면 급하여 일의 순서를 잃어버리며 작은 이익을 추구하려고 하면 큰일을 해 낼 수 없기 때문이다.

결국 초조함과 성급함은 내담자나 상담자 모두에게 유익함이 없는 행위가 된다. 공자 '시교詩教'의 목적이 '온유돈후溫柔敦厚'에 있는 것처럼,[66] 온유하고 돈후한 인성은 하루아침에 길러지는 것이 아니다. 오랜 시간을 두고 수양을 해야만 가능하다. '기다리기'는 절대적인 시간이 필요하다.

맺음말

상담자와 내담자 간의 신뢰와 진정성 확보를 위해서는 먼저 상담자의 인성의 문제가 중요해진다. 이러한 점에서 '경'에 의한 자기성

---

64 《孟子, 公孫丑上》 2, 주자주, "勿預期其効."

65 《論語》〈子路〉, "子曰無欲速, 無見小利. 欲速則不達, 見小利則大事不成."

66 《禮記》〈經解〉, "孔子曰入其國, 其教可知也, 其為人也, 溫柔敦厚, 詩教也." 공자 시교육의 의미에 대해서는 남상호, 〈공자의 시적 인성교육〉(2014. 11. 3. 한중인문정책포럼 발표문) 참조.

찰이 요청된다. '경'의 두 경향인 향내성과 향외성을 통해 자기를 이해하고 이를 바탕으로 타자를 이해, 배려하고 수용할 수 있는 기본적인 자세를 갖는다. 다음으로 상담자 자신이 갖는 인식의 틀에서 내담자를 보지 말아야 한다는 것과 관련하여 공자가 경계하는 '사절'이나 '중용'의 태도, 내담자의 사고에 통일된 질서를 형성하고 행위의 일관성을 갖는 건강한 내러티브를 갖게 해 주기 위한 방법으로서 정명론도 중요한 역할을 할 수 있다.

말하기에서 중요한 것은 내담자에게 다시 물음을 돌려주는 것이며, 그것을 통해 내담자가 자기의 문제를 다시 생각할 수 있는 시간을 갖게 만들어 주는 것이다. 상담자는 조력자이기 때문이다. 공자에게서 찾을 수 있는 '계발'적 방법이나 '인인시언'적 방법은 내담자 스스로 자신의 문제를 생각할 수 있게 해 주는 방법으로 기능한다. 또한 철학상담에서 기다리기가 중요한 이유는 말하기에서 드러난 것과 같은 맥락에서 이해할 수 있다. 상담자가 내담자의 조력자가 되어야 하는 것처럼 내담자에게 스스로 생각할 수 있는 시간과 환경을 만들어 주고 스스로 변화되기를 기다리는 것이다. 기다리기는 상담자가 아무것도 하지 않는 것이 아니다. 내담자가 잃어버린 것이 무엇인지 스스로 반추할 수 있는 시간을 갖도록 환경과 분위기를 조성해 주는 것이다. 내담자의 관점 변화를 유도할 수 있는 시간도 기다리는 과정을 통해 확보할 수 있을 것이다.

상담자는 내담자 스스로 자기치유해 갈 수 있는 사고를 형성할 수 있게 하는 길 안내자이다. 철학상담은 상담자가 내담자에게 건강한 자신의 내러티브를 갖게 해 주는 것이 중요하다. 내담자는 자기의 스토리를 찾아가는 과정에서 자기의 위치를 확인하며 조급함이나 불안에서 빠져나올 수 있는 힘을 얻게 될 것이다. 철학상담은 내담자가 행복하고 균형된 삶을 살면서 자기실현을 할 수 있도록 돕는 것이기 때문이다. 상담자가 내담자에 공감하는 공감도에 따라 내담자의 치유는 달라질 것이다. 상호 간 관계 형성은 서로 같은 시공간에 있다는 것을 보여 줌으로써 한층 강화될 수 있다.

참고문헌

《朱子語類》, 中華書局, 1986.
《四書章句集註》, 中華書局, 1982.
《禮記正義》(十三經注疏), 北京大學出版社, 2004.
《周易正義》(十三經注疏), 台湾古籍出版有限公司, 2001.

김석진, 《대산주역강의》(1), 한길사, 1999.
성백효 역주, 《논어집주》, 전통문화연구회, 1990.
이광래 · 김선희 · 이기원, 《마음: 철학으로 치료한다》, 지와 사랑, 2011.
진래, 《송명성리학》, 안재호 옮김, 예문서원, 1997.
피터 B. 라베, 《철학상담의 이론과 실제》, 김수배 옮김, 시그마프레스, 2010.
鷲田清一, 《聴くことの力》, TSBブリタニカ, 1999.

김경옥, 〈철학교육으로 본 공자의 교육에 관한 소론〉, 《퇴계학논총》6권, 2000.
권혁석, 〈공자의 언어관을 통해본 사상〉, 《중국어문학》48집, 2006.
남상호, 〈공자의 시적 인성교육〉(2014. 11. 3. 한중인문정책포럼 발표문).
이진남, 〈철학상담의 정체성과 심리상담〉, 《동서사상》제10집, 2011.
_____, 〈철학상담의 어제와 오늘, 그리고 미래〉, 《철학실천과 상담》제1집,
    한국철학상담치료학회, 2010.
이영의, 〈철학상담과 심리치료의 관계: 아헨바흐의 견해를 중심으로〉, 《범한철학》
    53집, 범한철학회, 2009.
이민용, 〈서사담화와 정신분석학 기반의 내러티브 치료〉, 《독일문학》125집,
    2013.
최영찬 · 최연자, 〈유가철학치유의 사려방법 – 정감체험을 통하여〉, 《철학실천과
    상담》제3집, 한국철학상담치료학회, 2012.

2부

철학교육

4
AI시대 철학실천으로서의 인성교육

유성선

이 글은 2018년 6월 28일 한중인문학회와 중국 대련민족대학이 개최한 제42회 한중인문학회 국제학술대회 〈제4차 산업혁명 배경 하에서의 인문학 발전방향과 국제협력〉의 주제 아래 철학분과 주제발표와 즐고, 〈4차 산업혁명 AI시대 인성교육의 방법과 전망〉(《한중인문학연구》(60집), 2018, 33~48쪽)을 수정 보완한 것이다.

문제 제기 및 제언

4차 산업혁명 시대는 빅데이터, 사물인터넷IoT, 인공지능AI, 정보보안 등 기존 정보통신기술ICT, 인간과 인공사물 간의 초연결beyond connectivity 융합적 특성을 기초로 사회 전반에 영향을 주며, 기존 산업혁명과 다른 패러다임을 형성하게 된다.[1] 최근의 이슈인 4차 산업혁명 전문가들의 연구 주제인 인공지능AI이 대중에게 회자된 근거는 대체로 두 가지이다. 첫째, 2016년 제46차 세계경제포럼(다보스포럼) 연례총회에서 제안된 4차 산업혁명의 핵심 기능은 AI로 알려졌다. 둘째, 2016년 3월 AI 바둑프로그램 알파고가 이세돌 9단과의 대국에서 압승을 거둔 장면을 TV 생중계로 지켜본 전 세계 시청자들이 AI의 위력에 충격을 받았다.[2]

알파고의 승리는 4차 산업혁명 시대의 한 단면으로서 그 주요 수단이 딥러닝(심화학습) 기술과 AI의 발달임을 보여 주었다. 이세돌과 알파고의 대국을 통해 AI는 인간의 판단을 뛰어넘어 스스로 사고할 수 있다는 점이 증명된 셈이다. 4차 산업혁명의 새로운 기술인 AI는 점차 새로운 일자리 기회를 창출하는 동시에 낡은 일자리를 없앤다. 그렇지만 두 가지 힘 사이에 완벽한 조화는 없다. 이와 같이 4차

---

[1] 채행석, 〈4次 産業革命時代의 人文學의 役割 - 人間 中心의 서비스 디자인 工學을 中心으로〉, 《人文言語》(19卷), 2017, 233쪽.

[2] 이광호, 〈4次 産業革命時代에 退溪와 栗谷은 어떻게 對應할까?〉, 《退溪學과 栗谷學의 疏通과 融合》2018 栗谷學會大會報, (社)栗谷研究院, 2018. 6. 8, 13쪽. "4次 産業革命時代의 키워드는 事物인터넷(IoT)이다. 事物인터넷은 事物에 센서를 부착해 실시간으로 데이터를 인터넷으로 주고받는 技術이나 環境을 일컫는다. 事物인터넷 時代가 열리면 인터넷에 連結된 器物은 人間의 도움 없이 서로 알아서 情報를 주고받으며 作動할 수 있다. 人間의 主宰와 도움이 없이 器械가 스스로 作動하는 時代를 4次 産業革命의 時代라고 말한다."

산업혁명으로 AI가 사회적 체계의 소통에 참여하게 되면서 AI 논의는 앞으로 지속될 수밖에 없게 되었다.[3]

AI의 급속한 확장을 맞이하여 중요한 질문이 제기되기도 한다. ① AI가 내 일자리를 대신하게 될까? ②우리 회사도 '우버화'될까? ③ 우리가 몸담은 업계의 10년 뒤 모습은 어떻게 달라질까? ④우리 아이들은 우리 세대보다 더 풍요롭게 살 수 있을까?[4] 그럼에도 전통의 현대적 해석은 적용 가능하다는 논점에서, 본 논고는 2,500여 년의 공맹 인성교육의 철학실천 논의를 중심으로 한다. 2,500여 년의 유구한 공맹의 인성교육적 철학실천은 여전히 유효하며, 4차 산업혁명 AI시대에는 18세기 이전과 같은 전인교육의 중요성이 더욱 커질 것이란 전망이다. 노동자가 없는 세계는 과학자, 엔지니어, 기업주들에게 고되고 정신없는 반복적인 작업으로부터 인간이 해방되는 역사상 새로운 시대의 시작을 의미하는 것일 수 있다. 동시에 다른 사람들에게는 대량실업, 전 세계적인 빈곤, 사회적 불안과 격변이라는 우울한 미래로 비쳐질 수 있다.[5]

---

[3] 고인석, 〈로봇倫理의 基本 原則 – 로봇 存在論으로부터〉, 《범한철학》(제75집), 범한철학회, 2014, 401~426쪽 參照. "로봇은 生命 없는 事物이고 人間의 도구지만, 그 自體로 知覺과 判斷과 行爲의 能力을 지닌 主體처럼 行動할 수 있다는 점에서 特別한 哲學的 觀心의 對象이 된다. 고인석은, 로봇을 設計, 製作, 管理하고 使用하는 우리가 이런 特殊한 人工物을 다룸에 있어서 어떤 原則들을 適用해야 하는가 하는 問題를 討論함으로써 로봇倫理의 基本 原則을 提示한다. 로봇을 움직이는 것은 그것을 設計, 製作, 管理하는 자들의 외화된 精神이며, 人間의 大吏 行爲者 役割을 할 수 있다는 特殊한 有用性과 더불어 人間의 能動的 精神을 分有하는 데서 비롯되는 固有의 危險을 內在하고 있는 로봇을 賢明하게 다루기 위한 原則의 核心은 로봇시스템에 대한 人間의 統制力을 維持하는 데 있다."

[4] 말콤 프랭크 외, 《器械가 모든 것을 다하게 될 때 무엇을 할 것인가?》, 신동숙 옮김, (주)프리렉, 2017, 17쪽.

[5] 홍정민, 《4次 産業革命 時代의 未來敎育 에듀테크》, 책밥, 2017, 21쪽. "에듀테크는 'Eduaction'와 'Technology'의 合成語로, 技術과의 結合을 通해 敎育의 問題點을 解

'인간이 되기 위한 조건'은 급격한 변화를 겪고 있으며, 향후 계속해서 문제가 될 것이다. 예를 들면, 2013~2014년 2년간 방영된 미국 TV시리즈 〈올모스트 휴먼Almost Human〉은 사고로 인해 몸의 일부분을 과학기술력에 의존하는 인간 경찰과 안드로이드android 경찰이 파트너로 일하는 스토리이다. 이 지점에서 우리는 이제 곧 포스트휴먼post-human 시대의 도래를 경고받는다. 이는 기존의 인간 개념 및 범주를 초월한 다양한 주체와 새로운 종種의 등장에 관한 다각적인 이해의 필요성을 요청한다.[6] 채형석은, 그래도 다행인 것은 AI를 설계하는 주체가 인간이라는 것이라며, 인간중심의 설계가 중요하고 AI가 인간을 넘어서 인간을 지배해서는 안 된다고 한다. 인간은 인간의 기술에 열광하면서도 기술이 인간을 위해 만들어졌다는 것을 망각해서는 안 된다는 것이다.[7]

4차 산업혁명 AI시대에 무엇보다 기존의 대학들이 위협을 받는 가장 큰 원인은 지식 습득 위주인 기존 교육체계가 붕괴 위기에 놓였기 때문이다. 여기서 에듀테크Edu Tech가 가져올 교육혁명의 여섯 가지 논의는 우리에게 시사점을 준다. ①교사가 AI로 대체될 것이다. ②현실보다 현실감 있는 가상현실 교육이 등장할 것이다. ③학생이 교사가 되고 교사가 학생이 되는 세상이 온다. ④전통적 학교는 종말을 맞을 것이다. ⑤국영수 및 암기과목 중심의 교육과정이

決하기 위한 모델로 登場한 多單語이다. 이는 곧 敎育과 技術이 結合하여 새로운 패러다임의 敎育을 創出해내는 것을 意味한다."

6 신현주 · 김문주, 〈刑事司法 분야에서에서의 로봇 技術 活用에 對한 人文學的 考察〉,
   《韓國治安行政論集》(13), 114쪽.

7 채행석, 〈4次 産業革命時代의 人文學의 役割-人間 中心의 서비스 디자인 工學을 中心으로〉, 233쪽.

아닌 새로운 교육과정이 등장한다. ⑥게임과 교육을 접목한 재미있는 교육이 활성화될 것이다.[8] 한편, 이러한 인간과 AI의 공존의 시대에 인성교육 논의와 함께 반드시 논의되어야 할 것이 범죄의 정의이다. 범죄의 정의는 상대적이기 때문에 그 개념을 정의하는 것은 쉽지 않다. 이와 관련하여 중요한 문제는 AI에게 사람과 대등한 법적 지위를 인정해야 하는가이다. 현행법에서는 AI가 자신이 수집한 정보와 예측한 결과에 따라 사고를 냈다 할지라도 처벌할 방법이 없다. 동물이 사람을 해쳐도 그 동물을 직접적으로 처벌할 수 없는 것과 마찬가지이다.[9]

이와 같이 지식 습득 교육이 붕괴하면서 그 자리는 4차 산업혁명 AI시대가 상징하는 미래 혁신기술로 대체되고 있다. 이제는 우리가 습득하기 위해 노력한 도구적 기술 등이 더 이상 필요하지 않을 수 있다. 결국 현재와 같은 학교체제는 사라질 것이란 우려 속에서 우리 교육은 향후 어떻게 미래를 대비할 것인가? 이러한 논의를 공맹의 인성교육적 실천철학인 인성론에서 시작해 본다.

유학사에서 인간 본성에 관한 두 가지 이론은 맹자(BC 372?~BC 289?)의 성선설과 순자(BC 298~BC 238)의 성악설이다. 공자의 '인'의 함의를 발전시킨 맹자는 고자(?~?)와의 논쟁에서 성선설을 인간의 기본 본성으로 수립한다. 그 근거는 사람이라면 지니고 있는 사단지심이다. 이것은 측은지심, 수오지심, 사양지심, 시비지심을 말한다. 이 선한 본성의 논의는 동양철학사의 기본 축으로 성립되어 왔다. 순자

---

[8] 홍정민, 《4次 産業革命 時代의 未來敎育 에듀테크》, 36~39쪽.

[9] 신현주 · 김문주, 〈刑事司法 分野에서에서의 로봇 技術 活用에 대한 人文學的 考察〉, 117쪽.

의 성악설은 인간의 본성을 인위적으로 조정해야 함을 역설한다. 인간을 도덕적인 존재로 보는 맹자와 이기적인 존재로 보는 순자의 견해는 상반되지만 궁극적인 목적은 같다. 필자는 이 비유를 각기 입장의 출발점은 다르지만 지향하는 목표는 동일하다고 제언한다. 맹자는 끊임없이 나의 선한 본성을 확충할 것(확이충지)을 말했고, 순자는 악한 본성을 인위적인 교육으로 선하게 제어할 것을 제시한다. 인간의 선한 본성은 사회적 악으로 흐를 수 있기 때문에 적절한 확충과 조절·통제가 필요하다.[10] 맹자가 비유한 어린아이가 우물로 들어가는 경우 누구나 선한 단서인 양심이 발로하여 이 아이를 구하게 된다. 이것이 유학의 기본 질서이다. 순자가 제시한 악의 근거는 "인간은 나면서부터 이익을 좋아한다"는 것이다.[11] 이 명제는 선악으로 규정할 수 없지만 그것을 조절·통제하지 못하고 내버려 둔다면 그것은 사회적 악이 된다. 이 도덕의식을 가장 잘 설명하는 방법은 우리에게 있는 죄악감(불안감)을 비유할 때이다. 즉, 우리에겐 한편에는 죄악감이 있고, 한편에는 도덕감이 있다. 인간이 도덕적 존재라는 것은 누구라도 양심을 갖고 있고, 그렇게 살아갈 것이라는 데 누구나 동의한다는 사실이다. 이제 우리는 동양철학의 본성 이론으로부터 그 지혜를 찾고 현재에 적용하고자 노력해야 할 것이다. 여기서 '인성'의 개념은 두 가지 사전적 정의, 곧 '사람의 성품'과 '각 개인이 가지는 사고와 태도 및 행동 특성'을 함께 말하고 있다.[12] 본 글

---

10 유성선, 〈孟子 荀子의 心論研究〉, 《江原人文論叢》(12), 江原大 人文科學研究所, 2004, 445~466쪽 參照.

11 《荀子》〈性惡〉. "人之性惡, 其善者僞也."; 《荀子》〈禮論〉. "性者, 本始材朴也, 僞者, 文理隆盛也. 無性則僞之無所加, 無僞則性不能自美."

12 韓國敎育學會, 《人性敎育》, 문음사, 1998, 15~16쪽 參照.

에서 논하는 실천철학인 인성교육은 유가철학에 기초하고 있으므로, 인성교육의 범주 역시 공맹 중심의 유가철학이다. 유학사상에서 인성personality 개념은 '솔성', 즉 천성을 따르는 것으로 순선한 사단이 모두 포함된 것이지만, 칠정의 작용에 따라 선이 될 수도 있고 악이 될 수도 있다. 이러한 논의는 2,500여 년간 유학자들이 고민해 온 학설들이다.[13]

먼저 우리는 동양철학을 어떻게 이해하고 설명할 것인가? 일반인들은 철학 하면 먼저 담론으로 골목길에서 점사를 하는 '철학관'을 비유하곤 한다. 일반 다중의 '철학관'에서 행해지는 작업들이란 사주, 궁합, 관상, 작명, 점술 등이다. 여기에 동양철학의 몰이해와 선입견을 더한다면 불로장생술, 축지법, 둔갑술 등을 발휘한 신선, 도사, 괴짜 등이 우리 뇌리의 한구석에 자리 잡고 있다. 사실, 이상의 것들은 동양철학의 근본 정통성에서 본다면 잡술로 자리하는 것들이다. 인문학과 동양철학의 선입견·몰이해의 책임은 무엇보다 전문학자의 무자각과 교육의 부재임을 밝혀 둔다. 필자는 본 장에서 '철학의 재발견'을 통한 동양철학의 인성교육적 철학실천의 기초와 근본 정신을 논의하려고 한다.

동양철학에 대한 실제적이고 논리적인 접근 방법은 산행과 헤엄치기이다. 동양철학은 강원대학교 오솔길을 거니는 가벼운 산책에서 시작한다. 눈을 돌려 춘천의 진산인 봉의산을 올라 춘천시를 조망해 보기도 한다. 이는 정신수양과 육체 단련을 통해 설악산과 지리산, 최고봉인 에베레스트까지 산행하는 단계적 오름과 같다. 헤엄치기의 자유로움은 물의 법칙과 같다. 노자는 '최상의 선은 물과 같

---

13 강선보 외, 《人性敎育》, 양서원, 2008, 19쪽 參照.

다(上善若水)고 했다. 물은 위에서 아래로, 높은 곳에서 낮은 곳으로, 북쪽에서 남쪽으로, 동쪽에서 서쪽으로 흐른다. 또한 물은 한 방울에서 시작하여 계곡-시내-강을 흘러 대해로 모여든다. 한마디로 어김이 없이 흐르면서 바다가 모두를 포용한다. 따라서 동양철학은 가장 높은 산을 끊임없이 오르고, 깊고 드넓은 바다를 자유롭게 헤엄치는 것과 같다. 만일 산과 바다에 나아갈 준비가 되어 있지 않다면 오르지도 못할 뿐더러 개구리헤엄에 지나지 않을 것이다. 이 준비가 바로 동양철학의 근본 정신이자 인성교육적 철학실천을 탐구하는 길이다.

동양철학의 인성교육적 철학실천은 지식보다 생명을 중시하는 사상이다. 우주론 관점에서 서양은 인간과 자연이 각기 독립적인 탐구 대상으로 분리되었지만, 동양철학은 인간이 자연을 포용·포섭하는 시스템이다. 현재 서양의 인문과학과 자연과학에서는 자연과학의 폐해가 한계에 도달했으며, 이 한계를 수정하고 보완할 방법과 방안으로 서양 인문학자들의 동양철학에 대한 관심 또한 지대해졌다. 전지구적 환경위기와 근래의 사스를 비롯한 바이러스의 유포 등으로 오히려 동양철학의 인성교육적 철학실천이 절실하게 요청되기도 한다. 동양철학은 현재에도 인성교육적 철학실천의 도덕적 이론을 구비하고 있고, 생활의 지혜와 21세기 미래 비전을 함축하고 있다. 다만 동양철학의 재창출에는 '전통의 현대적 수용'이라는 단절과 연속성의 과제가 자리한다. 왜냐하면 우리는 여전히 과학기술 문명을 발전시켜야 하고, 가치관의 갈등을 치유할 동양철학의 인성교육적 철학실천을 준비해야 되기 때문이다. 동양철학의 인성교육적 철학실천은 '가치 있는 삶'(도덕적인 삶)과 '자유로운 삶'에 대한 탐구와 실천을 근본 문제로 삼는다. 여기서 '가치 있는 삶'을 확보하기 위한 노력은 유교의 핵심이고, '자유로운 삶'을 확보하기 위한 노력은 도교와 불교의 핵심이라고 할 수 있다. 유학은 공맹 이후 1,200여 년간의 도통을 이은 송명유학의 신유학에 힘입어 중국 원나라에서 고려 말에 수입되어 600여 년간 조선의 통치이론으로 작동하였다.[14]

유학의 인성교육과 수양공부

전문학자들은 21세기 동양철학의 가장 중요한 영역은 '인성교육'이라고 대체로 제시한다. 임마누엘 칸트Immanuel Kant(1724~1084)가 언급했듯이 역사에 의미를 부여하는 주체는 '인간'이며, 인간이 가치 있는 미래를 이끌어 갈 수 있는 것도 인간이 갖고 있는 도덕적 가능성에서 그 근거를 찾을 수 있다. 칸트가 강조하듯이 인간의 도덕적 (행위) 가능성을 제시한 인성교육적 철학실천의 영역은 인간의 마음을 떠나서는 제대로 논의될 수 없다. 21세기는 인간성 상실을 치유해야 할 시기이다. 이는 인간의 자기반성을 기본으로 한다. 먼저 유학에서 만물을 어떻게 규정하는가의 문제와, 도덕행위의 주체인 인간과 존재물의 관계는 어떻게 설정되었는가의 문제를 해결해야 한다. 왜냐하면 유학에서는 모든 존재물의 존재 근거를 도덕으로 삼기 때문에 도덕의 원리가 곧 존재의 원리이기 때문이다. 유학자들이 말하는 삶은 '끊임없이 도덕을 실천하는 과정'으로서의 삶이다. 이를

---

[14] 유학에서 만물을 어떻게 규정하는가의 문제와 도덕행위의 주체인 인간과 존재물의 관계는 어떻게 설정되었는가의 문제를 해결해야 한다. 왜냐하면 유학에서는 모든 존재물의 존재 근거를 도덕으로 삼기 때문에 도덕의 원리가 곧 존재의 원리이기 때문이다. 왜냐하면 유가는 도가나 불교와는 달리 현실적인 삶을 긍정하였고, 자신의 삶에 대하여 모든 행위를 스스로 조정해 나가려는 주체적 역량의 확충을 강조하였기 때문이다.

위해 유학자들은 자신의 행위를 스스로 결정하고 조절하기 위한 근거로서 '내재적 도덕성', '도덕적 주체성'을 중시하였다. 이러한 '도덕적 주체성' 확보를 위한 논의는 인간의 마음에 관한 탐구를 중심으로 진행되었기 때문에, 유학을 '심성지학心性之學'이라고 전언한다. 유학의 주된 흐름은 '무엇이 선심善心인가', '어떻게 그러한 선심善心을 알 수 있는가'라는 문제에 관심을 갖기보다는, '어떻게 선심善心을 실천할 것인가', '우리의 생명 중 내재된 선한 본성을 어떻게 체현할 것인가'에 주력하였다고 할 수 있다. 전통적 유학자들은 인간의 본성이 선하다는 것을 인정하고, 어떻게 하면 선한 본성을 실현하고 인간의 사욕을 주체적으로 조절하고 통제할 것인가에 자신의 학문 목표를 두었다. 이것은 자신의 도덕적 수양과 사회정의의 실현을 의미한다. 또한 유학자들은 이론을 몸소 실천하는 데 중점을 두었다. 그들의 마음에는 주체적으로 올바르게 살아가겠다는 강인한 신념이 자리하고 있었다. 여기서 우리는 성리학이 어떠한 장치를 통해서 인간의 선을 보장할 수 있을 것인가에 관해 고민한 흔적을 살펴볼 수 있다. 이와 동시에 그들이 현실적으로 나타난 '악'의 문제에 많은 관심과 대처 방안을 모색했음을 알 수 있다.[15]

연전에 오리엔탈리즘의 부활 논의가 활발하였다. 'orient'의 의미는 '해 뜨는 동쪽'이다. 그 잣대는 서양이며, 서양의 판단 기준으로 오리엔트는 인도와 중국이 아닌 이슬람 권역으로 볼 수 있다. 그러나 오리엔탈리즘 부활 논의의 주체는 서양인의 입장에서 주목한 동양철학이다. 이 함의의 부활 이유는 다양하다. 서양의 천박한 자본주의가 양산한 도덕적 타락, 환경오염, 90년대 공산주의 몰락 등이

---

[15]　兪成善,《栗谷李珥의 修養工夫論》, 國學資料院, 2002 參照.

다. 그중에서 가장 대두된 이론은 유교문화권의 유교자본주의론이다. 이러한 동양철학의 논의는 그 허와 실을 중심으로 현재진행형이다. 동양에는 '철학'이란 용어가 없다. '철학'은 philos(사랑한다)와 sophia(지혜)가 합쳐진 philosophy의 한자 번역어이다. 이 '철학'이란 용어는 1862년 네덜란드에서 유학한 일본철학자 니시 아마네西周(1829~1897)가 번역한 것으로 그 용례가 굳어진 것이다. 이 양자의 의미는 다르지만 같은 의미로 통용되곤 한다. 이제 유교의 이론을 빌어 인성교육적 철학실천의 허와 실을 논의해 보자.

한국인은 장유유서처럼 위아래를 항상 엄격하게 구분한다. 위아래를 정하는 방법 중 하나가 연령(나이)이다. 즉, 서양처럼 수평적(공시적共時的)인 문화보다 수직적(통시적通時的)인 문화가 발달하였다. 이 수직적 DNA는 개방적인 대학사회 문화에서도 통용되곤 한다. 회합에서 먼저 이름을 밝히고 성씨가 다르면 그 다음으로 나이를 비교해서 위아래를 반드시 밝히게 된다. 현재도 회합이나 종중회에서는 성씨가 같은 본관이고 항렬이 높으면 나이 어린 사람에게도 종종 경어를 사용하는 사례가 있다. 대학에서도 보통 처음 인사를 나눌 때 학번, 학과, 이름 순으로 소개한다. 학번이 먼저 등장하는 것은 나이를 통해 위아래 관계를 밝히는 것이고, 학과는 소속을 밝히는 것이며, 이렇게 상하관계가 밝혀진 다음에 중요한 '나'가 등장한다. 이 장유유서의 수직적인 문화는 복잡한 경어 체계를 만들어 냈다. 수직적인 질서관과 더불어 유교가 우리 사회에 끼친 영향은 여성의 수난사와 남녀간의 차별을 만들고, 유교의 가장 두드러진 특징은 효의 강조로 이어졌다. 즉, 우리 가족이 모든 면에서 우선순위에 놓이게 된다. 일례로 족보에 대한 한국인의 애정은 경황이 없는 상황에서도 족보만은 챙길 정도로 강했다. 여기에는 우리가 해결해야 할 학연·

혈연·지연의 명암이 드리워져 있다. 그럼에도 불구하고 유교의 장점으로 한국의 특수성인 선비상이 존재한다.

유교의 바람직한 상은 도의를 실천하는 선비이다. 선비는 인격의 완성을 위한 인성교육적 철학실천으로서 끊임없이 학문에 힘쓰며 대의를 위해서는 목숨도 초개같이 버릴 수 있었다. 선비는 항상 지조와 절개를 생명처럼 여겼으며, 현실적 이해관계에 연연하지 않고 현실을 비판하였다. 선비는 신념에 어긋나는 일이면 수직적 신분관계인 국왕은 물론이고 누구에게도 절개를 굽히지 않았다. 고려 말 절의의 상징인 정몽주(1338~1392), 조선조 사육신[16]과 생육신,[17] 구한말의 의병운동, 1900년대 독립운동 등은 세속의 이익을 고려하지 않고 명분과 의리를 중시하고 행동으로 실천한 선비정신에 그 뿌리를 둔다. 16세기의 대표적인 유학자 율곡 이이는 선비의 의리정신을 마음에 담아 옛 성현의 도를 사모하고, 행실을 삼가며, 법도에 맞는 말을 하고, 공론을 지녀야만 참다운 선비라고 하였다. 이러한 선비정신의 이론적 기초는 맹자가 공자의 인을 측은지심·수오지심·사양지심·시비지심 등의 사단지심으로 설명한 데서 비롯되었다. 인간은 태어날 때부터 선한 본성을 지니고 있기 때문에 비로소 동물과 구별되는데, 이 점이 바로 인간이 인간인 이유다. 맹자는 인간의 이런 본성은 어떤 특정한 인간만이 가지고 있는 것이 아니라 인간이라면 누구나 본래적으로 가지고 있다고 설명한다. 그렇기 때문에 인간은 누구나 유학의 최고 목표인 완전한 인격자로서의 성인聖人·군자君子가

---

[16] 성삼문成三問·하위지河緯地·이개李塏·유성원柳誠源·박팽년朴彭年·김문기金文起.

[17] 김시습金時習·원호元昊·이맹전李孟專·조려趙旅·성담수成聃壽·남효온南孝溫.

될 수 있다는 주장이다.

대대로 동양철학에서는 사상과 학파를 불문하고 '대동大同'의 범주를 이상사회로 제시했다. 이 논거는 《예기》〈예운〉편이 출전이다.

> 대도가 행해지니, 천하는 모든 사람의 것이다. 현명한 자를 뽑고, 능력에 따라 관직이 수여된다. 사람들은 자신의 어버이만을 따로 섬기지 않고, 자기 자식만을 따로 보살피지 않는다. 노인으로 하여금 편안하게 여생을 보내게 하며, 장년은 그 쓰이는 바가 있게 하고, 어린이는 잘 자라게 한다. 과부와 홀아비, 병든 자는 모두 보살핌을 받는다. (…) 재물이 땅에 버려지는 것을 싫어하지만, 굳이 저장(저축)할 필요는 없다. 스스로 노동하는 것을 싫어하지 않지만, 꼭 자신만을 위해 일하지 않는다. 그러므로 은밀한 꾀가 생기지 않고, 도적과 난적이 나오지 않는다. 그러므로 대문을 걸어 잠글 필요가 없다.[18]

동양철학에서 '대동'의 실천은 서양의 Give 문화나 노블레스 오블리주Nobless Oblige 범주보다 수천 년 앞선 덕목이다. 사실 '대동'의 범주는 소외계층에 대한 배려와 내 마음을 덜어 내는 의미를 담고 있다.

유학사에서 인간 본성에 관한 두 가지 이론은 맹자의 성선설과 순자의 성악설이다. 맹자는 고자와의 논쟁에서 성선설을 인간의 기본 본성으로 수립한다. 그 근거는 사람이라면 지니고 있는 사단지심(측은지심, 수오지심, 사양지심, 시비지심)이다. 이 선한 본성의 논의는 동

---

[18] "大道之行也, 天下爲公, 選賢與能, 講信修睦. 故, 人, 不獨親其親, 不獨子其子, 使老有所終, 壯有所用, 幼有所長, 矜寡孤獨廢疾者, 皆有所養, 男有分, 女有歸, 貨惡其棄於地也, 不必藏於己, 力惡其不出於身也, 不必爲己. 是故, 謀閉而不興, 盜竊亂賊而不作, 故, 外戶而不閉, 是謂大同."

양철학사의 기본 축으로 성립되어 왔다. 순자의 성악설은 인간의 본성을 인위적으로 조정해야 함을 역설한다. 인간을 도덕적인 존재로 보는 맹자와 이기적인 존재로 보는 순자의 견해는 상반되지만 궁극적인 목적은 같다. 필자는 이 비유를 입장의 출발은 다르지만 지향하는 목표는 같다고 제언한다. 맹자는 끊임없이 나의 선한 본성을 확충할 것을 말했고, 순자는 악한 본성을 인위적인 교육으로 선하게 제어할 것을 주문한다. 인간의 선한 본성은 사회적 악으로 흐를 수 있기 때문에 적절한 확충과 조절·통제가 필요하다.

맹자가 예로 든 어린아이가 우물로 들어가는 경우 누구나 선한 단서인 양심이 발로하여 이 아이를 구하게 된다.[19] 이것이 유학의 기본 질서이다. 순자의 악의 근거는 "인간은 나면서부터 이익을 좋아한다"는 것이다. 이 명제는 선·악으로 규정할 수 없지만 그것을 조절·통제하지 못하고 내버려 둔다면 그것은 사회적 악이 된다. 이 도덕의식을 가장 잘 설명하는 방법은 우리에게 있는 죄악감(불안감)을 비유할 때이다. 즉, 우리에겐 한편에는 죄악감이 있고, 한편으로는 도덕감이 있다. 인간이 도덕적 존재라는 것은, 동서의 어느 누구라도 양심을 갖고 있고 그렇게 살아갈 것이라는 데 누구나 동의한다는 것이다. 그래서 양심에 일치하는 행위를 할 경우엔 선한 행동이

---

[19] 《孟子》〈公孫丑〉上. "孟子曰: 〈人皆有不忍人之心. 先王有不忍人之心, 斯有不忍人之政矣. 以不忍人之心, 行不忍人之政, 治天下可運之掌上. 所以謂人皆有不忍人之心者, 今人乍見孺子將入於井. 皆有怵惕惻隱之心; 非所以內交於孺子之父母也. 非所以要譽於鄉黨朋友也, 非惡其聲而然也. 由是觀之, 無惻隱之心, 非人也. 無羞惡之心, 非人也. 無辭讓之心, 非人也. 無是非之心, 非人也. 惻隱之心. 仁之端也; 羞惡之心, 義之端也; 辭讓之心, 禮之端也; 是非之心, 智之端也. 人之有是四端也, 猶其有四體也. 有是四端而自謂不能者, 自賊者也; 謂其君不能者, 賊其君者也. 凡有四端於我者, 知皆擴而充之矣, 若火之始然, 泉之始達. 苟能充之, 足以保四海; 苟不充之, 不足以事父母."

고, 그렇지 못한 행위를 할 경우엔 악한 행동이 된다. 우리가 거짓말이나 도둑질을 할 경우 도덕감과 불안감이 있어서 우리의 양심이 선한 쪽으로 제어되곤 한다. 이제 우리는 이러한 동양철학의 인성교육적 철학실천의 본성 이론으로부터 그 지혜를 찾고 현재에 적용하고자 노력해야 할 것이다. 이것이 인성교육의 첫걸음이다.

인성교육적 철학실천

유학에서 도덕적 질서는 우주의 질서이며, 우주의 질서는 도덕적 질서라고 할 수 있다. 따라서 유학의 질서의식은 도덕에서 시작하여 도덕으로 마무리된다. 유학은 선진유학에서 송명리학으로 발전하였고, 12세기 고려 말에 전래되어 조선 시대의 통치학으로 작동하였다. 이러한 추세는 모두 '도덕적 주체성'의 강조와 '도덕적 형이상학'을 주제로 한 일종의 변주이다. 또한 유학의 '천인합일', '만물일체'관은 인간이 지닌 도덕적 주체성의 무한한 전개이다. 이는 우주 질서와 인간의 질서를 합일하려는 노력이자 자기 자신과 타인, 사회를 윤택하게 하고 나아가 우주만물과 일치하려는 정신적 경지의 표현이다. 우리는 인간 본성론을 이해함으로써 인간의 '진실한 주체성'을 이해할 수 있었다. 전통 유학자들은 인성교육적 철학실천으로 인간의 본성이 선하다는 것을 인정하고, 어떻게 하면 선한 본성을 실현하고 인간의 사욕을 주체적으로 조절·통제할 것인가를 밝히는 데 자신의 학문 목표를 두었다. 또한 유학자들은 인성교육 이론을 몸소 실천하는 데 중점을 두었다.

원시유학은 송나라에 이르러 남송의 주희(1130~1200)가 집대성한 학문인 신유학neo-confucianism으로 자리 잡게 된다. 신유학은 남송의 학문이란 의미로 '송학', 주희가 완성하여 '주자학', 정이천과 주희의 성을 따서 '정주학', 유학의 도를 추구한다는 의미에서 '도학'이라고 불린다. '신新'이란 용어는 도통이 끊어진 선진유학을 계승하고 재해석하자는 의미이다. 성리학의 '성', '리' 등의 범주는 불교·도교에서 차용하면서도 도리어 불교·도교를 반박하고 비판하는 이론이 되었다. 주자학의 기본 논의는 '본성이 바로 이치'라는 '성즉리性卽理'이다. 일반적으로 송명리학은 '리학理學'과 '심학心學'으로 구분된다. 그중에서 정이천과 주희의 '리학'은 만물의 형성을 '리'와 '기'라는 두 범주를 통해 설명한다. '리'는 우주의 근원이요, '기'는 그 재료라고 할 수 있다. 그리고 '심성론'에서도 '리'와 '기' 범주를 사용하여 설명한다. 즉, '성性'은 '리理'로, '심'과 '정情'은 '기氣'로 설명된다. 사실 주자학의 시스템은 주희 사후 2년(1202)만에 복권되고, 1313년에는 주희의 주석註釋들이 과거 제도의 정통적인 텍스트이자 모범답안으로 제시된다. 이러한 유교의 정통적인 시스템은 조선시대에도 전적으로 수용되어 확립된다.

송명 시대에 이르러 《중용》과 《맹자》의 성性을 천지지성, 의리지성으로 종합하였고, 고자, 순자, 동중서(BC 176~BC 104), 왕충(27~99) 등이 자연생명으로 범주화한 성을 바꾸어 기질지성으로 융합하였다. 다만 기질의 변화는 천지지성을 기준으로 변화됨을 말한다. 송명리학의 어젠다인 '천리를 보존하고 인욕을 조절통제하는(存天理去人欲)' 수양공부는 기질지성을 극복하여 본연지성을 회복하는 성인의 길이다. 이 수양공부론은 유학의 중요한 근간으로, 이기심성론과 밀접한 관계를 지닌다. 수양공부론은 인식론과 윤리학이 결합된 형태이다. 또한 서양철학에서 말하는 공부론과 그 특징이 사뭇 다르다. 수양공부론은 도덕적 주체성 확립과 합리적 인격 수양을 위한 치밀한 이론이자 실천강령이다.[20] 이 수양공부를 통해 우리가 체득하게 되는 것은 인성교육적 철학실천의 '대공무사大公無私'한 도덕적 인격이다. 21세기에 닥친 난관을 극복하기 위해 요청되는 인격은, 지적 능력을 가진 인격이라기보다 도덕적 능력을 지닌 인격이다. 이 도덕적 인격은 현대의 인문학에서 절실하게 요청된다. 왜냐하면 우리는 기질적인 욕망과 외부의 환경에 항상 노출되어 있기 때문이다. 따라서 유학에서의 끊임없는 인성교육적 철학실천의 수양공부로 이상적인 인격을 완성할 수 있다.

《논어》에서 '인'의 함의를 논의한 내용은 58차례 나오는데, 위인유기爲仁由己로서 의미의 인은 주로 도덕행위를 설명하는 과정에서 주로 쓰였다.[21] 이와 같이 공자는 인성의 본체인 '인'을 자신으로부터 나오며, 다른 사람의 의지와 무관하다고 말하였다. 또한 제자들의 물음에 대하여 제자들의 학습 정도와 상황에 따라 인의 방법을 달리 설명하고 있다.[22]

---

[20] 유학에서는 존재의 제일 원리를 도덕으로 규정하기 때문에 '만물은 마땅히 어떻게 존재해야만 하는가'라는 당위론적인 입장에서 존재의 원리를 탐구한다. 천도·천리·천명·태극·소이연지리·소당연지칙·심성·仁心·양지 등은 모두 이러한 기본 원칙 아래에서 체험된 근본 원리 혹은 실체이다. 유가철학의 형이상학을 도덕 형이상학이라고 말하는 이유가 바로 여기에 있다. 유학은 궁극적으로 성인이 되기 위한 학문, 즉 聖學이며 성인이 되는 것은 도덕적인 측면에서 이상적인 인간이 된다는 것을 의미한다. 결국 유학은 道德的 主體性을 확립하고자 하는 기본적인 목적이 그 바탕에 깔려 있고, 그렇기 때문에 유학에서는 수양공부론이 중요할 수밖에 없다.

[21] 유성선·황정희, 〈孔子의 '爲仁由己'를 通한 道德的 不安感 硏究 - 哲學治療의 不安 解消를 中心으로〉, 《孔子學》(31), 孔子學會, 2016, 5~39쪽 參照. 《論語》〈里仁〉 4. "苟志於仁矣, 無惡也."; 《論語》〈述而〉 29. "仁遠乎哉? 我欲仁, 斯仁至矣."; 《論語》〈顔淵〉 1. "爲仁由己, 而由人乎哉?"; 《論語》〈堯曰〉 2-2. "欲仁而得仁, 又焉貪?"

[22] 《論語》〈顔淵〉 22. "樊遲問仁, 子曰, 愛人."; 《論語》〈子路〉 19. "樊遲問仁. 子曰, 居處恭, 執事敬, 與人忠, 雖之夷狄, 不可棄也."; 《論語》〈顔淵〉 3. "司馬牛問仁, 子曰, 仁

맹자는 공자의 인학을 발전시키면서 성선설을 주장한다. 성선설은 사람이 본래부터 가지고 있는 사단지심을 통해 성을 설명한다. 물론 공자는 인을 사람의 본성이라고 직접 말하지 않았지만 맹자는 공자의 인을 인심으로 여기기 때문에 인성에 끌어 놓았다.[23] 이것은 사람에 대한 믿음을 바탕으로 하는 유가사상에서 성선을 준거하여 밝혀야 하는 이유이다.[24] 맹자의 성선은 보편적 도덕성으로서 사단을 설명한다.[25] 이와 같이 맹자는 사단을 인성의 단초로 여겼다. 인성 교육의 답은 인성에 있다. 인성의 범위는 본성·감성·이성이고, 본성은 인의예지의 사단이며, 감성은 희노애락애오욕인 칠정이고, 이성은 기질지성이다. 맹자는 사단을 넓혀 채움으로써 호연지기에 이른다고 하였다. 맹자는 사단의 확충을 제언하였다.[26]

존덕성 및 도문학을 중시한 주희는 '심'을 '기'로 간주하고, 그것은 '리理'를 인식할 수 있는 능력을 지닌다고 보았다. 사람이 지혜를 충분히 활용하지 못하는 것은 사물이 갖고 있는 것을 충분히 알지 못하기 때문이니 격물치지의 배움, 성심과 존심을 궁구해야 한다. 존덕성과 도문학은 유가에서 제시하는 대표적 수양 방법으로 《중용》

者, 其言也訒. 曰, 其言也訒, 斯謂之仁已乎 ? 子曰, 爲之難, 言之得無訒乎."

23 李明漢, 〈牟宗三 先生의 孟子 性善論 解釋〉, 《中國學報》(第58集), 中國學會, 2008, 376쪽 參照.

24 조경희, 〈先秦儒家의 人性論的 敎育觀 硏究〉, 成大 碩士學位論文, 2000, 39쪽 參照.

25 《孟子》〈公孫丑〉上 6-4, 5. "無惻隱之心, 非人也, 無羞惡之心, 非人也, 無辭讓之心, 非人也, 無是非之心, 非人也. 惻隱之心, 仁之端也. 羞惡之心, 義之端也. 辭讓之心, 禮之端也. 是非之心, 智之端也."

26 《孟子》〈公孫丑〉上 6-7. "凡有四端於我者, 知皆擴而充之矣, 若火之始然, 泉之始達. 苟能充之, 足以保四海, 苟不充之, 不足以事父母."

에 보인다.[27] 《대학》은 삼강령에 나오듯이 지선의 학문[28]이고, 《중용》은 지성至誠의 학문[29]이다. 사실 인간 마음의 경중과 심박은 알 수 없지만, 자신의 마음은 스스로 알기 때문에 맹자는 방심하지 말고 존심해야 한다고 하였다. 그렇지만 이기심이 팽배하여 물질이 정신을 앞선 지금은 '윤집궐중允執厥中'의 교훈이 절실히 요구된다. '윤집궐중'은 교육에 있어서 최종 단계이며, 인성교육에도 같이 적용된다. 아이작 아시모프Issac Asimov(1920~1992)가 1942년에 처음 언급한 로봇공학의 3대 원칙은 다음과 같다. ①제1법칙(해악 금지의 원칙): 로봇은 인간에게 상해를 입혀서는 안 되며, 또한 위험에 처한 인간을 모른 체해서는 안 된다. ②제2법칙(명령 복종의 원칙): 제1원칙에 위배되지 않는 한, 로봇은 인간의 명령에 복종해야 한다. ③제3법칙(자기보호 원칙): 제1원칙 및 제2원칙에 위배되지 않는 한, 로봇은 자기 자신을 지켜야 한다. 여기서 로봇이 자신의 도덕적 직관으로 판단해서 상황에 개입할 수 있는지의 문제를 보면, 아시모프의 제1원칙은 개입을 허락하지 않는다. 또한 상호 다른 인간이 서로에게 상충된 명령을 내릴 경우에는 어떻게 행해야 하는지 판단할 수 있을 것인가의 문제는 제2법칙에서 발생한다. 기술 발전의 속도상, 스스로 감정을 느끼며 그것에 의해서 자율적 판단을 행할 수 있는 AI는 우리 인간들 삶 속에 이미 들어와 있다. AI는 그냥 기계일 뿐, 인간이 조절

---

[27] 《中庸》27. "大哉 聖人之道! 洋洋乎 發育萬物 峻極于天 優優大哉 禮儀三百 威儀三千 待其人而後行 故曰苟不至德 至道不凝焉 故君子尊德性而道問學 致廣大而盡精微 極高明而道中庸 溫故而知新 敦厚以崇禮 是故居上不驕 爲下不倍 國有道 其言足以興 國無道 其黙足以容 詩曰 旣明且哲 以保其身 其此之謂與."

[28] 《大學》1-1. "學之道在明明德, 在親民, 在止於至善."

[29] 《中庸》26-1. "至誠無息."

·통제만 할 수 있다면 아무런 문제도 일어나지 않을까? 또한 인간이 생각하지 못한 위험성은 존재하지 않을까? 생각해 보아야 한다.[30] 공자가 인성의 본체를 인으로 설명한 것을 맹자는 조금 더 구체적인 조목으로 설명하는데 그것이 사단四端이다. 맹자는 공자의 천명인 '인'을 사단의 마음으로 설명한다. 인의예지는 드러나지 않은 본성이며 '사단지심'은 드러난 단서로서의 도덕적 감정이다.[31] 이러한 자기계발의 인성교육은 바로 우리의 전통이 잘 보존된 향교·서원에서 전통의 현대적 해석인 인성교육 프로그램 개발을 통해서 구현되리라고 믿는다. 여기서 '시카고 플랜'의 예를 동서양 고전의 습득 같은 형식으로 벤치마킹할 만하다. 시카고 플랜은 "철학 고전을 비롯한 세계의 위대한 고전 100권을 마스터하지 않은 학생은 졸업시키지 않는다"라는 인문학 교육 플랜이다. 시카고대학은 1929년까지 40여 년간 3류 대학이었지만 시카고 플랜 시행 이후 2000년대까지 졸업생이 받은 노벨상은 73개에 이르렀다.[32]

---

30 신현주·김문주, 〈刑事司法 分野에서에서의 로봇 技術 活用에 對한 人文學的 考察〉, 124~125쪽. "1947年에 아시모프는 이러한 로봇工學 第3法則의 第1法則을 修訂한다. 〈修訂 第1法則: 로봇은 人間에게 害를 끼쳐서는 안된다.〉 原來 提示된 第1法則과 比較해서 修訂된 第1法則은 人間에게 조금의 害를 끼치더라도 一旦 人間을 求해야 한다는 解釋이 可能하다. 그런데 로봇 工學의 法則이 修訂 可能하다는 것은 로봇의 狀況은 얼마든지 달라질 수 있다는 暗示이다. 그는 1985年 이러한 3가지 法則에 優先되는 第10法則을 追加한다. 〈第10法則: 로봇은 人類에게 害를 끼치지 않아야 하며, 人類의 危險에 처할 때 對處하지 않아 人類에게 害를 입히지 않아야 한다.〉 그런데 이 法則에서 말하는 人類(humanity)는 어떻게 定義할 것인가의 問題이다. 普遍的 人類를 어떻게 範疇化할 것인가의 問題를 말한다. 人間을 위해 勞力하는 로봇이 더 人間的인 模襲을 하는 種(species)이 아닐가 한다."

31 《朱子語類》 卷53, 《孟子》 3. "仁義禮智, 是未發底道理, 惻隱羞惡辭讓是非是已發底端倪."

32 홍정민, 《4次 産業革命 時代의 未來敎育 에듀테크》, 141쪽.

현재적 의의과 전망

2,500여 년 동안 이어진 인성교육적 철학실천인 유교는 자본주의의 경제성장에 긍정적인가 부정적인가? 1997년 동아시아 금융 위기와 IMF의 파고를 겪으며 유교는 자본주의 발전의 장애물로 평가받았다. '도덕적 해이moral hazard', '정실(패거리) 자본주의crony capitalism' 등의 극단적이고 신랄한 비평이 쏟아졌다. 그리고 유교자본주의 논의는 유교적 전통이 강한 한국에서 유행성 냄비 습성으로 금세 식어 버렸다.

유학자들은 성선설의 입장에서 인仁과 의義의 범주를 지켜야 할 덕목으로 인정했다. 특히 맹자가 강조한 부자유친父子有親·군신유의君臣有義·부부유별夫婦有別·장유유서長幼有序·붕우유신朋友有信의 오륜五倫이 있고, 동중서가 친親·의義·별別·서序·신信에 부합하는 오성五性의 인仁·의義·예禮·지智·신信을 지목하여 오상五常이라 했다. 삼강三綱은 오륜 등의 범주와 함께 전해졌지만, 송나라에 이르러 주희 등이 군위신강君爲臣綱, 부위자강父爲子綱, 부위부강夫爲婦綱 등의 세 가지 범주로 확립하여 삼강오륜의 도덕적 체계가 세워졌다. 삼강오륜은 우리나라에 《주자가례》의 도입과 더불어 예禮로 내면화되고 형식화되었다. 그동안 우리는 삼강오륜의 가치를 평가절하하며 일방적으로 부정하고 있지는 않은지 유교자본주의와 함께 고민해 볼 일이다. 특히 삼강오륜은 동아시아 경제 발전의 중요한 요인이 된 유교문화적 자산이다. 삼강오륜을 부정적인 외연으로만 확대하여 서열주의, 연고주의, 집단주의 등으로 비난하는 것은 문제가 있다. 어떤 사상과 종교에는 순기능과 역기능, 허와 실이 있기 마련이다. 또한 그 폐해가 있다면 사상과 종교의 시스템을 운용했던 인간에게 문제가 있다고 할 수 있다.

사실 유교자본주의의 긍정적인 동력은 아시아의 네 마리 용인 한국, 대만, 홍콩, 싱가폴의 괄목할 만한 경제성장에서 찾아볼 수 있다. 이 근대화 이론은 서양의 우월한 가치·문화와 달리, 일본과 아시아 신흥국가들의 고속성장 배경을 이 국가들의 공통점인 유교에서 착안한 데서 시작한다. 사실 유교자본주의의 이론적 근거는 막스 베버가 프로테스탄티즘 윤리와 자본주의 사이에 '선택적 친화력'이 있다고 주장한 근대화와 관련된 이론 체계에 기인한다.

유교자본주의 담론에 참여하는 학자들로 뚜웨이밍杜維明이나 진야오지金耀基 등의 소극적 주장파와, 적극적 주장파인 일군의 한국 학자들이 있다. 뚜웨이밍은 동아시아의 공업화 과정에서 나타나는 보편적 문화 현상의 특징인 혈연·학연·지연을 중시하는 가족주의, 가부장적 권위, 높은 교육열, 개인보다 집단을 중시하는 공동체의식, 도덕과 윤리를 중시하는 사회의식, 유교문화의 동질감 등을 유교자본주의의 토대라고 본다. 그런 의미에서 그는 '유교문화와 서양의 자본주의가 결합하여 형성한 새로운 형태의 자본주의', 즉 유교자본주의에 주목한다.

유교자본주의 및 삼강오륜의 순기능은 근면함과 검소함, 그리고 겸손함이다. 사실 이러한 덕목의 참모습은 유교의 가족주의와 공동체에서 시작된다. 공자가 강조한 견득사의見得思義·견리사의見利思義와 대인大人 및 소인小人의 구분[33]은 강력한 소명의식 및 윤리의식이다. 요즈음 문제가 되고 있는 특혜 금융, 조세 포탈, 임금 착취, 무책

---

[33] 《論語》〈里仁〉. "君子喩於義, 小人喩於利."; 《論語》〈子路〉. "君子和而不同, 小人同而不和."

임한 리더십 등을 일삼는 영혼 없는 경제인과 정치인은, 인성교육적 실천철학의 유교와는 거리가 먼 反유교적 인물들이라 할 수 있다.

현재 AI시대는 이미 시작되어 곳곳에 산재하며 현재진행형으로 편리성과 함께 위험성을 내포하고 있다. 이제 우리는 예민하면서 민감한 실제적인 AI를 진단할 때이다. 4차 산업혁명 시대는 사물의 연결성connectivity을 시작으로 새로운 개념의 강력한 지능intelligence이 대두되고 계속 진화할 것이다. 결국 인간에게 단순한 편리함을 제공하는 것이 아닌 새로운 통찰을 제시할 수 있는 방향으로 미래를 설계해야 한다.[34] 고인석에 따르면, 로봇 윤리의 첫째 원칙은 로봇이 제작 목적에 부합하는 구조와 작동 특성을 일관성 있게 유지하도록 설계·제작·관리되어야 한다는 것이고, 이 원칙은 로봇의 기능과 작동 특성이 명확히 규정되고 충실히 준수되어야 한다는 실천 규범을 요청한다. 로봇 윤리의 둘째 원칙은 지속가능성의 관점에서 도출되며, 로봇이 사용자와 그 사용의 영향을 받는 사람들의 안전과 건강, 그리고 자연 생태계의 지속가능성을 위협하지 말아야 한다는 것과 로봇기술의 개발과 적용이 인간 정체성에 혼란을 야기하지 않는 방식으로 제한되어야 한다는 것을 명령한다.[35]

AI는 인간의 창조물이고, AI에 대한 윤리적 기준의 부여 역시 인간이 하는 것이다. 따라서 실제로 로봇공학 분야에서도 논의되는 이 3법칙의 내용을 살펴보는 것은, 로봇과 공존하는 시대를 살고 있고 살아가야 할 우리들의 인문학적 사고의 깊이를 더해 주고, '왜' 이러

---

[34] 채행석, 〈4次 産業革命時代의 人文學의 役割 – 人間 中心의 서비스 디자인 工學을 中心으로〉, 244쪽.

[35] 고인석, 〈로봇倫理의 基本 原則 – 로봇 存在論으로부터〉, 401~426쪽 參照.

한 기준이 부여되었는지를 논의할 필요성을 제시해 준다.[36] 현 시점에서 AI가 내린 결론은 어디까지나 참고 의견일 뿐이다. 대부분 그대로 받아들여도 문제없지만 반드시 정답이라고 할 수 없다. 최종적인 판단을 하는 것은 인간이다.[37] 인공지능×빅데이터에 지배당하지 않으려면 '자신이 어떤 생각을 하며 무엇을 소중히 생각하는 사람인지, 우리 사회가 어떤 생각을 하고 무엇을 소중히 생각하는 사회인지'에 대한 가치관과 철학을 확고히 해야 한다. 즉, 최종적으로 인간이 판단하는 데 필요한 것은 가치관과 철학이다.[38] 인문 인성소양 교육이 중시되는 이유는 이튼 칼리지Eton College의 교훈에서 찾을 수 있다. ①남의 약점을 이용하지 마라. ②비굴하지 않은 사람이 되라. ③약자를 깔보지 마라. ④항상 상대방을 배려하라. ⑤잘난 체하지 마라. ⑥공적인 일에는 용기 있게 나서라.[39] 6백 년 전통의 이튼 칼리지는 19명의 수상을 배출하고 국난극복에 걸출하게 기여한 명문이다. 이러한 방향을 향후 초인공지능의 출현에 대비하는 우리나라 인문교양 교육에 적용 가능한 사례로 제언하는 바이다.

결론적으로 AI와의 공존과 조절·통제는 그래도 인간만이 판단하는 것이다. 그렇다면 인성교육에서의 선한 양심은 무엇인가? 공자의 인과 맹자의 사단지심의 확충과 호연지기, 퇴계 이황의 리발理發, 율곡 이이의 교기질嬌氣質 등은 여전히 우리에게 유효한 인성교육의

---

[36] 신현주 · 김문주, 〈刑事司法 分野에서에서의 로봇 技術 活用에 대한 人文學的 考察〉, 127쪽.
[37] 후쿠하라 마사히로 외, 《4次 産業革命 人工知能 빅데이터》, 이현욱 옮김, (주)경향BP, 2016. 69쪽.
[38] 후쿠하라 마사히로 외, 《4次 産業革命 人工知能 빅데이터》, 208쪽.
[39] 홍정민, 《4次 産業革命 時代의 未來敎育 에듀테크》, 140쪽.

철학실천 방법이다.[40] 다만 그것이 어떻게 적용되고 활용되어야 선심善心인가에 대한 대답들이 결여되어 있을 뿐이다. 우리 인간 본성의 도덕률은 항상 양심과 불안감이 교차하며, 우리의 말 및 행동을 조절 통제한다. 여기에 선을 쌓고(積), 악을 쌓는(積) 양심 및 습성의 문제는 더 좋은 방향으로의 선, 나쁜 방향으로의 악이 쌓여서 결정될 수 있다.

이 땅의 유학자와 선비들은 항상 긍정적인 순기능을 실천하고, '남에게 피해를 주지 말라'는 이론과 실천의 지행합일知行合一을 묵수하였다. 공맹을 이은 유학자들은 인과 의의 범주와 더불어 덕의 범주를 지켜야 할 덕목으로 강조했다. 이 덕의 순기능은 타인에 대한 배려로 나타난다. 이와 같은 덕목의 참모습은 수양공부의 실천, 선비정신 등으로 나타났다. 특히 공맹이 인성교육의 철학실천으로 강조한 덕목의 범주인 역지사지易地思之 · 견득사의見得思義 · 견리사의見利思義는 AI시대 인성교육의 철학실천이자 소명의식 및 윤리의식이라고 할 수 있다.

---

40 이광호, 〈4次 産業革命時代에 退溪와 栗谷은 어떻게 對應할까?〉, 18쪽. "內聖의 儒學을 強調하는 退溪學과 外王의 經世儒學을 強調하는 栗谷學은 어느 하나도 疏忽히 할 수 없는 儒學의 두 側面이다. 退溪學과 栗谷學은 상호 疏通을 通하여 두 學派의 長點을 最大한 살려 4次 産業革命을 맞이하여 機械 앞에 正體性을 威脅당하는 人間의 偉大性을 다시 찾아야 한다."

참고문헌

자료

《論語》,《孟子》,《中庸》,《大學》,《孝經》,《詩經》,《禮記》,《書經》,《管子》,《周易》,《尚書》,《道德經》,《莊子》,《儀禮注疏》,《周禮注疏》,《宋史》,《孔子家語》,《春秋左氏傳》,《二程遺書》,《文心雕龍》,《朱子大全》,《朱子語類》,《退溪全書》,《擊蒙要訣》,《星湖全集》,《朝鮮王朝實錄》,《續近思錄》,《春秋繁露》,《漢書》,《與猶堂全書》

단행본

楊伯峻 譯註,《論語譯註》, 北京: 中華書局, 1984.

　　　　　 譯註,《孟子譯註》, 香港: 中華書局, 1984.

강선보 외,《人性教育》, 양서원, 2011.

남상호,《六經과 孔子仁學》, 藝文書院, 2003.

말콤 프랭크 외,《機械가 모든 것을 다하게 될 때 무엇을 할 것인가?》, 신동숙 옮김, (주)프리렉, 2017.

楊碩夫,《孔子教育思想與儒家教育》, 黎明文化事業公司 中華民國75年.

兪成善,《栗谷李珥의 修養工夫論》, 國學資料院, 2002.

韓國教育學會著,《人性教育》, 문음사, 1998.

홍정민,《4次 產業革命 時代의 未來教育 에듀테크》, 책밥, 2017.

후쿠하라 마사히로 외,《4次 產業革命 人工知能 빅데이터》, 이현욱 옮김, (주)경향BP, 2016.

논문

유성선,〈孟子ㆍ荀子의 心論研究〉,《江原人文論叢》(12), 江原大 人文科學研究所, 2004.

유성선,〈栗谷 心工夫의 矯氣質論 研究〉,《韓中人文學研究》(24), 韓中人文學會, 2008.

유성선,〈栗谷의 修養工夫와 餘暇文化 렌즈교정하기〉,《東西哲學研究》(57), 韓中人文學會, 2010.

유성선, 〈韓國儒敎における宗敎性認識の問題〉, 《儒學硏究》(26), 忠南大 儒學硏究所, 2012.

유성선·황정희, 〈孔子의 '爲仁由己'를 通한 道德的 不安感 硏究 – 哲學治療의 不安 解消를 中心으로〉, 《孔子學》(31), 孔子學會, 2016.

유성선, 〈4차 산업혁명 AI시대 인성교육의 방법과 전망〉, 《한중인문학연구》(60집), 2018.

이광호, 〈4次 産業革命時代에 退溪와 栗谷은 어떻게 對應할까?〉, 《退溪學과 栗谷과 融合》, 2018栗谷學會大會報, (社)栗谷硏究院, 2018.06.08.

이명한, 〈牟宗三 先生의 孟子 性善論 解釋〉, 《中國學報》(第58集), 2008.

조경희, 〈先秦儒家의 人性論的 敎育觀 硏究〉, 成大 碩士學位論文, 2000.

채행석, 〈4次 産業革命時代의 人文學의 役割 – 人間 中心의 서비스 디자인 工學을 中心으로〉, 《人文言語》(19卷), 2017.

5
아동기 철학과 도가철학적 고찰

윤석민

아동의 철학과 아동기 철학

아동철학에 대한 개념 정의는 중설이 분분하다. 아동철학의 선도적 연구자 대만의 판샤오후이潘小慧 교수는 아동철학이 아동학, 아동연구, 아동교육 등과의 경계가 분명한 것은 그것이 철학의 한 분야이기 때문이라고 말하면서, 아동철학은 아동의 주체적 사고, 고유한 사상을 연구하는 구조적이고 유기적인 철학의 분과라고 정의한다.[1] 아동철학의 영역, 방법, 내용이 그저 철학이라는 말로 설명하기 어려운, 아동만이 가지는 고유한 철학적인 그 무엇이 있다는 전제 아래 철학의 한 분과로서의 경계를 구획한 것이다. 본고는 이러한 정의의 타당성 여부에 대한 논의를 차치하고, 아동과 철학의 결합이 어떻게 가능한 것인지를 먼저 살펴보고자 한다. 왜냐하면, 아동과 철학이 어떻게 결합해 왔는지를 먼저 논해야만 아동철학의 정의에 대한 타당성 여부도 검토가 가능할 것이기 때문이다.

아동철학 연구의 초기 단계에서도 연구자들은 아동과 철학이 어떤 논리, 어떤 관계, 어떤 의미로 결합되었는지에 대해서 천착해 왔고, 지금까지도 그 논의를 이어 가고 있다. 아동철학에 관한 다양한 영어 표기는 이러한 논의를 압축적으로 보여 주고 있으며, 우리는 이 논의의 과정을 되짚어봄으로써 그 논리, 관계, 의미를 좀 더 명확하게 알 수 있다. 아동철학에 대한 영어 표기의 과정은 크게 세 단계로 구분해 볼 수 있다. 아래 세 단계의 표기 과정과 그에 대한 수정 또는 개칭은 아동철학 개념의 세 단계 발전 과정으로도 읽을 수 있다.

---

[1] 潘小慧,〈真實與謊言—以《思考舞臺》第5章 第10節〈三頭巨人〉為據的討論〉,《哲學與文化》49卷 第12期, 2017. 12, 22쪽.

첫째, 아동철학의 영어 표기 "Philosophy of Children"과 그에 대한 한글 번역의 문제이다. 영미권에서 등장한 아동철학이라는 개념은 애초 Philosophy of Children이었고, 우리는 이를 '아동의 철학'으로 번역했다. Philosophy of Children은 철학의 한 분과 영역을 지칭하는 Philosophy of A라는 구조로 조어됐다. 그런데 영어식 표현 "Philosophy of A"는 A를 철학적 탐구의 대상으로 하는 철학의 분과를 의미한다. A를 과학, 정치학, 경제학, 음악 등 분과학문을 지칭하는 다양한 용어로 대체해 보면 쉽게 이해가 된다. Philosophy of Children은 과학철학, 정치철학, 경제철학, 음악철학의 경우에서처럼 아동철학으로 번역된 것이다. 틀리지 않은 듯 보이는 이 표현에서, 아동은 과학철학에서 과학의 경우처럼 그저 철학 연구의 대상이나 철학교육이나 연구의 대상으로 간주된다. 주지해야 할 것은 하나, 아동철학이라는 조어 속에서 아동이 주체적으로 철학적 문제를 해결하거나 철학적 사유를 행한다는 의미를 발견하기는 힘들다는 점이다. 둘, "Philosophy of A"에서 "of"는 한국어 "~의"만큼이나 모호하다. 아동이 철학주체가 되어도, 철학적 사유의 대상이 되어도, 심지어는 아동에 대한 어른들의 철학적 논의에서도 '아동의 철학'이라는 조어는 성립 가능하기 때문이다. 이러한 불명확성을 불식하는 과정에서 등장한 것이 "Philosophy for Children", "Philosophy with Children", "Philosophy by Children"의 조합 개념이다.

둘째, 1970년대 이후 미국의 매튜 립맨Matthew Lipman(1922~2010)을 필두로 해서 "Philosophy of Children"의 모호한 개념을 "아동을 대상으로 한 철학Philosophy for Children", "아동과 함께 하는 철학 Philosophy with Children", "아동에 의한 철학Philosophy by Children" 세 가

지 개념으로 보완해 갔다.[2] "아동의 철학"은 "아동을 대상으로 한 철학(또는 아동을 위한 철학)"이고, "아동과 함께 하는 철학"이면서, "아동에 의한 철학"으로 좀 더 분명하게 정의되어 갔다. 아동의 철학적 사고활동을 끌어내려는 일련의 철학교육을 "아동을 대상으로 하는 철학"으로, 어른이 아동과 함께 하는 철학적 사고활동이나 사고실험을 "아동과 함께 하는 철학"으로, 아동의 사유에 드러나는 고유한 특징이나 창의적이고 창조적인 표현을 "아동에 의한 철학"으로 담아내고자 했다. 이러한 세 가지 개념화 작업은 아동과 철학 사이의 결합 관계를 논리적으로 설명하고 있다. 하지만 그 의미를 살펴보면 아동이 주체가 되거나, 아동이 대상 또는 객체가 되거나, 또는 아동이 간주체가 되는 상황 모두를 포함하게 되면서, 그 외연이 무한대로 넓어져서 모든 철학이 아동철학으로 귀납되는 오류의 가능성이 있게 되었다. 이에 대해 최근에는 아동기라는 생애의 한정된 시기에 걸친 철학으로서의 '아동기 철학'이라는 용어를 내세워, 이 세 가지 개념의 오류 가능성을 극복하면서도 기존 세 가지 개념과 그 내용을 포괄하고 있다.

셋째, 아동기 철학은 아동이라는 한정적 집단을 해체하면서 만들어진 개념으로서 아동을 위한 철학, 아동과 함께 하는 철학, 아동에 의한 철학의 함의를 포괄하는 명칭이다. 영어 표현은 "Philosophy in Childhood"이다. 철학의 보편적 문제의식이 생애주기별로 고유한 사고와 독특한 표현 방식으로 나타난다는 전제 속에서 고안된 개념이다. 여기에서 아동은 성년이 되기 이전의 인간이고, 그는 사유의 주체이면서 사유의 대상으로서, 철학의 보편적 문제들을 사고할

---

2   潘小慧,《兒童哲學的理論與實務》, 新北 : 輔仁大學出版社, 2008, 22~23쪽.

수 있고 표현할 수 있고 실천할 수 있는 연령적으로 한정된 인간이다. 이러한 개념이 가능한 것으로 받아들여지면서 *Monthly Review of Philosophy and Culture*(A&HCI) 2020년 후반기 출간될 기획논문에서도 아동철학을 영어로 Philosophy in Childhood, 중국어로 통녠져슈에童年哲學, 한국어로 아동기 철학이라고 표현하고 있다.[3]

요컨대, 아동철학이 철학의 주요한 하나의 영역으로 정립된 이래로, 용어 표기와 개념 정의에 대한 논의가 지속되고 있다. 아동철학의 방법과 내용을 모색하는 과정에서 아동철학에 관련된 용어 정리와 개념 정의는 무엇보다도 선제적으로 해결되어야 할 문제였기 때문이다. '아동의 철학'으로부터 시작해서 '아동을 위한 철학', '아동과 함께 하는 철학', '아동에 의한 철학'을 거쳐 '아동기 철학'이 형성되기까지의 과정은 '아동기 철학'이라는 현재의 지점을 이해하는 중요한 단서가 된다. 본고는 이러한 아동철학 개념의 변천 과정을 수용하여, 아래에서는 '아동기 철학'으로 아동철학이란 용어를 대신하고자 한다.

아동기 철학의 함의

아동이 철학을 할 수 있는지, 성인成人은 아동과 함께 어떻게 철학을 해야 하는지에 대한 물음은 전통 시대 철학의 발전적 흐름에서 그다지 주목받지 못한 문제였다. 이는 아동을 사유, 행위 등이 아직 온전하지 않은 미숙한 상태의 존재로서 오로지 교육받아야만 하는

---

3 아동기 철학뿐만 아니라, 노인을 위한 철학Philosophy for Old Age도 노년기의 철학 Philosophy in Old Age으로 수정하여, 인간이 생애주기별로 맞닥뜨리게 되는 철학적 문제를 중심으로 용어를 정리하고 있다.

대상으로 규정하는 데서 비롯됐을 것이다. 하지만 성인成人의 입장에서 아동을 제멋대로 사고하고 행동하는 미성숙한 존재로 규정할 어떠한 근거도 없고, 아동 자신의 고유한 사유 활동은 더욱이 부정할 수도 없다. 시민사회가 성숙해지면서, 아동은 한 사회나 공동체의 구성원으로서 성장할 것을 요청받기 시작했고, 이를 위해 다양한 영역의 학습과 교육이 아동에게 수반된다. 지난 세기 후반기부터 아동을 대상으로 하는 철학교육 또한 하나의 중요한 학문적 연구 대상이 되어야 한다는 시대적 요청이 현실화되기 시작했다. 이러한 요청에 주목하여 1970년대 컬럼비아대학교 철학과 교수 매튜 립맨은 아동철학교육의 방법과 내용의 구체적 실천 방안을 가지고 철학교육 계획을 처음 내놓았다.[4] 립맨의 이 프로그램은 근본적인 교육개혁의 필요성을 역설하며 아동철학교육을 제안한 것이었다. 그 후 아동철학교육 프로그램은 보편교육의 시스템으로 편입되어 세계화의 길로 접어들었지만, 립맨이 지향했던 아동철학의 함의에는 검토해야 할 두 가지 문제가 있다.

첫째, 만약 아동을 대상으로 하여 그들에게 철학적 사고능력을 함양하고 그로부터 올바른 행위의 차원으로 이끄는 것이 아동철학의 중심 내용이라면, '아동의 철학'이라는 명칭은 보다 분명한 의미를 갖는 것으로 대체되어야 한다. '아동의 철학'은 분명 아동철학 연구의 기점이라는 중요한 의의를 갖지만, 사고능력과 실천력 제고를 이끌어 내기엔 모호한 정의이기 때문이다. 그렇기에 '아동을 위한, 아동을 대상으로 한 철학'이 '아동의 철학'을 대체해야 했다. '판샤오후이

---

4 Lipman, M. A. M. Sharp and F. S. Oscanyan. *Philosophy in the Classroom*. Philadelphia: Temple University Press. 1980. pp. 3-5.

교수는 이 문제에 있어 립맨 교수의 아동철학에 대한 정의를 따라 아동철학의 영문명은 '아동의 철학Philosophy of Children'이 아니라 '아동을 위한 철학Philosophy for Children'이 되어야 한다고 규정하고, 이 점에서 아동철학은 아동을 위해 설계된 철학교육 계획이거나 아동의 철학적 훈련을 의미할 수 있다고 말한다.[5] 이러한 정의에 따른다면, 아동철학은 성인成人이 주체가 되어 아동의 철학교육을 위한 방법과 내용을 구성하고, 아동을 대상으로 계획적으로 시행하는 것으로 읽혀진다. 그러나 아동기 철학은 성인成人과 아동이 '함께' 철학적 주제와 내용을 모색하고, 이로부터 아동의 철학적 사유와 추리능력을 함양하는 방향으로 발전해야 할 것이다. 그렇기에, 아동철학은 아동의 자발적 참여가 중요한 것이고, 나아가 자발적 참여도를 어떻게 제고할 수 있을지에 초점을 두어야 할 것이다. 이러한 의미에서 보자면, 아동을 대상화하는 '아동을 위한 철학'은 그 자체로 한계를 갖는 명칭이 된다.

둘째, 아동에게 철학교육을 진행한다면 과연 어떠한 방법과 내용을 중심으로 구성할 것인가의 문제이다. 즉, 아동철학과 기존 성인成人을 대상으로 하는 철학 사이에 유사성과 차이점이 있는지, 그리고 기존 철학의 주제 및 내용을 과연 어떻게 아동철학의 중심 문제로 환원시킬 수 있는지의 문제이다. 현재 미국과 유럽의 아동철학 방법을 통해 이해해 보자면, 미국은 비교적 사고와 추리를 강조하는 방식으로 아동철학을 강조하는 데 비해, 유럽은 분석과 판단을 강조한다고 할 수 있다. 본고가 아동철학을 구성하는 기본 방법은 아동에

---

5   潘小慧, 《兒童哲學的理論與實務》, 臺北 : 輔仁大學出版社, 2008, 22~23쪽; 潘小慧, 〈《兒童哲學與倫理教育》之理論與實踐 – 以〈偸 · 拿〉一文為例的倫理思考〉, 《哲學論集》 第37期, 2004, 3쪽.

게 사고와 추리능력의 강화 그리고 분석과 판단능력의 함양 두 가지를 겸하는 것이다. 특히 이제까지 소략했던 유럽의 아동철학 방식, 즉 아동으로 하여금 사회의 온전한 구성원으로 자리매김할 수 있도록 하는 윤리교육은 더욱더 절실하다고 하겠다. 특정한 시기와 사회에서의 구체적이고 특수한 윤리규범을 아동에게 적극적으로 교육 및 훈련시킴으로써, 아동이 한 사회의 온전한 구성원으로 자리할 수 있도록 하는 것이다. 그러한 의미에서 보자면 아동철학은 '아동을 위한 철학Philosophy for Children'이 되어도 좋겠지만, 윤리교육과 훈련의 목적이 아동 자신의 윤리 함양에 있음에 주목하면 "아동을 대상으로 한 철학Philosophy for Children"이나 "아동과 함께 하는 철학 Philosophy with Children"보다 "아동에 의한 철학Philosophy by Children"의 규정이 더욱더 절실할 수 있다.

본고는 이상의 문제의식을 출발점으로 해서, 크게 다음 두 가지를 해명하고자 한다. 첫째, 도가철학을 중심으로 아동철학의 방법을 모색한다. 이는 도가철학의 자발성을 중시하는 이론을 통해 기존 아동철학 방법론의 특징을 동아시아 전통철학의 관점에서 재정립하는 것에 초점을 두고자 한다. 둘째, 도가철학에서 아동을 위한 또는 아동과 함께 하는 인성교육의 중요 내용을 발굴한다. 이는 가정, 집단 및 사회 안에서 아동이 마주하는 다양한 관계성을 중심으로, 상호관계성의 핵심 연결고리로서 도덕규범의 의미를 규정하고 이를 아동철학의 중심 내용으로 환원하는 작업이다.

대만 학자 양마오시우楊茂秀는 다음과 같이 주장한다: "아동은 호기심과 경이감이 가장 활발하게 활동하는 시기를 살고 있기에, 철학의 씨를 뿌리고 키워 내기에 가장 적합하다. 아동은 철학자처럼 자기가 한 말에 대해 흥미를 가지고 있고, 언어 유희를 즐긴다. 철학은 난해한 말이나 기이한 수수께끼 같아선 안 된다[6] 미국의 아동기 철학자 매슈스Garenth. B. Matthews는 좀 더 명확하게 "철학은 음악을 연주하고 놀이를 하는 것처럼 매우 자연적인, 일종의 자연적인 활동"이어서,[7] "아동은 태생적으로 철학을 할 줄 안다"[8]라고 말한다. '철학은 일정 부분 호기심으로부터 출발한다'고 말할 수 있다면, 아동은 그야말로 자신과 주변 세계에 대해 알고 싶어 하고, 동시에 그에 대한 적절한 답을 찾고자 하는 철학적 존재이다. 따라서 아동의 철학적 호기심을 계발 및 함양시켜 줄 방법의 설정, 그리고 아동과 함께할 철학의 핵심적 내용이나 주제에 대한 정립이 필요하다.

본래성 중심의 아동기 철학

본고는 아동기 철학의 방법을 동아시아 전통철학 속에서 찾아보고자 한다. 동아시아 전통철학이 아동기 철학의 구성에 중요한 역할을 할 수 있다는 점을 논증하기 위해, 도가道家철학의 측면에서 아동기 철학의 방법론과 그 인성교육의 주요 내용을 살펴본다. 영아嬰兒, 적자赤子로 비유될 수 있는 본래성本來性의 발현을 강조하는 노자철학에서 '아동기 철학'의 단서들을 발견하고자 한다. 그리고 외부로부터 강제되는 규범이나 행위를 적극적으로 부정하는 장자철학으로부터 '아동기 철학'의 특징을 모색하고자 한다. 아울러 노장철학이 강조하는 자발성自發性의 측면에서 '아동기 철학'의 타당성을 확

6　參見 http://www.ptl.edu.tw/publish/bookboom/001/32.htm
7　馬修斯,《童年哲學》, 王靈康 譯, 6쪽.
8　馬修斯,《童年哲學》, 王靈康 譯, 4쪽.

인하고자 한다. 이러한 아동기 철학에 관한 노장철학의 논의들을 통해, 아동은 본래적이고 자발적으로 인성 함양의 철학하기를 통해서 사회적 관계성을 새롭게 확립하고 있음을 논하고자 한다. 먼저 도가철학의 주요 이론을 중심으로 '아동의 철학' 단계로부터 '아동과 함께 하는 철학' 단계까지의 방법론을 살펴보고자 한다. 그리고 그 다음 절에서는 아동기 철학과 윤리교육의 결합 가능성과 의의를 실제 인성교육의 내용을 중심으로 모색하고자 한다.

일상생활에서 아동들에게 받는 대표적인 질문은 "이게 무엇이에요?", "이건 왜 이런 거예요?"일 것이다. 어찌 보면 하루하루 살아가면서 대부분의 성인成人들이 덮어 버리고 마는 질문들을, 자라나는 아동은 지칠 줄 모르고 끊임없이 던진다. 세상에서 발생하는 갖가지 사태에 대해 아동은 순간순간 신기해하고 놀라워하며, 흥미롭게도 성인成人이 어려워하는 근원적 문제에 대한 물음을 겁내지 않는다. 이 점에서 아동 또한 '철학자'라고 할 수 있으며, 아동 단계에서의 철학 또한 가능하다고 볼 수 있다. 흥미롭게도 《노자》에는 아동을 직접적으로 언급한 구절이 보이는데,[9] 그와 연관된 대표적인 구절은 다음과 같다.

기운을 오롯이 하고 지극히 부드러워져 갓난아기처럼 될 수 있는가?[10]

나아감의 의미를 알고, 물러섬의 뜻을 잘 지키면 세상이 모여드는 계곡과 같은 존재가 된다. (이렇게 되면) 항상된 덕을 지켜 어린아이의

---

[9] 《老子》에서는 嬰兒, 赤子 등을 통해 갓난아이 또는 아동에 대한 언급을 확인할 수 있다.
[10] 《老子》, 10장: 專氣致柔, 能嬰兒乎!

상태로 돌아가게 된다.[11]

덕의 두터움을 지키면 갓난아이와 같게 된다.[12]

주지하다시피, 노자에게서 인간, 사물 그리고 이 세상은 특정한 목적의식이나 의도에 의해 구성된 것이 아니다. 즉, 우리는 반드시 목적과 의도에 선재하는 본래적 상태 또는 자연적 본성에 따라 생각하고 살아갈 수밖에 없는 존재이다. 위 인용 구절에서의 영아嬰兒와 적자赤子는 이러한 본래성의 상태를 비유적으로 설명하는 형상일 것이고, 어린아이의 상태로 돌아감(復歸於嬰兒)은 본래성의 상태를 회복함을 의미할 것이다. 그리고 본래성의 상태를 회복하는 것을 강조하는 입장에 따라 본래성의 단계가 지니는 특징에 주목하여, 이를 아동기 철학에 접목해 볼 수 있다. 만약 아동이 어떠한 기성관념既成觀念이나 선견先見에 좌우되지 않고 적극적으로 일상생활에서 자신과 주변 세상에 대한 물음을 갖고 그 답을 찾으려고 한다면, 이는 노자가 말하는 목적과 의도가 없는 본래성의 상태를 반영한 것이 된다. 그렇다면 아동의 단계에서는 도리어 성인成人의 단계에서 상실할 수도 있는 철학적 문제의식을 나름대로 거칠게나마 투영하고 반영한다고 볼 수 있다. 아동이 던지는 무수한 질문을 엄격한 의미에서 철학적 질문으로 간주하기는 힘들 것이고, 더욱이 그들이 전문적 철학 지식을 가졌다고 볼 수도 없을 것이다. 그렇다고 해서 철학에 대한 전문적 지식이 있어야만 철학을 할 수 있다고 주장한다면, 이는 결

---

11 《老子》, 28장: 知其雄, 守其雌, 爲天下谿, 爲天下谿. 常德不離, 復歸於嬰兒.

12 《老子》, 55장: 含德之厚, 比於赤子.

국 철학의 보편성을 부정하는 것으로서 철학의 난해성, 협소성 나아가 불가능성을 주장하는 것과 다를 바 없게 된다. 아동기 철학은 한편으로 초보적 단계에서 철학적 질문을 던진다는 것을 포함하기도 하지만, 다른 한편으로는 일상적 삶과의 긴밀한 연동 아래 아동 고유의 본래성에 기반한 철학의 가능성을 담고 있다. 따라서 노자가 바라보는 아동이 지니는 본래성의 특징에 따른다면, 아동기 철학에 있어서 아동의 본래성이 가지는 의의와 가치를 적극적으로 모색할 수 있다.

이처럼 '아동기 철학'의 단계가 설정 가능하다고 해서, 아동이 직접 모든 철학적 주제를 자신의 문제의식으로 환원하여 스스로 철학자로 거듭난다고 주장할 수는 없다. 일상생활에서 다양한 질문을 던지는 아동들 모두가 생각하는 성인成人, 즉 참된 철학을 실천하는 하나의 인격체로 성장하기는 어려울 것이다. 이는 성장하면서 이런저런 삶의 파도에 휩쓸려 자신의 본래성을 저버리고 타인의 관념과 생각을 따르기 쉽기 때문이다. 이는 아마도 아동으로 하여금 스스로 던지는 질문에 대한 답을 스스로 찾아가는 과정으로 이끌어 주기보다는, 기존의 지식 체계에 따라 항상 고정되고 주어진 답만을 제공하려는 성인成人의 교육관에서 그 원인을 찾을 수 있다.

아동의 본래성과 자발성을 왜곡하는 기성의 교육관은 어느 지점에서부터 규정糾正되어야 할까? 아마도 그것은 아동을 교육과 훈육의 대상으로 간주하는 '아동을 위한 철학'의 단계에 대한 비판적 검토로부터 시작되어야 할 것이다. 이를 위해, 일차적으로 아동기 철학을 계발할 수 있는 일련의 교육과 훈련이 뒤따라야 하며, 최종적으로는 이러한 교육과 훈련의 구체적 방법에 대한 올바른 설정이 필요하다. 이 점에서 먼저 노자가 강조한 다음 구절의 내용을 참고할 수 있다.

　　배우는 자는 날마다 보태고, 도를 행하는 자는 날마다 덜어낸다. 덜
고 또 덜어내어 무위함에 이르니, 무위하여도 되지 않는 일이 없다.[13]

　　그 바탕을 드러내고 질박함을 안고, 삿됨을 줄이고 욕심을 적게 해
야 한다.[14]

　　배우는 자는 학문을 추구하는 것인데, 이는 궁극적으로 지식을 구
하는 것이다.[15] 지식은 외부 사물들을 대상화하여 얻을 수 있는 사물
과 사건들에 대한 앎을 의미하며, 이는 자연현상에 관한 것들뿐 아
니라 사회의 정치, 교육, 제도 등을 포함한다. 당연히 이러한 지식은
인류 역사 이래로 다양한 학문 영역에서 무수히 많은 이론을 통해
구축되었기 때문에 '많아짐(多)'에 관한 것이며, 이는 축적해야 하는
것이므로 날마다 보탬(日益)이라고 표현한다. 이에 비해 도를 행하는
자는 일체 사물과 사건의 근본을 밝히고자 한다. 한 그루의 나무를
예로 들자면, 나뭇가지와 나뭇잎들은 많지만 그 뿌리는 하나이다.
마찬가지로 모든 사물과 사건은 무수히 많지만 그들 공통의 뿌리
는 하나이다. 따라서 하나의 뿌리를 찾고 밝히기 위해서는 덜어 가
야 한다. 여기서 덜어감(損)의 대상이 무엇인지에 관한 질문이 생긴
다. 만약 특정한 상황에서 나에게 주어진 문제를 해결하기 위해 기

13　《老子》, 48장: 爲學日益, 爲道日損, 損之又損, 以至於無爲, 無爲而無不爲.

14　《老子》, 19장: 見素抱樸, 少私寡欲.

15　焦竑, 《老子翼》. "爲學所以求知."

존의 유사한 상황에서의 고민을 통해 축적된 지식에 기반한 다양한 답을 모색할 수도 있다. 그런데 문제는 이러한 지식에 기반한 답이 때로는 특정한 목적이나 이익, 욕망을 추구하기 위해 거짓되게 구성된 것일 수도 있다. 따라서 노자는 특정한 목적의식 아래 구축된 지식에 의지하기보다는, 모든 사물과 사건의 뿌리로서의 도를 찾아 그 해법을 찾고자 했으며, 그 방법은 그러한 지식 체계를 하나하나 덜어 나가는 것이라고 본 것이다.

일상생활에서 아동은 주변 세계의 모든 것에 대해 항상 묻곤 한다. 성인成人은 이에 대해 해결 방법 또는 해답을 제공함으로써 아동의 지식 확장에 도움을 준다. 그런데 노자가 지적한 대로, 때로는 아동의 질문에 대한 해답 제공이 도리어 아동의 사고능력 함양과 올바른 행위에 방해가 되는 상황이 발생하기도 한다. 즉, 아동은 순간순간 호기심에 따라 일상생활과 주변 세계에 관련된 철학적 질문을 던질 수 있는데, 성인成人은 도리어 특정한 지식 체계에 갇혀 고정된 답을 줌으로써 아동의 철학적 사고능력 함양에 도움을 주지 못할 수 있는 것이다. "엄마, 나는 어디에서 왔어요?"라는 질문에 "다리 밑에서 주워 왔다"거나 "하느님이 선물로 주셨다"는 엄마의 대답 속에서 아이의 발생, 시작, 시원에 대한 궁금증은 희화화되거나 신화화되어 버리고 만다. 이처럼, 많은 경우에서 성인成人은 저마다 지니는 고정된 관점, 특정한 목적의식에 따라 아동의 질문 자체를 호도糊塗하거나 왜곡歪曲시킬 수도 있다. 이것은 '아이를 위한 철학'의 그릇된 방법으로서, 아이들의 철학적 호기심을 사장시키고 아이들을 철학으로부터 멀어지게 하는 그릇된 방법이다.

아동을 대상으로 하는 철학교육은 물론, 아동을 비롯한 성인成人까지 아우르는 철학교육도 그 방법론의 측면에서 크게 지식의 전달과 습득, 그리고 생각에 대한 생각(思想的思考) · to think about thinking으로서의 '철학함philosophieren'으로 구분이 가능하다.[16] 아동기 철학의 방법이 철학 지식의 습득에 주안점을 두었을 때의 장점은 적지 않다. 철학이란 학문이 태동된 단계부터 현재까지 지속적으로 다루었던 주요 주제와 그에 대한 다양한 이론을 습득함으로써, 아동은 철학적 문제를 직간접적으로 경험하고 문제의 다양한 해법을 소개받아 진정으로 철학적 문제의식을 가질 수 있기 때문이다. 그럼에도 불구하고, 단순한 지식과 정보의 전달보다는 고차적 사고력 계발의 필요성이 대두되었고, 동시에 일방적으로 전달하는 지식 체계 자체의 문제점, 그리고 스스로 자율적으로 사고하고 알아가며 행동하기에서의 취약점 등이 문제가 되고 있다. 이에 비해 '철학함'을 익히는 방식으로의 아동기 철학은 철학 지식의 단순한 전달이 아닌 '생각에 대한 생각'의 특징을 강조하는 것이다. 특히 아동은 자연적으로 일상생활 속에서 철학을 하고 있는 단계이기 때문에, 아동에게 있어 철학은 '스스로 생각한 것에 대해 다시 생각하기'의 다른 표현이라 할 수 있다.

노자가 강조한 바처럼, 단순히 하루하루 지식을 축적하는 데에 함몰되지 않고, 때로는 특정한 목적의식 아래 왜곡된 지식 체계를 덜어 나가는 방법이 아동기 '철학함'의 방법과 일맥상통할 수 있다. 그리고 노자는 이러한 덜어냄의 방식을 통해 궁극적으로 무위無爲의 행위규범을 가질 수 있으며, 이로부터 전체 사물과 사건의 뿌리를 온전히 파악할 수 있다고 본다. 아동기 철학의 측면에서 아동이 덜

---

16 김회영, 〈어린이 철학 교육의 방법론 및 도덕교육에의 활용〉, 《초등교육연구》 Vol. 15 No. 2, 2002, 86쪽.

어냄의 과정을 통해 진정으로 철학함의 방식으로 세상에 대한 자신의 생각을 다시금 생각하는 방식을 이끌어 갈 수 있다면, 현상계의 모든 흐름을 가능하게 하는 기본 원리나 질서에 대한 자신의 관점을 세워 나갈 수 있을 것이다. 그리고 이러한 아동기 철학교육은 바로 아동을 대상으로 특정한 목적의식이나 의도가 개입되지 않는 차원에서의 아동을 위한 철학을 통해 구체화될 수 있다.

자발성 중심의 아동기 철학

아동기 철학과 노자철학은 자발성으로서의 철학적 호기심이라는 점에서 철학 방법의 얼개를 공유한다. 그런데 아동을 위한 철학의 단계에서 성인成人이 교육의 주체가 되어 아동을 위한 철학을 구성하다 보면, 때로는 아동의 자발적 참여보다는 사고력의 함양을 위한 교육에 초점을 맞출 수 있다. 아동기 철학은 분명 사고력 교육과 함께 스스로 의미 탐색을 하도록 유도해야 하고, 체계적 철학교재의 구성과 함께 자유롭고 개방적 교재의 활용이 이루어져 하며, 교실에서 교재를 중심으로 토론을 진행하는 것과 함께 아동이 제기하는 질문을 중심으로 대화를 진행하기도 해야 한다. 이 모든 과정은 실제로 '아동과 함께 하는 철학'의 의미를 담아야 하며,[17] 그 과정의 핵심

---

17 박연숙은 '아동과 함께 하는 철학'이 '아동을 위한 철학'의 작은 파생이라는 Lipman의 의견에 부정하면서, 양자의 상호 보완적 입장을 제안하는 E. Martens의 관점을 지지한다. 박연숙, 〈인문학적 가치 탐색을 위한 어린이 철학교육〉, 《인문과학연구》 47, 2015, 527~531쪽. E. Martens의 견해는 《어린이와 함께 철학하기Philosophieren mit Kindern》(Ekkehard Martens, 박승억 옮김, 서울: 지리소, 2000) 21~22쪽을 참고하기 바란다.

적 방법은 아동의 '자발성'을 강조하는 데 있다.

아동의 자발성 강조는 노자철학에서 스스로 그러함을 의미하는 자연自然 개념과 연결된다. 노자철학에서 자연은 크게 자발성과 본래성의 의미를 갖는다.[18] 노자의 자연 개념과 아동철학의 연관성은 자발성으로부터 출발할 수 있다. 노자는 자연을 다음과 같이 성인聖人이 만물과 마주할 때의 상황에 비추어 설명한다.

그러므로 성인은 욕망하지 않고자 하니, 구하기 어려운 재화를 귀하게 여기지 않는다. 배우지 않음을 배움으로 하여 사람들의 지나친 행동을 본래로 되돌리고 만물의 스스로 그러함을 돕지만, 감히 인위하지 않는다.[19]

이 구절에서 성인聖人은 만물의 스스로 그러한 자연이 최상의 상태이기 때문에, 이러한 상태를 도와주고 유지할 뿐 의도와 목적을 두고 개선하거나 파괴하지 않는다고 주장한다. 자발성과 본래성은 그의미상 미묘한 차이가 있다. 자발성은 타율성의 상대어이고, 본래성은 시간적으로 '나중'의 상대어이다. 만약 본래 지니고 있는 내적 성향이 외부의 힘이 아닌 스스로의 힘으로 발현될 때, 본래성에서 자발성의 전환이 이루어질 수 있다. 그렇다면 위 인용문의 "만물의 스스로 그러함을 도움"은 만물 각자가 지닌 자신의 본래적 성향이 발현될 수 있도록 돕는다는 의미와 그러한 발현이 타인에 의해서가 아니

---

18 노자철학에서 '自然'은 自己如此, 本來如此, 通常如此, 勢當如此의 네 측면의 함의를 갖는데, 自己如此는 자발성을, 本來如此는 본래성을 의미한다.

19 《老子》, 64장: 是以聖人欲不欲, 不貴難得之貨. 學不學, 復衆人之所過. 以輔萬物之自然, 而不敢爲.

라 자발적으로 이룰 수 있도록 돕는다는 의미를 동시에 지닌다.

　이러한 노자의 자연 개념의 함의를 아동기 철학에 접목해 보자. 앞서 설명했듯이, 노자철학에 따라 아동을 위한 철학에 대한 반성의 단계 설정이 가능했다. 이때 아동을 대상으로 그들에게 어떠한 방법으로 철학교육을 진행할지의 문제에 있어 보다 구체적인 방법을 노자로부터 힌트를 얻을 수 있다. 먼저 아동 각자는 모두 본래적 성향에 비추어 (각기 상이하게 표현되지만) 나름대로의 철학적 질문을 던지고 답을 찾아간다. 그렇다면 아동 모두가 지닌 본래성이 제대로 발현될 수 있도록 돕는 것이 일차적으로 필요하다. 다음으로 아동이 스스로 지닌 철학적 질문을 통해 답을 모색하는 과정에서, 성인成人이 일방적으로 지식을 전달하거나 토론을 이끄는 방식보다는, 아동 스스로 자발적으로 문제를 설정하고 답을 찾아가는 과정을 이끌 수 있도록 돕는 것이 필요하다. 그렇다면 아동은 철학적 문제 설정으로부터 답을 찾고, 다시 그 답에 대한 생각을 진행하는 과정을 통해, 보다 성숙한 '철학함'의 단계로 성장 가능할 것이다. 이는 '아동과 함께 하는 철학'의 노자적 방법이라고 할 수 있다. 노자가 자연을 설명하는 또 다른 구절을 살펴보자.

　작위하지 않으며 그 말을 아끼니 공적이 달성되고 일이 이뤄져서, 백성들은 모두 나를 스스로 그러하다고 칭한다.[20]

---

[20] 《老子》, 17장: 悠兮其貴言. 功成事遂, 百姓皆謂我自然. 이 구절 앞에서 노자는 위정자의 다양한 등급을 소개한 뒤, 정치철학의 측면에서 自然을 설명한다. 그리고 여기서의 自然의 주체는 百姓이다.

"백성들은 모두 나를 스스로 그러하다고 칭하게" 되는 근거는 무위자연無爲自然 방식의 통치에 따른 결과이다. 위정자와 백성의 관계에서 위정자의 작용이 은연중에 스며들어 백성들을 감화하는 것이기 때문에, 백성들이 때로는 그 원인을 알아차리지 못하거나 저절로 그러한 것으로 받아들인다. 그렇다면 자연(스스로 그러함)은 외부적인 힘을 완전히 배척하는 것도 아니고, 무리 없이 받아들여지는 외부적 영향을 배척하는 것 또한 아니다. 다만 외부적인 강제 또는 직접적 간섭을 배제하는 것일 뿐이다. 그리고 여기서의 자연은 "공적이 달성되고 일이 이뤄짐"의 관계 속에서 언급되고 있는데, 그러한 변화가 행위주체자의 자발성에 따라 이루어진 것으로 볼 수 있다. 이를 아동기 철학에 접목시킨다면, '아동에 의한 철학'에 해당하는 방법으로 볼 수 있다. 아동철학에서 교육의 주체는 당연히 아동철학을 이끄는 교사로부터 다양한 교재 및 교보재 모두가 해당할 것이다. 다만 이러한 교육의 주체가 교육 대상인 아동과의 관계맺음 방식이 자연의 방식이기 때문에, 아동은 한편으로 자발성을 극대화하여 자신의 목표를 성취할 수 있고, 다른 한편으로는 아동철학을 진행하는 교사 등이 자연의 원칙에 따라 교육을 진행하는 긍정적 외부 역량으로 자리한다.

앞서 살펴보았듯이, '아동과 함께 하는 철학'으로서의 아동기 철학은 아동의 사고력을 함양하는 방식으로 교육을 진행해야 하고, 체계적 아동철학 교재를 구성해야 하며, 교실에서 교재 중심의 토론을 그 주요 방법으로 삼아야 한다. 다만 이러한 방법이 사고력에 주력하여 체계화된 교재와 교수 방법, 교사 훈련이 강조되기 때문에, 때로는 아동의 철학적 사고력 함양에 지나친 타율성이 강조되거나 아동의 자발성이 약화될 수 있는 여지가 있다. 이러한 취약점을 보완하기 위해 등장한 '아동에 의한 철학'으로서의 아동기 철학은 자발적 의미 탐색, 자유로운 교재 설정, 대화 중심의 방식이 요구된다. 그러나 자유롭고 개방적인 장점에도 불구하고 체계화된 교육이 가능한지의 의문과 탁월한 교사가 아동을 이끌어야 한다는 전제 조건이 문제가 될 수 있다.

노자철학을 바탕으로 아동기 철학의 방법을 모색할 때, '아동과 함께 하는 철학'이 '아동에 의한 철학'과 겸행될 때, 궁극적인 최상의 방법이라고 할 수 있다. 노자의 자연 개념의 함의에서 보이듯이, 본래성을 이끌어 주고 발전시키는 외부 역량을 긍정하면서도 이러한 외부 역량이 만물의 자발성을 침해할 수 있는 강압적이고 직접적인 간섭은 배제해야 함을 강조하고 있기 때문이다.

> 도의 존귀함, 덕의 귀중함은 시켜서 그리 된 것이 아니라 항상 스스로 그러함이다.[21]

노자에서 도는 인간 세계에서 성인 또는 아이의 모습으로 현현된다. 이러한 도의 현현체는 "시켜서 그리 된 것이 아니라 항상 스스로 그렇게 된" 자들이다. 무엇보다도 노자가 바라보는 아동은 본래 자발성을 가진 존재이므로, 이 자발성이 외부 역량에 의해 침해받지 않는 상태를 유지해야 한다. 그렇다면 노자철학에 기반한 아동기 철학은 일차적으로 '아동을 위한 철학', '아동과 함께 하는 철학'과 함께 '아동에 의한 철학'이 상호 보완적으로 작동해야 한다. 이러한 상호 보완적 관계의 설정은 이러한 방법들이 지니는 한계와 장점을 고

---

[21] 《老子》, 51장: 道之尊, 德之貴, 夫莫之命而常自然.

려해 볼 때 어느 한쪽에 우위를 두는 것보다는 넓은 의미에서의 '철학함'에서 상호 보완적 관계의 적용이 필요하기 때문이다.

길 찾기의 예를 들어 보자. 우리가 만약 한 번도 가 보지 못한 낯선 곳에서 목적지를 찾기 위해서는 먼저 방향을 가늠하고 그로부터 목적지로 향하는 다양한 길을 모색해야 한다. 이와 마찬가지로 아동이 혼자 또는 성인成人과 함께 자신이 떠올리는 생각과 질문 속에서 방향을 가늠할 때, 여러 가지 갈래의 사고 영역을 통해 매우 다양한 길을 모색할 수 있다. 그리고 그 길들 가운에 어느 하나를 독점적이고 고정된 방향으로 설정하지 않는다. 가령 아동기 철학교육이 가정에서나 개별적으로 이루어질 때에는 특정한 교재를 중심으로 토론의 방법을 사용하여 사고력 발달을 모색하고, 학교에서 동급생과 함께 진행될 때에는 자유로운 주제 설정을 기반으로 아동 각자의 자발적 의미 탐색과 대화를 이끄는 것이다. 또한 각각의 단점을 버리고 장점을 수용하는 관계 설정에 있어서는, 사고력의 함양과 자유로운 의미 탐색의 방식을 상호 교차적으로 시행하거나, 교재를 사용할 때와 교재 없이 진행할 경우, 토론과 대화의 방식을 병행하는 경우 모두 가능하다. 이를 통해 아동은 자기 스스로 생각하는 힘을 자발적으로 길러 나간다면 어떤 상황에서도 중심을 잃지 않고 살아가는 방법을 배울 수 있을 것이다.

아동기 철학에서 관계성(親)의 정립

노자철학의 맥락에서 기존의 아동기 철학 방법론의 접목과 재구성만큼 중요한 문제는, 과연 아동에게 이상의 교육 방법을 통해 무엇을 전달할지, 즉 교육 내용의 중요 핵심 문제를 어떻게 구성할지이다. 주지하다시피 아동기 철학의 교육 내용 가운데 도덕교육 또는 인성교육이 가장 핵심적인 주제 가운데 하나이다. 아동은 무엇보다 한 사회에서 공인한 도덕규범을 학습해야 한다. 이때 일방적으로 아동에게 도덕은 준수하여야 하는 것이고, 지켜야 할 내용은 무엇이며, 위반했을 때 어떤 문제가 발생한다는 점을 주입식으로 강요할 수는 없다. 아동기 철학의 범위에서는 나와 주변 사람의 관계성은 어떻게 이해할 수 있고, 그러한 관계성의 핵심은 무엇이며, 상호간의 연결고리는 어떻게 찾을 수 있을지를 스스로 생각할 수 있도록 맥락을 제시해 주고, 이를 자발적으로 이해하고 행동하게 해야 한다. 이를 위해 도가철학에서 주장하는 관계성의 함의를 통해 아동기 철학의 도덕 및 인성교육의 내용을 확립하기 위한 시도를 진행해 보고자 한다.

주지하다시피 동아시아 전통철학의 영역에서 인성교육과 도덕교육의 핵심 이론은 선진유가先秦儒家에서 찾을 수 있다. 유가는 도덕이론의 출발을 친친親親의 논리에서 찾는다. 친친親親은 친족 사이의 친밀감을 도덕적 감정의 원천으로 삼고, 이러한 가족의 도덕규범을 사회의 도덕규범으로 확대하여 도덕적 공동체를 구축하는 것을 목표로 한다. 이처럼 유가의 친친親親의 논리는 인간이면 누구나 지니는 혈연관계에 기반한 정서적 동질감을 그 출발점으로 삼기 때문에 현실 사회에 적용 가능한 효용가치가 높다는 장점을 지닌다. 그럼에도 불구하고 친밀함의 기준을 혈연적인 친소에 두기 때문에 그 의미를 지나치게 단순화시킬 수 있고, 무엇보다 친밀함의 판단 기준이 도덕적 정서보다는 당위적 도덕규범에 의존할 수도 있는 문제점을 내포하고 있다.

그러나 이러한 문제를 해결하기 위해 사회적 관계에서 친밀함의 요소를 없앨 수도, 친밀함을 전제하지 않고 인간관계를 설명할 수도 없다. 노자 또한 이 점을 직시하고 친밀함에 새로운 함의를 부여한다. 먼저 노자는 이렇게 말한다.

> 하늘의 도는 친함이 없으니, 언제나 선한 사람과 함께한다.[22]

> 천지는 어질지 않으니 만물을 제사 때 사용하는 짚으로 만든 개로 여긴다.[23]

"하늘의 도는 친함이 없다"거나 "천지는 어질지 않다"는 주장은 사사로운 개인의 감정에 얽매여 공적 가치를 어그러뜨리는 것을 비판하는 것이다. 즉, 특정한 사사로움에 따른 친밀함을 버리고 자연의 공평무사公平無私를 따르는 것으로 이해할 수 있다. 그리고 이러한 공평무사에 따르면 항상 선한 사람과 함께할 수 있게 된다. 주의할 점은 여기서의 선은 불선不善에 대비되는 의미가 아니다. 만약 선악을 상대적 개념으로 파악한다면, 선하지 않은 사람과는 함께할 수 없게 되기 때문이다. 따라서 여기서의 선은 선악 모두를 포용하는 것으로, 이는 《노자》 49장의 "선한 자는 나도 선하게 대하고, 불선한 자도 나는 선하게 대하니, 덕은 선이다"[24]의 의미이다. 선한 사람은 항상 은혜를 베풀되 그 보답을 바라지 않는 것이다. 즉, 노자가 말하는 진정으로 선한 사람은 친소를 따지지 않고 모두 친밀하게 대하기

---

22 《老子》, 79장: 天道無親, 常與善人.
23 《老子》, 5장: 天地不仁, 以萬物爲芻狗.
24 《老子》, 49장: 善者吾善之, 不善者吾亦善之, 德善.

때문에 "하늘의 도는 친함이 없다"거나 "천지는 어질지 않다"고 말한 것이다.

　다음으로 노자는 친친親親에 효제孝悌와 같은 도덕규범을 부과함으로써 자연스러운 정감의 상호 교감 및 그에 따른 인간관계의 설정을 방해하거나 강제할 수 있다는 점을 비판하며 이렇게 말한다.

　　육친이 불화하여 효성과 자애로움이 생겨나고, 국가가 혼란하여 충신이 있게 된다.[25]

　　상예는 유위하여 그에 대응이 없으면, 소매를 걷어붙이고 멱살을 잡는다. (…) 무릇 예는 충성스러움과 믿음의 엷음이며, 어지러움의 시초이다.[26]

　여기서 노자는 친밀함 자체를 부정했다기보다는, 인간관계에서 강제성이 억압의 기제로 작동했을 때 도리어 자연스러운 정감이 존재하지 않게 되고, 그로부터 당위적 도덕규범, 즉 예를 강조할수록 자연스러운 정감의 상호 교감의 가능성이 떨어진다고 본 것이다. 이 점에서, 친소를 따지지도 않고 특정한 보답을 바라지도 않으며 상대방에게 은혜를 베푸는 것은 과연 어떻게 가능할지의 문제가 발생하는데, 이는 《노자》 38장의 다음 구절을 통해 접근해 볼 수 있다.

　　①상덕은 덕이 아니므로 덕이 있다. 하덕은 덕을 잃지 않으므로 덕

---

25 《老子》, 18장: 六親不和, 有孝慈. 國家昏亂, 有忠臣.
26 《老子》, 38장: 上禮爲之而莫之應, 則攘臂而扔之. (…) 夫禮者, 忠信之薄, 而亂之首.

이 없다. ②상덕은 무위하여 무로써 행하고, 하덕은 유위하여 유로써 행한다.[27]

위 인용문 ①에서 상덕上德은 자신의 덕을 덕으로 여기지 않기 때문에 도리어 도道로부터 부여받은 덕德을 온전히 지킬 수 있다고 본다. 만약 특정한 행위의 주체와 객체의 관계 설정으로부터 이를 살펴본다면, 행위의 주체인 상덕上德은 특정한 상황에서 관계 맺는 사람들에게 호의 또는 실질적 혜택을 행위로 베풀어 준다고 하더라도, 그의 행위에 특정한 목적이나 의도를 개입시키지 않는다. 따라서 상덕上德은 자신의 덕德을 내세우지 않기 때문에 자신의 덕德을 온전히 실현하게 된다. 그런데 행위의 주체가 시혜자의 입장에서 시혜의 행위를 통해 사적인 목적이나 의도를 개입한다면, 그는 자신에게 돌아올 특정한 이득이나 이익을 계산하고 그 대가로 어떠한 보답을 바라게 될 것이다. 이것이 바로 하덕下德이며, 그 결과 덕德을 잃어버리지 않으려고 애쓰지만 도리어 덕德을 잃어버리게 된다. 이러한 관점은 위 인용문 ②에서 명확해진다. 먼저 무위無爲와 위지爲之 즉 인위人爲의 구분은 특정한 행위의 결과의 측면에서의 구분이고, '무이위無以爲'와 '유이위有以爲'의 구분은 행위에 목적이나 의도가 개입되었는지의 여부이다. 따라서 노자에게서 상덕上德은 행위의 동기 측면에서는 특정한 목적이나 의도가 없으며, 그에 따른 행위의 결과에서도 작위적이나 인위적 행위가 드러나지 않는다.

아동은 도덕적 관계맺음의 상황에서 자신의 행동과 언어의 진위

---

27 《老子》, 38장: 上德不德, 是以有德; 下德不失德, 是以無德. 上德無爲而無以爲, 下德爲之而有以爲.

여부, 행위와 언어 사용의 의도와 동기, 그리고 행위와 언어 사용이 타자에게 미치는 영향의 결과적 타당성 여부 등을 고민해야 한다.[28] 이는 윤리학에서 인성행위human act라고 불리는 것으로, 인간의 이지적 인식과 의지가 동의하는 행위가 인성행위인데, 이는 곧 자유의지적 행위 또는 윤리행위이다. 인성행위는 시비와 선악의 윤리적 가치라고 말할 수 있다.[29] 노자는 구체적 인간관계의 하나의 예시로서 시혜자와 수혜자의 관계를 통해 행위의 동기와 그 결과의 측면 모두를 고려한 도덕규범의 형식을 제시하였으며, 이는 인성행위의 측면에서의 아동기 철학 도덕교육의 중요한 내용으로 자리할 수 있다. 즉, 행위의 의도와 동기 및 그 결과가 타인에게 미치는 영향의 문제에 있어, 도가 아동철학의 인성교육은 의도와 동기 및 그 결과의 측면 모두에서 무위자연無爲自然의 원칙을 중심으로 구성된다.

아동기 철학에서 인성(德)의 함양

아동기 철학의 도가적 인성교육의 기본 틀이 구체적으로 어떠한 교육 내용으로 전환될 수 있는지를 살펴볼 필요가 있으며, 이는 실제적 인간관계에서 타자와의 친밀함을 찾는 방식에 대한《장자》의 관점을 통해 확인할 수 있다. 먼저 장자는 덕우德友의 관계 설정을

---

28 潘小慧,〈真實與謊言—以《思考舞臺》第5章 第10節〈三頭巨人〉為據的討論〉, 哲學諮商與人文療癒國際學術研討會, 新北市 新莊區, 中華民國, 輔仁大學天主教學術研究院 臺灣哲學諮商學會 輔仁大學哲學系-2015, 頁6.

29 潘小慧,〈真實與謊言—以《思考舞臺》第5章 第10節〈三頭巨人〉為據的討論〉, 哲學諮商與人文療癒國際學術研討會, 新北市 新莊區, 中華民國, 輔仁大學天主教學術研究院 臺灣哲學諮商學會 輔仁大學哲學系-2015, 頁6.

5 아동기 철학과 도가철학적 고찰   191

강조한다. 앞서 《노자》에서 강조된 '상덕무덕上德無德'은 《장자》에서
는 덕불형德不形으로 보다 구체적으로 전개되며, 장자는 노魯 애공哀
公과 공자孔子의 가상의 대화를 통해 밖으로 드러내지 않는 내면의
덕을 강조하며 이를 통해 덕德으로 서로 사귀는 벗의 관계, 즉 덕우德
友를 설명한다. 그리고 장자는 이러한 덕우德友의 관계 설정의 전제
로서 두 가지를 강조한다.

하나는 "마음에 아무것도 거리낄 것이 없음(莫逆於心)"이다. 막역
어심莫逆於心은 "네 사람이 서로를 바라보며 웃고 있으니 마음에 아
무것도 거리낄 것이 없어서 마침내 서로서로 친구가 되었다"[30]는 구
절에서 드러난다. 막역어심莫逆於心은 서로 마음에 거리낌 없는 친한
사이를 뜻하는 것으로 장자의 관점에서의 친밀함의 표현이라 할 수
있다. 장자는 이처럼 서로 거리낌 없는 친밀함의 형성을 통해 각자
자신의 덕德을 내세우지도 않고 서로의 생을 지켜보고 돌보다가 어
느 한 사람이 마지막을 맞이하게 되면 남은 이가 먼저 가는 이를 잘
보내 주는 방식의 관계맺음을 강조한 것이다. 이러한 종류의 친밀함
은 상대와 나의 사회적 관계에 따라 요구되는 행위 방식의 제약에서
자유로운 상태를 뜻하기 때문에 유가에서 중시하는 친친親親과는 그
의미가 다르다.

다음으로 "정감은 솔직함보다 나은 것이 없다(情莫若率)"[31]이다. 유
가에서 강조하는 부모자식 사이의 필연적 관계성을 장자 또한 명命

---

30 《莊子》, 〈大宗師〉: 四人相視而笑, 莫逆於心, 遂相與爲友. 이 구절은 子祀, 子輿, 子
  犁, 子來 네 사람의 대화를 통해 각기 모두 生死를 如一하게 여기는 공통점을 발견
  하는 가운데 서로의 온전한 관계성을 확인하는 내용으로 구성되어 있다.
31 《莊子》, 〈山木〉: 情莫若率, (…) 率則不勞.

이라 규정하며 그 중요성을 밝히고 있다.[32] 다만 그 관계맺음의 방식에서 유가 관점과 차이가 발생한다. 장자의 사유 방식에 따르면 유가에서 강조하는 규범적 방식을 부정하고 자연스럽게 정감을 표현하는 것을 이상적으로 생각한다. 이러한 관점이 바로《장자》에서 정막약솔情莫若率로 표현되며, 이는 정감을 꾸며 내거나 구속하기보다는 솔직하고 진솔하게 표현하는 것이 훨씬 그 효용가치가 높다고 본 것이다. 진솔하게 자신의 감정을 표현하게 된다면 억지로 인간관계를 맺으려는 태도를 보이지 않아도 된다. 이는 진실로 친한 사이(眞親者)와 억지로 친한 사이(强親者)의 구분에서도 명확하게 드러난다.[33]

막역어심莫逆於心과 정막약솔情莫若率은 인간관계에서의 자연스러운 정서적 교감과 덕을 매개로 하는 소통의 방식의 강조로 요약할 수 있다. 도가는 유가의 친친親親의 논리가 지나치게 규범화되어 고정, 고착화되는 것을 반대하고 막역어심莫逆於心으로 친밀함을 재해석하며, 진실한 정감의 표현과 이를 통한 교류가 사회적 규범보다 더욱 중요하다고 역설한다. 이러한 특징은 아동기에서의 사회적 인간관계 설정에도 동일하게 적용될 수 있으며, 이를 통해 아동 또한 덕우德友의 관계맺음을 실천하도록 유도할 수 있다.

이상의 도가철학적 관점에 따르면, 아동은 다음 몇 가지의 도덕적 인격 함양을 모색할 수 있으며, 이는 노자철학에서 덕德에 대한 설명으로부터 유추할 수 있다. 첫째, 선善과 신信의 덕목이다. 아동의 단계에서 다른 아동과 교유 관계를 맺을 때 무엇보다 어떻게 하는 것이

---

32 《莊子》,〈人間世〉: 天下有大戒二: 其一, 命也; 其一, 義也. 子之愛親, 命也, 不可解於心; 臣之事君, 義也, 無適而非君也, 無所逃於天地之間. 是之謂大戒, 是以夫事其親者, 不擇地而安之, 孝之至也.

33 《莊子》,〈漁父〉: 强親者雖笑不和. (…) 眞親未笑而和.

선한 것인지, 어떻게 행동해야 다른 친구들로부터 믿음을 얻을 수 있는지의 질문이 생긴다. 만약 고정된 규범 체계에 따라 선함과 믿음을 적용한다면, 때로는 아동이 직면한 문제 상황에서 주어진 규범의 내용이 온전하게 적용되지 않을 수도 있다. 노자가 보기에 선善과 불선 不善, 신信과 불신不信이라는 상반된 규정은 모두 그러한 규정의 이면에 특정한 목적이나 의도가 개입하고 있는 것이다. 우리가 살아가는 세상은 상대적이고 상반된 가치들이 서로 어우러져 조화롭게 전체를 구성하고 있는 만큼, 우리 스스로도 특정한 가치에 매몰되어 그에 상대하는 가치를 폄하해서는 안 된다. 이 점에서 노자에게서 진정한 선 善은 각자 자신의 가치만을 고집하지 않고 다양한 가치를 인정하며 이를 현실에 적용하는 것으로 이해될 수 있다. 신信도 이와 마찬가지이다.[34] 이러한 선善과 신信을 지닌 자는 그가 마주하는 모든 사람과 관계를 맺음에 있어 결코 어느 누구도 하찮게 여기거나 쓸모없다고 내치지 않는다. 그리고 이러한 태도를 견지할 수 있는 이유는 자신의 고정관념을 앞세우지 않고 그가 마주하는 사람들의 마음을 자신의 마음으로 삼았기 때문에 가능한 것이며,[35] 아동 또한 각자의 교우 관계에서 상대방의 마음을 충분히 이해하고 자신을 주장하지 않고 그들의 입장에서 이해해야 한다는 것으로 귀결된다.

둘째, 부쟁不爭의 덕목이다. 아동들의 교유 관계에서 흔히 다툼이 발생하는데, 말다툼에서 심지어 육체적 충돌까지 그 양상은 다양하다. 노자는 자연의 정상적 흐름이나 변화에 따라 모든 존재가 어우러져 함께하는 세계관을 주장한다. 따라서 특정한 목적의식이나 의

---

34 《老子》, 49장. "善者吾善之, 不善者吾亦善之, 德善. 信者吾信之, 不信者吾亦信之, 德信."
35 《老子》, 49장. "聖人無常心, 以百姓心爲心."

도에 따라 어떠한 인위적 덧붙임을 허용해서는 안 된다. 그럼에도 이러한 다툼은 노자가 보기에 특정한 관점이나 견해에 따라 자신의 주장만을 앞세울 때 발생한다고 본다. 이러한 다툼에서 벗어나는 방법으로 노자는 자신의 주장을 일정 부분 굽히면서 정상적인 변화의 흐름을 따르는 데에서 찾고, 그 구체적 방법으로 내 자신의 입장을 비우고 겸허한 자세를 가져야 한다고 주장한다.[36] 그리고 이러한 겸허의 덕德은 앞서 살펴본 상덕부덕上德不德, 무위無爲와 무이위無以爲에 근거한다. 따라서 아동철학 인성교육의 주요 내용으로 부쟁不爭의 덕목은 결국 자신을 앞세우지 않고 자신만의 고정된 관점에 따라 상대방을 재단하지 않는 태도로 귀결된다고 볼 수 있다.

도가철학적 아동기 철학 의의

아동기 철학이 철학의 한 분과 영역으로 발전해 가면서, 아동이 철학을 한다는 것이 가능한지, 가능하다면 그 방법은 어떠한 것이며 그 내용은 무엇으로 구성되어야 하는지에 관해서 적지 않은 연구가 있어 왔다. '아동의 철학'으로부터 시작해서, '아동을 위한 철학', '아동과 함께 하는 철학', '아동에 의한 철학'을 거쳐 '아동기 철학' 세 가지 관점에 이르기까지 그에 관한 논의는 지속되어 왔고, '아동기 철학'이 세 가지를 포괄하는 지점에서도 그에 관한 연구는 지속되고 있다. 지금까지의 연구를 살펴보면, 아동기 철학이 개념화되고 이론화되고 있음에도 불구하고, 여전히 아동을 위한 철학, 아동을 대상

---

36 《老子》, 68장. "善爲士者不武, 善戰者不怒, 善勝敵者不與, 善用人者爲之下. 是謂不爭之德, 是謂用人之力, 是謂配天古之極.

으로 하는 철학, 아동을 교육의 대상으로 하는 철학에 대한 연구가 주를 이룬다. 요컨대, 아동기 철학은 현재 '아동을 위한 철학' 또는 '아동을 대상으로 하는 철학' 또는 그러한 교육의 장으로 인식되고 있다고 할 수 있다.

하지만, 아동기 철학은 성인成人이 교육의 주체가 되어 일방적으로 아동에게 특수한 문제를 학습시키고 특정한 방향으로 이끄는 계획이나 훈련으로부터 벗어나는 것을 의미한다. 즉, 사유와 행위 모두에서 아동의 본래성과 자발성에 근거하여, 아동과 함께 철학적 문제의식을 공유하고 사유하며 실천함으로써 일정한 목적을 달성할 수 있도록 아동을 발전시키는 것을 의미한다. 아동과 함께하는 성인으로서의 우리는 그 발전의 동력이 아동 스스로 철학적 궁금증을 발현하는 본래성과 자발성에 있음을 인식하고 실천해야 한다. 그렇게 되면, 아동기에서부터 인간 본래적인 철학적 속성을 발굴하고 보전하여, 성인成人과 노인老人으로 이어지는 생애에서도 철학적 사유와 실천이 늘 우리의 삶과 함께할 것이다.

아동기 철학은 도가철학의 주요 이론 속에서 그 구체적인 방법을 확인할 수 있다. 본래성으로서의 영아嬰兒, 적자赤子를 강조하는 도가철학에서 아동기 철학의 타당성을 확인할 수 있다. 그리고 외부로부터 강제되는 규범이나 행위를 적극적으로 부정하면서 아동의 자발성을 주장하는 도가철학에서도 아동기 철학의 당위성을 확인할 수 있다. 도가철학에서 아동이 갖는 본래성과 자발성은 그야말로 아동기 철학의 이론적 근거이면서, 동시에 현재 아동기 철학이 나아가야 할 주요한 방향과 방법을 안내하고 있다고 할 수 있다.

도가철학의 이론적 특징에 근거한 아동기 철학은 아동의 본래성과 자발성에 기초한 도덕교육, 인성교육의 방법과 내용을 구성할 수 있다. 특히 사회적 관계성의 새로운 확립과 그 근거로서 덕德 함양의 측면에서, 도가는 특정한 의도나 목적의식을 두지 않고 자연스러운 정감에 기반한 관계 설정을 강조한다. 이로부터 아동의 사회적 관계 설정의 기본 덕목인 선善과 신信, 부쟁不爭의 내용이 아동기 철학 인성교육의 핵심 내용으로 정초될 수 있다. 대만의 판샤오후이는 다음과 같이 아동기 철학의 발전 방향을 모색한다. "아동기 철학과 윤리 교육이 결합되는 지점에서, 우리는 작은 한 걸음을 내디뎠다. 적지 않은 부분에서 아동기 철학 연구가 필요하지만, 철학의 비판적 반성 정신으로 전통철학과 철학교육의 결합이 새로운 방향을 제공할 수 있지 않을까? 만일 이것이 가능하다면, 철학의 보급과 정착에 관심이 있는 나로서는 어떤 먼 길이라도 걸어갈 것이다."[37] 본고는 전통 철학과 철학교육을 결합하려는 연구로서, 아동기 철학 발전에 이론적 기여의 첫 발걸음에 불과할 것이다. 그저 대가의 관심과 질정을 기다리며 다음 걸음을 준비하고자 한다.

---

37 潘小慧, 〈〈兒童哲學與倫理教育〉之理論與實踐－以〈偸·拿〉一文為例的倫理思考〉, 6쪽.

참고문헌

《老子》

《莊子》

馬修斯(Garenth. B. Matthews), 《童年哲學》, 王靈康 譯, 台北 : 毛毛蟲, 1998.

Garenth. B. Matthews, 《아동기의 철학(*The Philosophy of Childhood*)》, 남기창 옮김, 서울: 푸른커뮤니케이션, 2013.

Matthew Lipman, *Philosophy in the classroom*, Philadelphia: Temple University Press, 1981.

潘小慧, 《兒童哲學的理論與實務》, 臺北 : 輔仁大學出版社, 2008.

Ekkehard Martens, 《어린이와 함께 철학하기(*Philosophieren mit Kindern*)》, 박승억 옮김, 서울: 지리소, 2000.

好青年荼毒室著, 《好青年哲學讀本》, 臺北 : 天窓出版社有限公司, 2017.

김회영, 〈어린이 철학 교육의 방법론 및 도덕교육에의 활용〉, 《초등교육연구》Vol. 15 No. 2, 2002. 85~104쪽.

박연숙, 〈인문학적 가치 탐색을 위한 어린이 철학교육〉, 《인문과학연구》 47, 2015. 517~540쪽.

巫秋云, 〈哲學與幼童〉, 《當代學前教育》4期, 武漢:湖北少年兒童出版社, 2008.

潘小慧, 〈《兒童哲學與倫理教育》之理論與實踐 - 以〈偷 · 拿〉一文為例的倫理思考〉, 《哲學論集》第37期, 2004.

潘小慧, 〈真實與謊言 - 以《思考舞臺》第5章 第10節〈三頭巨人〉為據的討論〉, 哲學諮商與人文療癒國際學術研討會, 新北市 新莊區, 中華民國, 輔仁大學天主教學術研究院 臺灣哲學諮商學會 輔仁大學哲學系-2015.

柯倩華, 〈李普曼(Matthew Lipman)的兒童哲學計畫研究〉, 臺北 : 輔仁大學哲學研究所碩士論文(77年 6月).

http://www.ptl.edu.tw/publish/bookboom/001/32.htm.

6
율곡의 지도자 철학교육

황정희

이 글은 충남대학교 유학연구소 논문집 《유학연구》 제46집(2019.2)에 등재된 논문 〈율곡 "성학집요"를 활용한 지도자 철학교육〉을 수정 보완한 것이다.

들어가는 말

우리나라의 근대를 돌이켜 보면, 최고통치자와 각계의 지도자[1]들이 임기를 마친 뒤에나 임기 중에 불미스러운 일들로 심판대에 서곤했다. 이런 사태를 지켜보며 국민은 유권자로서 좋은 지도자를 뽑지 못했다는 책임의 측면을 절감하면서도, 왜 우리의 지도자는 존경받는 좋은 지도자가 적은가에 대해 생각하게 된다. 이러한 반성과 더불어 좋은 지도자란 어떤 것이며, 좋은 지도자가 되기 위해 무엇이 필요한지에 대해 다시금 생각하게 되는 것이다.

현재의 지도자, 미래의 지도자가 스스로 자신의 활동 전반에 만족하고 국민에게도 만족을 줄 수 있는 정치활동을 해야 하며, 이를 실현하기 위해서는 무엇보다 철학적 사유와 실천이 필요하다. 또 개인적인 측면의 노력과 더불어 지도자들이 당면한 지위에 맞게 올곧은 뜻을 세우고 실현하는 것에 도움을 줄 수 있도록 정책적으로 지도자 철학교육이 시행되어야 한다고 본다.

이 글에서는 지도자 철학교육 방법의 하나를 한국철학의 대표자로서, 조선의 철학자이자 교육자 그리고 정치가인 율곡 이이栗谷 李珥(1536~1584)의 저서 《성학집요聖學輯要》를 통해 모색했다. 율곡은 이 책에서 수신修身과 치인治人을 위해 무엇을 배우고 실천해야 하는가에 관해 성현의 말씀과 자신의 의견을 들어 자세히 기술했다.《성학집요》는 당시 왕 선조宣祖(1552~1608)를 위한 철학교육의 교재로 기술되었지만 "제왕만이 아니라 배우는 모든 사람에게 통용되고 유익할

---

1 이 글에서의 '지도자'란 현 관료 체제 안에서 활동하는 중·상급 관료를 포괄적으로 지칭한다.

수 있다"[2]고 했다. 본성의 회복을 위해 배우고 실천할 개인적인 측면과 정치에 직접 활용할 수 있는 내용을 담고 있는 이 책은 현대의 지도자에게도 매우 유용하다고 본다. 그 이유는 국가라는 거대한 조직의 체제나 제도는 변해도 지도자가 가져야 할 지혜와 행위는 일반적 측면에서 거의 변함없기 때문이다.

그리고 《성학집요》의 〈수기편修己篇〉과 〈위정편爲政篇〉을 바탕으로 지도자 철학교육을 다루며 다음의 세 가지에 중점을 두었다. 첫째, 철학교육이 무엇인지를 바탕으로 《성학집요》가 가지고 있는 철학교육적 의의를 밝히는 것. 둘째, 지도자에게 철학교육이 필요한 이유에 대해 《성학집요》의 내용을 중심으로 기술記述하기. 셋째, 현재 운영되고 있는 지도자 교육 중 실제 현장에서 진행되는 교육 프로그램을 살펴보고 이에 대한 대안으로 현실적으로 실행 가능한 지도자 철학교육의 구체적 방법 제시가 그것이다.

이러한 내용을 통해 율곡의 《성학집요》가 한국철학의 지도자 철학교육으로 활용될 수 있음을 보였다고 하겠다. 또 철학은 삶 전반을 변화시킬 수 있는 유용한 학문이며 철학교육은 지도자뿐만 아니라 이를 접하는 모든 사람이 각자 자신이 직면하는 여러 문제를 주체적이고 지혜롭게 해결하는 데 도움을 줄 수 있음을 드러냈다. 마지막으로 한국적 지도자 철학교육이 지도자의 교육정책으로 자리 잡아 좋은 지도자 양성의 장이 되길 바라는 바이다.

---

2 《栗谷全書》, 19:03. 〈聖學輯要 · 序〉, "此書, 雖王於人君之學, 而實通乎上下."

《성학집요》의 철학교육적 의의

먼저 철학교육이란 무엇인지를 간략하게 살펴보고 《성학집요》의 내용이 왜 철학교육적 의의를 지니는지 알아보자.

대부분의 사람들이 철학교육이라고 하면 대학 안에서 이루어지는 교육과정만을 생각한다. 그런데 최근 철학을 상아탑에서 꺼내어 실제 삶에서 어떻게 활용할 것인가의 문제를 고민하는 일단의 철학자들이 철학실천운동을 시작했다. 1981년 세계 최초로 아헨바흐G. B. Achenbach가 '철학실천Philosophische Praxis'이라는 이름으로 현대적 의미의 철학상담을 창시했으며, 한국에서는 2007년 철학상담 연구 독회모임을 시작으로 2009년 한국철학상담치료학회가 정식으로 발족해 현재까지 활발하게 활동 중이다. 또 2019년 11월에 한국철학상담치료협회가 설립되어 더욱 활동의 폭을 넓히게 되었다.

이진남은 그의 논문에서 철학실천을 철학상담, 철학치료, 철학교육, 철학카페의 네 분야로 구분했고, 철학교육은 철학실천의 한 분야로서 철학함doing philosophy에 초점을 맞추어 철학하는 기술을 가르치는 과정이라고 보았다.

철학교육은 철학하기와 분리되지 않고 철학자는 지식만을 전달하지 않으며, 정답을 제시하기만 하지 않는다. 각자가 처한 당면 문제의 해결을 위해, 철학함에 참여하는 모든 사람은 비판적·창의적·배려적 사고를 통해 문제 해결의 올바른 방향과 실마리를 찾을 수 있다. 이것이 '실천으로서의 철학'이며, 철학교육은 철학하기와 구분되지 않는 철학활동[3]이라고 할 수 있다. 철학함을 통한 철학의 진정한

---

3 한국철학상담치료학회 엮음,《왜 철학상담인가?》, 학이시습, 2012, 233쪽.

힘은 세계관, 인간관, 가치관 등을 비판적이고 반성적으로 통찰함으로써 삶의 변화를 가능하게 할 수 있다는 것이다. 이에 따른 철학교육은 진리의 인식을 돕고 일상 속에서 실천할 수 있도록 삶의 방식을 변화시키는 역할까지를 담당해야 한다[4]고 보고 있다.

《성학집요》는 조선 최고지도자인 왕의 다스림에 필요한 '앎'과 '함'에 관한 권면이 담긴 저작이다. 유학에서 '앎'과 '함'의 문제는 객관적 대상 사물에 대한 인지적 확장의 측면뿐 아니라 도덕적 실천의 관점에서 파악되는데, 율곡의 경우에 있어 실천지의 문제는 삶의 진실을 성취하는 문제와 연결된다.[5] 《성학집요》 '진차進箚'에서 율곡은 "이치를 살피는 정밀함(察理)"과 "실천의 독실함(踐篤)"을 강조했다. 이것은 앎과 실행의 측면을 깊이 있게 논의한 것으로 볼 수 있으며, 특히 실천의 측면을 더욱 부각하였다고 할 수 있다. 이런 측면에서 《성학집요》는 철학함과 연관되며 철학교육에 관한 텍스트로 활용할 수 있다.

율곡의 《성학집요》는 선조에게 성왕聖王의 도道를 적어 배우고 익히게 하려는 목적을 띠며, 그 내용은 《대학》과 《중용》을 비롯해 유학 경전經傳의 것들이다. 율곡은 "제왕의 학문은 기질氣質을 변화하는 것보다 중요한 것이 없고, 제왕의 다스림에는 정성으로 현명한 신하를 등용하는 것보다 우선할 것이 없다"[6]고 이 책의 저술 목적을 말했

4   장영란, 〈철학적 치유로서의 철학교육〉, 《한국철학상담치료학회 학술대회》, 한국철학상담치료학회, 2010, 34쪽.

5   김경호, 〈율곡의 교육철학: 격몽과 입지를 통한 삶의 성찰과 실천〉, 《율곡학의 확산과 심화》 I , 사단법인 율곡학회, 2012, 199쪽.

6   《栗谷全書》, 19:03. 〈聖學輯要 · 進箚〉, "帝王之學, 莫切於變化氣質, 帝王之治, 莫先於推誠用賢."

다. 책에 인용된 경전의 내용은 이것을 배우는 것이 타고난 기질지성氣質之性의 측면을 교정해 나가는 데 목적을 둔 것이라고 할 수 있다.

율곡은 학문하는 것이 단지 지식을 축적하는 것이 아니라 내가 가진 기질적 측면을 제대로 깨닫고 인간이면 누구나 가지고 있는 본성에 가까워지려 노력하는 실질의 측면을 강조했다. 그러기 위해서는 부단히 자신에 대한 반성과 성찰이 필요하고, 실제로 아는 것을 실천하는 데 이르지 않으면 기질이 변화하기 어렵다고 했다. 율곡이 학문을 통해 얻고자 하는 것은 실천의 근거를 확보하려는 것이지 이론 체계를 확립하는 데 비중을 두는 것은 아니다.[7] 율곡의 수양공부론은 거경함양居敬涵養과 거경성찰居敬省察, 그리고 역행力行의 단계가 분명하게 설정[8]되는데 그가 배움에 있어 지행합일知行合一을 매우 중요한 것으로 여겼음을 알 수 있다.

이 절에서는 《성학집요》가 철학교육에 활용될 수 있다고 보았는데, 그 근거는 다음과 같다. 첫째, 자신의 문제를 바로 들여다보고 자신이 그 문제를 해결하기 위해 어떻게 할 것인지를 스스로 결정하고 그것을 실행해 해결해 나가는 주체적 측면에서 철학교육과 매우 밀접하게 연관되어 있다. 율곡은 인간의 본성이 순선함을 인정하지만, 그것은 도덕 실현의 가능성일 뿐 그 자체가 그대로 현실화되는 것은 아니라고 본다.[9] 율곡의 〈수기편〉은 입지立志, 격물格物, 궁리窮理, 정의正意, 성심誠心, 교기질矯氣質이다. 이것을 조금 풀이해 본다면, 각자 타고난 기질과 처한 현실이 다르므로 인간의 본성을 회복해 성인

7   장숙필, 〈율곡의 무실적 수기론〉, 《율곡학연구》 3집, 율곡학회, 169쪽.
8   김경호, 《인격 성숙의 새로운 지평 – 율곡의 인간론》, 정보와사람, 2008, 247쪽.
9   김경호, 《인격 성숙의 새로운 지평 – 율곡의 인간론》, 278쪽.

에 가까워지는 것은 매 순간 닥치는 한 가지 사건마다 한 가지 해결의 기본이 된다. 각각의 문제마다 이치를 고민해 밝히는 것이 필요하고 마음을 다하고 성실하게 해결해 나가며 그 문제 해결의 원리를 또 다른 삶의 문제들에 반영할 수 있는 지혜가 되도록 하는 과정, 이것이 율곡의 수기이며 철학교육인 것이다.

둘째, 철학교육은 이미 일어난 문제를 돌이켜서 그로부터 문제를 해결할 수 있도록 돕기도 하지만, 앞으로 일어날 일들에 대해 구체적으로 대비할 수 있도록 삶에 긍정적인 영향을 줄 수도 있다. 철학교육은 철학상담치료의 측면에서 예방적 차원의 교육으로 다루어지는 경우가 있다. 그래서 철학상담치료의 측면에서도 매우 바람직하다고 보며, 한편으로 철학교육이 독립적으로도 매우 유용하다고 본다. 철학자체의 지식적 측면을 획득하는 것도 효용을 가지며 특히 개인의 세계관, 인간관, 행동 방식에 면밀하게 영향을 미칠 수 있다고 보는 것이다. 철학교육은 누구나 할 수 없고 다음의 요건을 갖추고 있는 철학가들의 도움을 필요로 한다. ①철학의 내용을 올바르게 이해하고 있어야 함. ②이러한 지식을 누군가의 삶에 적용하고자 하는 의지를 갖고 있어야 함. ③그러한 지식을 언제, 어디서, 그리고 어떻게 적용하는 것이 적절한지를 이해하는 것, 더 나아가서는 다른 사람들도 나와 같이 행동하도록 권할 수 있는 개인적인 용기가 요구된다.[10]

《성학집요》는 율곡의 우환의식憂患意識을 바탕으로 한 조선조 유학문화의 결정체이며 당시 동아시아에 있어 매우 높은 독립적 유학사상이다.[11] '우환의식'은 모종삼이 그의 저서 《중국 철학적 본질中國

---

10 피터 B. 라베, 《철학의 역할》, 김수배 · 이한균 옮김, 학이시습, 2016, 359쪽.
11 황준연, 〈율곡사상에 나타난 '우환의식'-《성학집요》와 상소문을 중심으로〉, 《정신

哲學的 特質》에서 서복관 선생이 이전에 제기한 관념이라고 밝혔다. 모종삼은 "우환은 근심하고 걱정하는 것을 말한다. 이러한 우환은 기본적으로 어떻게 자신의 생명이 바르고 가치 있게 현실 속에서 표현될 것인가에 대한 도덕적 반성이다. 즉, 내가 무엇을 잘못하고 있는 것은 아닌가, 이렇게 하는 것이 참으로 올바른 행동인가 아닌가, 어떻게 하는 것이 가장 참되고 바른 행동인가, 이러한 의식들은 도덕적 자각에서 출발한다. 그러므로 곧 자기 생명에 대한 반성과 고뇌의 표현이며, 이는 바로 자기 자신이라는 주체에 대한 자각의 표현이라고 할 수 있다"라고 했다. 우환의식은 유학이 가지고 있는 대표적인 개념으로 인간의 삶에서 발생할 수 있는 모든 일에 대해 미리 걱정하며, 이러한 일들이 발생하는 것을 미연에 방지하고자 하는 의식을 늘 가지고 삶의 전반을 성찰하고 성실하게 살아야 한다는 사고방식을 일컫는다.

율곡은 《성학집요》에서 성현들의 글 속에 담긴 지혜를 활용해 자신의 우환의식을 나타냈으며, 이를 통해 조선 전체에 닥칠 수 있는 어려움으로부터 지켜 내려는 의지를 표명했다. 또 당시 최고통치자와 배우는 모든 사람에게 철학교육의 예방적 기능을 매우 강조한 철학교육을 위한 저서로 볼 수 있다.

이 절에서는 주체적인 문제 해결 능력의 향상과 예방적 측면에서 《성학집요》의 내용이 철학교육의 측면을 지닌다고 보았다. 다음 절에서는 그 안의 내용을 통해 지도자 철학교육의 필요성을 자세히 알아볼 것이다.

문화연구》, 한국학중앙연구원, 1985, 82쪽.

지도자 철학교육의 필요성

이 절에서는 먼저 현대 정치의 의미에 따른 지도자의 역할을 살펴보고 이러한 역할을 수행하는 데 있어 철학교육이 필요하다고 주장하며, 이 필요성에 관해 《성학집요》에서 논의하고 있는 바를 드러내 지도자의 철학교육의 필요성을 더욱 강조할 것이다.

현대 민주주의 사회에서는 일반적 자격을 갖춘 사람이면 누구나 지도자의 역할을 수행할 수 있고 이는 정치의 한 가지 형태로 볼 수 있다. 나라를 다스리는 일이 정치政治이고 그 목적은 국가권력을 획득·유지·행사하는 것이다. 이때 지도자의 역할은 첫째, 국민이 인간다운 삶을 영위하는 것을 돕는 것. 둘째, 국민 상호 간의 이해를 조정하는 것. 셋째, 사회질서를 바로잡는 것이다. 현재 민주주의 정치 체제에서 정치가와 행정 관료 등은 국민의 대의자代議者로서 직접 위의 세 가지 역할을 담당하기 때문에 국민의 지도자 위치에 설 수 있다. 그렇다면 그들은 지도자로서 역할 수행에 최선의 노력을 기울여 역할을 완수하는 것을 목적으로 삼아야 할 것이다. 그러므로 그들이 각 역할의 수행을 위해서 정신적 측면과 실천적 측면에서 무엇을 어떻게 해야 하는가의 문제는 매우 근본적이며 중요하다.

위에서 제시한 정치의 역할 수행에 앞서 제시되어야 하는 문제에 대해 살펴보자. 첫 번째로 국민이 인간다운 삶을 영위하는 것을 돕는 데에는 인간다운 삶의 정의내림, 그 도움의 효율적 방법에 대한 고찰이 필요하다. 두 번째로 상호 간의 이해를 조정함에 있어 공정함 자체에 대한 고찰, 문제 각각의 사안에 대한 판단의 정확성과 상호 조정 과정에서의 결단적 행동의 필요성이 제기된다. 세 번째로 사회질서를 바로잡는다는 문제에서 기강의 필요 여부와 사회질서의 지속적 실현을 위한 대안의 마련을 들 수 있다.

이러한 문제는 인간에 대한 이해, 각 당면 사태에 대한 뚜렷한 파악, 그리고 결단력과 용기, 실제적인 문제 해결 능력—이를 순서대로 달리 표현하면 인仁 · 지智 · 용勇 · 행行이라 할 수 있다— 등을 요구한다. 이 요소들은 지식의 주입으로만 가능할 수 없으며 끊임없는 사유를 통한 지적 능력의 향상을 통해 가능하고 종래에는 직접적인 행동으로 발현되어야 한다. 그리고 이것은 철학함과 밀접하게 연관되며 철학교육을 통해 함양할 수 있는 부분이라 하겠다.

그런데 철학교육을 통해 함양할 수 있는 인 · 지 · 용 · 행에 관해 《성학집요》가 언급했다고 볼 수 있는가? 먼저 책의 목록부터 이를 간접적으로 드러내고 있다고 보고 목록에 관해 간략하게 정리한 후 이 점을 좀 더 세밀히 밝혀 보겠다. 이 책의 목록을 단순화하고 상 · 하위 개념으로 표시하면 다음과 같다.

〈상위 목록〉

통설統說 – 수기修己 – 정가正家 · 위정爲政 – 성현도통聖賢道統

이 절의 내용은 주로 수기와 위정을 중심으로 삼기 때문에 수기와 위정의 하위 목록만을 정리해 보겠다.

〈하위 목록〉

 ■ 수기: 총론總論→입지立志→수렴收斂 · 궁리窮理→성실誠實→교기질矯氣質 · 양기養氣→정심正心→검신檢身→회덕량恢德量 · 보덕輔德 · 돈독敦篤→공효功效
 ■ 위정: 총론總論→용현用賢 · 취선取善 · 식시무識時務→법선왕

法先王 · 근천계謹天戒 · 입기강立紀綱 → 안민安民 → 명교明敎 →
공효功效

　두 목록 전반에는 위에서 언급했던 지도자가 함양해야 할 인·지
·용·행의 측면이 매우 잘 반영되어 있음을 볼 수 있다. 상위 목록의
통설을 살펴보면 최고통치자가 설정해야 하는 최고의 목표는 성인
聖人이 되는 것이다. 동아시아 철학에서 성인의 개념은 예로부터 실
제적 존재로 보기보다는 추구할 수 있는 최고의 이상향이다. 성인은
인, 지, 용, 행 모두를 조화롭게 갖춘 최고의 경지를 이룬 사람을 일
컫는다. 이러한 성인됨을 뜻으로 두는 것, 곧 입지立志는 무엇보다 필
요조건이 되고 성인됨은 수기와 위정 두 측면의 완성을 의미한다.
여기서 성인의 도道는 수기치인修己治人을 실현하는 것이라고 보고
있다.
　상위 목록에 따라 구성된 하위 목록은 필요조건을 위한 실천 덕목
에 해당한다. 가령 수기를 위해서는 입지를 먼저 하고 그 후 나열된
덕목을 실천하는 데 힘썼을 때 그 공효—공을 들인 보람이나 효과—
가 나타나는데 이것이 곧, 수기의 전반인 것이다. 하위 목록에서 수렴
과 궁리 · 취선 · 식시무 등은 지智의 측면으로, 교기질 · 양기 · 정심 ·
검신 · 근천계 · 입기강 · 법선왕 등은 행의 측면으로 볼 수 있을 것이
다. 또 지와 행의 측면에는 반드시 용기가 바탕이 되어야만 한다.[12]
　수기치인이란 유학의 근본적 이념으로서 수기는 주로 마음의 문
제와 관계가 된다면 치인은 주로 사회의 구조나 제도와 관련된 문제

---

12 《중용》, 20장, "知仁勇, 三者天下之達德也."

이다.[13] 유가철학의 이상적인 통치자들 가령 중국의 요堯, 순舜, 우禹, 탕湯, 문文, 무武, 주공周公은 수기와 치인의 측면을 따로 떼어 생각할 수 없는 조화로운 정치를 구현한 성인聖人이었다. 김경호는 이이의 학문 체계에서 드러나는 사회적 실천철학의 영역을 '성誠·경敬을 근거로 한 치인론治人論'이라고 규정했는데[14] 위의 상·하위 분류 체계는 이것을 잘 드러내 보인다. 즉, 이치를 살피고(察夫理), 이치를 밝히고(明其理), 실행에 옮기는 것(措諸行), 즉 '거경居敬, 궁리窮理, 역행力行'이 성인의 학문과 정치, 구체적으로는 변화기질變化氣質과 추성용현推誠用賢의 구체적 방법이라고 할 수 있다.[15] 여기서 기질을 변화하는 것은 세계관, 인간관, 가치관을 변화시키지 않는다면 불가능한 것으로 철학교육의 필요성과 매우 밀접하게 관련되어 있다. 또한 참됨—이를 성誠으로 부를 수 있다—을 밑바탕으로 인재를 발탁하여 함께 일하는 문제도 역시 명확한 판단력과 공정성, 외압에 흔들리지 않음 등이 전제되는 매우 주체적인 행위로, 철학교육을 통해 계발할 수 있는 부분이다. 그렇다면 '좋은 지도자'는 곧 성인과 같은 개념으로 수신과 위정이 모두 충족되어야 한다.

그러나 현실적으로 이 모두가 충족되고 성인과 같이 될 수 있는가의 문제와, 수신과 치인에 있어 순서가 있느냐의 문제가 제기될 수 있다. 이에 대한 율곡의 대답을 아래의 문답에서 찾을 수 있다.

어떤 이가 "정치할 때 반드시 선왕을 따라야 할 것인데 임금이 몸소

13 리기용, 〈성학집요를 통해 본 성인의 학문과 정치〉, 《한국사상과 문화》 제28집, 175쪽.
14 김경호, 《인격 성숙의 새로운 지평 – 율곡의 인간론》, 306쪽.
15 리기용, 〈성학집요를 통해 본 성인의 학문과 정치〉, 183쪽.

실천하여 아직 덕을 이루지 못했다면 어떻게 해야 하는가?" 하고 물어서, 신은 이렇게 대답했습니다. "자신을 수양함이 나라를 다스림에 앞선다는 것은 다만 순서에서 마땅히 그러함을 말한 것뿐이다. 만약에 반드시 수신이 지극해지기를 기다린 뒤에 정치를 할 수 있다고 한다면 아직 덕성이 충분하지 못했을 경우 나라를 장차 어디에 두어야 할 것인가? 정자가 '후대의 왕이 《춘추春秋》의 대의를 알면 비록 우·탕 임금과 같은 덕을 갖추지 못하더라도 오히려 삼대의 정치를 본받을 수 있다'라고 했는데, 정자가 어찌 함부로 말하여 사람을 속였겠는가. 다만 임금이 취할 것과 버릴 것을 알고, 좋아하고 미워하는 것을 참되게 하며, 반드시 다스려 보겠다는 의지를 분발하여 현명한 이를 구하여 믿고 맡기면, 덕이 비록 아직은 이루어지지 않았더라도 다스리는 도를 시작할 수 있다. 이로부터 나아가 차츰 나아가 학문이 날마다 나아지고 덕이 날마다 진보하며, 정사가 날마다 다스려지고 교화가 날로 넓어진다면 몸을 닦음과 나라를 다스리는 것이 함께 궁극적인 목표에 나란히 이를 수 있을 것이다."[16]

위의 인용으로 볼 때 좋은 지도자가 반드시 성인의 경지의 지도자로 한정되지 않으며 성인이 되고자 노력하는 과정에서 가능함을 알 수 있다. 또한 수신과 위정은 그 순서가 따로 정해진 것이 아니라

---

16 《栗谷全書》, 25:07. 〈聖學輯要 · 爲政功效〉, "或問, 爲政必追先王, 而人主躬行尙未成 德則奈何? 曰, 修身先於治國, 只言其序當然, 耳若必待修身極其至, 然後乃可爲政, 則 允德未終之前, 將置國家於何地 歟, 程子曰, '後王知春秋之義, 則雖德非禹湯. 尙可以 法三代之治, 程子, 豈妄語欺人者乎. 但得人主, 識取捨, 誠好惡, 奮必治之志, 而求賢 信任, 則德雖未成, 治道可始也, 自此以往, 漸至於學日就, 德日進, 政日理, 化日廣, 則 修身治國, 可以竝臻其極矣."

병행될 수 있다.

　이이는 위정자들이 현명하면서도 시의적절하게 실질적 효율성에 맞게 정치를 해 나갈 때 정치의 효과가 나타난다고 했다.[17] 오늘날 우리 사회는 매우 급박한 국내외 변화에 직면해 있으며, 정치나 사회에서 이에 따른 변화를 요구하고 있다. 이이는 사회 변혁을 요구하는 시기의 현실 타개책으로 경장을 말했다.[18] 경장의 주체는 '좋은 지도자'와 더불어 뜻과 행동을 같이하는 국민이다. 그들은 시대의 문제에 직면해 저절로 탄식하게 된다. 이제 나라의 근본을 제대로 바로잡기 위해 현실에 맞지 않는 제도와 관습을 새로운 시대에 맞게 바꿔 나간다. 앞선 세대의 뜻을 잘 이어서 일대의 법을 새롭게 해야만 그 업적의 공효가 선열에 빛나고 후세에 미칠 수 있다.[19] 지금 우리에게 필요한 것은 시대와 상황에 맞게 적절한 판단을 내릴 수 있는 지혜와, 판단에 따른 각자의 역할을 실천하는 실천력이다. 이와 같은 주체적인 성찰과 반성에 따른 삶의 전체적인 변화는 철학교육이 도움을 줄 수 있는 부분이다. 경장을 위한 율곡의《성학집요》를 통한 교육은 이런 면에서 현대에서의 철학교육과 그 결을 같이한다고 할 수 있다. 또한 '좋은 지도자'가 되기 위해 철학교육은 매우 필요하다고 하겠다.

17　《栗谷全書》, 5:10. 〈萬言封事〉, "以政貴知時, 事要務實, 爲政而不知時宜, 當事而不務實功, 雖聖賢相遇, 治效不成矣."

18　김경호,《인격 성숙의 새로운 지평 – 율곡의 인간론》, 313쪽.

19　《栗谷全書》, 25:10. 〈聖學輯要 · 識時務章〉, "所謂更張者, 盛極中微, 法久弊生, 狂安因陋, 百度廢弛, 日謬月誤, 將無以爲國, 則必有明君哲輔, 慨然與作, 扶擧阿維, 喚醒昏惰, 洗滌舊習, 矯革宿弊, 善繼先王之遺志, 煥新一代之規模, 然後功光前烈, 業垂後裔矣."

현現 지도자 교육 프로그램의 내용 검토

본 절에서는 현재 이루어지고 있는 지도자 교육 가운데 공무원 교육 프로그램의 내용을 검토해서 실질적으로 철학교육을 포함해 인성 함양과 관련된 프로그램이 차지하는 비율과 그 내용의 적합성을 검토했다. 이 자료는 2018년 현재 ○○도 모 기관에서 진행하고 있는 교육 가운데, 도민 교육을 제외한 공무원 교육의 내용만을 대상으로 한다. 기관 고유의 교육 프로그램이므로 기관의 명칭을 밝히지 않는다. 이 기관에서 실시하는 공무원 대상 교육은 크게 사이버교육과 집합교육으로 나누어져 있는데 교육의 내용은 〈표 1〉, 〈표 2〉와 같다.

〈표 1〉

구 분	분 야(해당 차수)	교육 내용(해당 차수)
e-러닝교육 (사이버교육)	외국어(4)	영어 등 어학(4)
	정보화(7)	한글 등 프로그램 관련(5)
		미디어 활용(1),
		디지털 영상 자료 편집(1)
	직무(16)	법령 및 제도(2)
		인사 및 예산 실무(5)
		재난 및 환경(3)
		사회복지 및 인권(5)
		공무원노조 활동(1)
		부패 앞에 단호해지기(1)
	소양(35)	시간 관리 및 업무 효율 증진(8)
		긍정 심리 및 자기경영(9)
		지역 및 국가 문화(5)
		환경 및 재난 관리(4)
		리더십 강화 및 소통(5)
		인문학(4)
	공직 함양(4)	국가 사랑(1)
		역사인식(1)
		청렴 인식 및 행동강령(2)

구 분	분 야	교육 내용	
집합교육	기본교육	신규임용(후보)자 과정 6급승진자 과정 7급승진자 과정 초급관리자 과정 실무전문가 과정	논의 자료①
	리더십교육	과장리더십 과정 팀장리더십 과정 시·군 고급관리자 과정 핵심 리더 과정 글로벌 리더 과정 여성 리더 역량개발 과정	논의 자료②
	전문교육 (현장학습)	투자 유치 협업, 사회적경제 활성, 마을공동체 만들기 협업, 범죄예방 환경 설계, 도시재생 뉴딜 정책 이해	
	전문교육 (직무전문)	실무 업무능력 강화, 외국어, 복지, 환경, 인권	
	전문교육 (감성·소양)	강원학, 문화예술, 인문학 산책, 출산 육아 여가와 레저활동, 스토리텔링	
	전문교육 (심신 치유)	템플스테이, 명상, 자연 심신 치유, 행복심리, 건강	
	전문교육 (정보화)	업무 관련 프로그램, 영상 촬영 및 편집, 인터넷 관련	
	전문교육 (퇴직 대비)	전통발효, 산야초, 창작 글쓰기, 면접관 역량 마을 만들기 리더 양성	

〈표 1〉은 e-러닝교육 즉, 사이버교육으로 직급별·기간별로 의무 수강해야 한다. 사이버 수강의 경우에는 개인별로 컴퓨터로 학습이 이루어지고 실제로 수강 여부에 대해 객관적 평가를 할 수 없어 이 글에서는 참고자료로만 활용했다. 〈표 2〉의 경우에는 특성상 교육 분야별로 먼저 나누고 교육의 내용은 각 과정을 적었다. 기본교육과 리더십교육은 각각 6급 이하 공무원과 5급 이상 공무원을 대상으로 세분화되어 있어 별도의 논의로 추가하고, 철학교육을 포함한 인성 교육의 포함 여부 및 비율을 알아보았다.

첫 번째로 기본교육 ①의 경우 총 네 분야로 나뉘는데 가치, 직무, 소양, 조직력 및 현장학습이다. 직무 분야와 조직력 및 현장학습은 논의 대상에서 제외하고 가치, 소양 분야의 교육 내용을 살펴보면 핵심 가치 교육은 대부분 공직에서 필요한 가치와 국·도정 시책에 관련한 교육이다. 공직 가치 교육의 경우에는 사회적 가치와 소통, 공직윤리, 애국 사상 등을 다룬다. 소양 분야 교육은 역사와 문화, 스피치speech, 지방분권과 발전, 인문학 교육이 이에 해당한다. 두 가지 교육 모두 직급별로 중복되는 부분, 상위 직급으로 올라가면서 개론에 해당하는 부분을 줄이고 세부 내용으로 이루어지는 경우가 많았다. 여기에서 인성 함양과 관련되고 철학적인 측면의 교육이 차지하는 부분을 검토했을 때 사회적 가치와 소통, 공직 가치와 윤리, 인문학 교육으로 볼 수 있으며 이 교육이 총 교육에서 차지하는 비율은 약 15퍼센트 미만이다.

두 번째로 리더십교육 ①의 내용은 다음과 같다. 먼저 과장 리더십은 도 4급 이상 공무원 교육으로 자기정체성, 공정성, 소통, 리더십으로 이루어져 있다. 팀장 리더십 과정은 도 5급 공무원 교육으로 의사소통, 갈등 조정, 리더십, 업무 공정성, 인문 소양, 건강특강이다. 시·군 고급 관리자 과정은 국·도정 주요 시책 이해와 직무 교과 위주이다. 핵심 리더 과정의 경우는 앞서 살펴본 ②의 초급관리자 과정과 유사하지만 창의 소통 역량, 자기개발 역량의 분야에서 자기관리와 인문 소양, 리더십, 소통, 조직 관리 등이 추가된다. 글로벌 리더는 외국어 역량과 글로벌 마인드, 통상 실무 등이 대부분을 차지했고 인문 소양은 약 5퍼센트를 차지했다. 여성 리더 역량 개발 과정은 여성의 사회적 가치 및 소통 관련 내용으로 약 40퍼센트 정도가 인문교육에 해당한다.

이같이 〈표 1〉과 〈표 2〉의 내용을 단순 검토하면 상위 직급의 공무원 교육을 제외하고는 인문학에 관련된 교육 시간은 정확한 수치로 나타낼 수 없지만 많은 부분을 차지하고 있지는 않다. 내용 면에서는 사회적 가치, 공직윤리, 인문학 교육이고 과장 리더십 정도만이 철학교육에 가까운 교육 내용을 담고 있다고 볼 수 있다. 과장 리더십의 경우 '나는 어떠한 과장인가?', '공정한 업무 배분', '부서 내·부서 간 소통', '리더십 특강'의 내용을 가지고 있는데 이것은 모든 철학적인 문제로 다룰 수 있다. 그러나 리더십교육의 경우는 기본교육과 비교해 볼 때 교육 대상 수가 매우 적다.

결론적으로는 대부분의 교육 내용에서 철학적 내용이 차지하는 비율은 낮다고 볼 수 있다. 또 대부분의 프로그램은 1~2회 정도로 끝나기 때문에, 비판적 사고의 증진이나 창조적 내용의 산출과 같은 철학적인 효과를 기대할 수 없다고 보인다. 그리고 가치교육이나 윤리교육에 있어서 대부분은 강의를 듣고 난 뒤 당면한 문제 해결을 위한 해당 주제에 따른 토론 과정 같은 실질적인 부분이 없으므로 약한 효과를 나타낸다고 여겨진다.

이처럼 현재 진행되고 있는 지도자 연수 교육과정에서 인성 함양을 위한 철학교육은 질적 측면, 양적 측면에서 모두 부족한 상황이다. 많은 사람이 시간을 들여 교육을 받고, 교육을 담당하는 자치단체에서는 예산과 인력 등을 투자한다. 이러한 교육을 통해 얻고자 하는 것은 현재 시스템의 한계를 벗어나 좀 더 창조적이고 합리적으로 개인과 사회를 변화·발전시키는 것이다. 그렇다고 한다면 좋은 지도자 양성을 위해서 그와 같은 효과를 목적으로 하는 철학교육이 필요하다고 보는 것이다.

이 절에서 지도자 교육으로 철학교육을 제시했지만 앞서 살펴보았듯이 모든 실질적인 사회의 변화는 좋은 지도자만으로는 이룰 수 없다. 반드시 그와 짝을 하는 국민이 필요한 것이다. 따라서 지도자 교육으로서의 철학교육만이 아닌 기초학문으로서의 철학교육이 제도적으로 수반되어야 할 것이다.

지도자 철학교육 방법 제시

이 글이 시도하고자 하는 지도자 철학교육에 있어 중점을 둔 부분은, 기존에 받아 왔던 주입식 교육에서의 탈피를 감행한다는 데 있다. 이미 지도자로서 기존 교육을 받는 사람들은 대부분의 학교교육에서의 주입식 교육과 관료 계통에서 일정한 지위 체계에 익숙해져 있을 것이다. 또 협력과 상생을 주장하는 집단 전체의 목표와 자신의 업무 독립성, 수행 과제의 비지속성 등 개별적 목표는 서로 배치背馳될 수밖에 없다. 따라서 업무를 수행함에 있어 커다란 시스템에서 하나의 부속에 불과하다는 의식을 가질 수 있고, 이로 인해 개인주의적 경향을 나타낼 수 있다.

철학교육이 다른 교육과 다른 기본적 특징은 철학적으로 생각하기와 자유롭게 토론하기이다. 필자는 이 기본적 특징을 바탕으로 지도자 철학교육 방법론을 제시하는데, 그 텍스트는 《성학집요》를 주로 하고 방법적 측면은 이지애의 연구 논문 〈Lipman의 탐구공동체 community of inquiry 철학교육모형: 우리 한국적 토양에 적용 가능한가?〉를 참조하고자 한다. 텍스트로 활용하는 《성학집요》의 내용은 앞에서 제시한 〈하위 목록〉에 해당하는 내용이다.

다음의 〈표 3〉은 각 항목의 실제 활용에서 필요한 토론 주제를 정리한 것이다.

목 적	항 목	토론의 주제
수신修身) (나) (내적) (성찰)	입지立志	▶ 자신의 10대~현재 시점까지 입지한 경험과 이를 실현한 적이 있는지 생각해 보기 ▶ '입지'는 무엇이며 나는 무엇을 입지할까에 대한 생각 ('입지'에 관한 콘텐츠를 선별, 이에 대해 짧은 독서 시간 갖기) ▶ '지도자는 왜 입지해야 하는가?'에 대한 토론 ▶ '나와 지도자로서 내가 일치된 목표를 가졌을 때 유용한가, 혹은 두 가지 목표를 달리 가지고 사는 것이 유용한가'에 관해 토론하기 ▶ 현재의 상황에서 입지하기 (두 가지의 측면: 시기를 고려한 두 가지 이상으로 생각하기)
	궁리窮理	▶ 제대로 안다는 것은 무엇인가? ▶ 업무 파악에서 끝까지 아는 것은 왜 필요한가?
	교기질矯氣質	▶ 변화가 가능할까? (대답으로 조를 나눠서 조별 토의) ▶ 업무에서 기질로 인해 힘들었던 경험과 극복의 실제 방법
	정심正心	▶ 마음과 몸이 연결되어 있음을 경험한 사례 ▶ 정심과 공직 도덕성 간의 관계
위정爲政 (우리) (외적) (행위)	용현用賢	▶ 현명한 사람 또는 그렇지 못한 사람의 차이점을 알 수 있을까? ▶ 업무에서 등용 에피소드 (파트너에 따른 업무의 차이를 느낀 경험이 있는지에 관해)
	식시무識時務	▶ 때와 상황을 알려면 눈치만 빠르면 될까? ▶ 업무에서의 적합성, 적절성
	입기강立紀綱	▶ 사적인 것과 공적인 것의 구분으로 생긴 문제 예시 들어보기 ▶ 기강을 세우는 것과 자율의 문제의 관계는?
	명교明敎	▶ 모범이 된다는 것과 가르친다는 것은 연관성이 있는가? ▶ 누구든지 나의 스승이 될 수 있는가?

이 표는 《성학집요》의 내용을 매우 간략하게 지도자 철학교육에서 다뤄 봄직한 주제에 관한 질문들로 구성한 것이다. 본 글에서는 각 주제에 따른 고전 문구文句나 율곡의 첨언添言을 신지 않았다. 그러나 실제 교육에서는 가능한 《성학집요》에 담긴 내용을 읽어 보는 독서의 과정이 있어야 철학교육의 성격을 다분히 지닐 수 있을 것이다. 율곡은 《성학집요》〈궁리장〉에서 진리 탐구 및 실천 방법으로 독

서의 중요성을 강조했으며 실제로 책 읽는 법을 다루기도 했다.

율곡은 지도자들이 할 공부에서 먼저 자신을 세우는 것을 들었고 이후 이를 가정과 사회로 확대했으며 최종적으로는 대동사회의 실현을 꿈꾸었다. 그러나 위의 장에서도 밝힌 바와 같이 수신이 다 되지 않았다고 해서 사회적 지위에서 자신의 역할을 할 수 없는 것이 아님을 말했다. 지금 자신이 처해 있는 지위와 환경에서 끊임없이 반성하고 성찰해 자신을 계발하는 것에 힘써야 한다고 본 것이다. 이 글에서 지도자 교육에 있어 실제 자신이 처해 있는 곳에서 어떤 반성과 성찰을 할 수 있을지 관해《성학집요》를 참조해 위와 같이 정리한 것이다. 다음은 방법적 측면으로 제시한 이지애의 논문 안에 있는 네 가지 철학교육 방법 모형[20]에 드러난 특징에 해당하는 점을 활용하고자 한다.

〈표 4〉 철학교육 유형의 네 가지 모형

	Wisdom		
나	*자기 성찰적 득도得道 모형 *(Jeremiah P. Conway) *자기성찰적 목적의 철학교육 *"음미 되어진 삶"의 실현 *나 홀로 철학이 될 수 있음	*창조적 탐구공동체 모형 *(Mattew Lipman) *창의적 사고+배려적 사고 *인지적+강력한 감성+의지적 측면 *서사적 형식(Narrative form)	우리
	사 랑		
	지 혜		
	*논리비판적 사고 훈련 모형 *(Robert H. Ennis) *비판적 사고력, 합리적 의사 결정 *철학교육의 기본적 기술 *문화−상대적인 합리성에 관한 차이 존재	*민주사회 시민의 도구적 이성 모형 *(David I, Hildebrand) *'철학하기'의 사회적 유용성 *현실 속 생동감 있는 철학하기 *'지성'의 습관화	
	Reason		

---

20 이지애, 〈Lipman의 탐구공동체(community of inquiry) 철학교육모형: 우리 한국적 토양에 적용가능한가?〉,《윤리철학교육》, 윤리철학교육학회, 2003, 4쪽.

〈표 4〉에서 먼저 눈에 띄는 부분은 가로와 세로의 선이다. 가로는 수평적인 확장으로 이는 충서忠恕의 개념과 매우 밀접하게 보인다. 또 세로는 수직적 발전으로 격물을 통한 치지致知의 개념과 더불어 생각해 볼 수 있을 것이다. "지·혜·사·랑"으로 표현된 개념들은 나와 우리, 이성과 지혜의 정도에 따른 구분으로 이는 씨실과 날실이 정교하게 교차하고 어우러졌을 때 나타나게 될 직조의 상징이라고 할 수 있을 것이다. 아래는 각각의 부분들이 《성학집요》의 내용과 더불어 철학교육에서 어떠한 부분의 향상을 도울 수 있을지에 관한 내용이다.

"지"는 비판적 사고력 훈련을 통해 합리적인 의사 결정을 가능하게 해 주는 논리력 향상을 도울 수 있다. 《성학집요》에서 이에 해당하는 부분은 〈수기편〉의 "궁리"이다. 율곡은 "깊이 생각하고 헤아려 보아 터득한 것이 있고 말끔히 풀리고 스스로 확신하게 되며 즐겁고 기쁘며 깨끗하여져 말로써 표현할 수 없는 것이 있다면 참으로 터득한 것"[21]이라고 했다. 우리가 합리적인 의사 결정을 위해서는 기본적으로 앎에 있어 의심스럽지 않은 것이 필요하며 깊이 생각하는 과정을 통해 결과에 대한 확신에 이를 필요가 있다는 것이다.

"혜"는 '철학하기'가 단지 개인에 국한되어 있는 것이 아니라 사회적으로 매우 유용할 수 있음을 경험하도록 하는 것이다. 이것은 모든 사람이 매 순간 매번 다른 문제를 겪을 수밖에 없는 상황이라는 인식의 확인이라 볼 수 있다. "한 철학자가 자신의 사상을 수립하기 전에 부딪혔던 사회적, 역사적 맥락에 대한 동감sympathy은 그 당

---

[21] 《栗谷全書》, 20:66. 〈聖學輯要 · 修己 上〉, "思慮有得 渙然自信 沛然說豫 灑然有不可 以言語形容者 則是眞有得也."

시의 철학자의 문제 상황이 지금, 여기의 학생들이 겪는 갈등 상황과 어떠한 측면에서 연결될 때 비로소 그 철학사상은 하나의 지식에 머물지 않고 '하나의 탐구', 즉 '철학하기'를 발생시킬 수 있다"[22]는 것이다. 이것은 개인의 측면에서는 상황에 따른 적절한 자신의 행위적 변화와 화합의 측면을 논할 수 있을 것이며, 집단의 측면으로 본다면 사회·역사의 맥락을 파악하고 이에 따른 적절한 방법의 적용이 가능한 것에 대응해 볼 수 있을 것이다.

《성학집요》의 내용에서 이를 다룬 것으로는 〈위정편〉의 식시무, 법선왕과 〈성현도통〉을 들 수 있을 것이다. 식시무의 창업創業·수성守成·경장更張과 선왕을 본받음, 그리고 복희伏羲에서 주공主公, 공자孔子, 맹자孟子로 이어진 사상의 근본을 지속하는 것이 그 내용이다. 이것은 끊임없는 상황과 환경의 변화에도 지속해야 할 인간 근본의 동감을 철학적으로 연결할 수 있는 고리가 될 수 있다고 본 것이다.

"사"는 철학교육이 자기반성과 성찰이라는 목적을 갖는다는 측면에서 《성학집요》의 응용에 합당하다고 볼 수 있다. 철학교육 과정에서 "삶의 음미"가 가능하다고 보았으며 그로 인해 자신의 성장을 경험할 수 있다는 것이다. 이것은 《성학집요》〈수기 중中〉에서 주로 다뤄지는 부분들로 성실, 정심과 같은 항목들과 연관지을 수 있다. "지志는 성실이 아니면 확립하기 어렵고, 이치는 성실이 아니면 깨닫기 어렵다",[23] "마음속을 깨끗이 해 단 하나의 생각도 없게 하여 기를 맑

---

22 이지애, 〈Lipman의 탐구공동체(community of inquiry) 철학교육모형: 우리 한국적 토양에 적용가능한가?〉, 6~7쪽.

23 《栗谷全書》, 21:5. 〈聖學輯要·修己 中〉, "臣又按 誠意爲修己治人之根本. 今雖別爲一章 陳其大槪 而誠之之意 實貫上下諸章. 如志無誠則不立 理無誠則不格 氣質無誠則不能變化 他可推見也."

222   철학의 여러 문제와 철학실천

고 조화롭게 해 오래도록 순수하게 익혀 굳어지고 안정이 되면 늘 마음이 우뚝 서 있어 사물에 끌려 다니거나 얽매이지 않음을 느낄 수 있게 된다"[24]고 한 부분은 음미하는 삶을 살아가기 위한 자세를 논하고 있다고 하겠다.

"랑"은 철학교육자이며 1974년 '어린이 철학P4C: Philosophy for Children"운동을 시작한 매튜 립맨Matthew Lipman의 탐구공동체 철학교육 모형이다. '서사적narrative 모형'이라고 할 만큼 일상적인 삶의 이야기에서 철학하기로 공동체 안에서 창조적 과정이 이루어진다. 함께 이야기를 읽고 함께 생각할 주제나 질문을 구성하는 '함께' 개념이 토론 자체보다 중요하게 다뤄진다.[25] 여기에서 창의적 사고와 배려적 사고를 기르게 된다는 것이다.

이것은 실제 현장에서 지와 행의 합일 문제로 귀결된다. 율곡은 《성학집요》 전반에서 지와 행의 합일을 지속해 다뤘으며 특히 행위적 측면을 중시했다. 철학하기는 실질적인 현장의 지도자 철학교육에서 이행해야 하는데 이때 탐구공동체의 철학교육 모형은 그 활용의 측면을 도울 수 있다고 본 것이다.

다양한 유용성을 지니는 네 가지 모형은 뚜렷한 특징을 지니고 있고 유기적으로 연관되는 부분도 있다. 본 프로그램에서는 이런 특징을 함께 다루는 데 나름의 의미가 있을 것으로 본 것이다.

〈표 5〉는 이를 바탕으로 해서 필자가 제시하는 프로그램의 진행 개요와 예제를 담고 있다.

---

24 《栗谷全書》, 21:8. 〈聖學輯要 · 修己 中〉, "洗濯心地 使無一念 以來淸和氣象 久久純熟 至於凝定則常覺此心卓然有立."

25 이지애, 〈Lipman의 탐구공동체(community of inquiry) 철학교육모형: 우리 한국적 토양에 적용가능한가?〉, 12쪽.

〈표 5〉

회기	주제 교육 1회 / 전체 교육 8회 중				
회기 목표	내적인 성찰을 통해 추구하는 목표에 대해 명확히 해 보기				
주제	대주제	입지立志: 최종 다다르고자 하는 목표를 설정해 보기			
	소주제	▶자신의 10대~현재 시점까지 입지한 경험과 이를 실현한 적이 있는지 생각해 보기 ▶'입지'는 무엇이며 나는 무엇을 입지할까에 대한 생각 ('입지'에 관한 콘텐츠를 선별하여 이에 대해 짧은 독서 시간 갖기) ▶'지도자는 왜 입지해야 하는가'에 대한 토론 ▶'나와 지도자로서 내가 일치된 목표를 가졌을 때 유용한가 혹은 두 가지 목표를 달리 가지고 사는 것이 유용한가'에 관해 토론하기 ▶현재의 상황에서 입지하기 (두 가지 측면: 시기적인 측면을 고려한 두 가지 이상으로 생각하기)			
진행 순서	도입 (20분)	토론 (30분)	휴식 (10분)	발표 (40분)	마무리 (10분)
진행 과정	주제 관련 열린 생각하기 및 콘텐츠 읽기	주제별 소주제 모둠 토론	간식, 티타임	소주제별 모둠 발표	결론 만들기 &결과물 내기
참가자 범위	전체	모둠	전체	전체	개인 & 모둠

프로그램 구성은 회기와 관련해서는 철학교육의 철학적 생각하기의 습관 형성이라는 목표에 있어 단기적 교육이 바람직하지 않으나 단기적으로도 가능한 프로그램이 될 수 있도록 하고자 한다. 이는 현 공무원 교육 프로그램의 현실에 부합되는 측면을 가지는 한계가 있지만, 앞으로 교육의 실현을 점차 확대해 갈 수 있기 위한 초석의 마련이라는 부분도 가진다고 하겠다. 각 프로그램 운영은 주 진행자

1명과 보조진행자 여러 명이 함께 진행한다. 각 회기에 따라 교육 인원이 변하므로 이에 따라 진행 인원은 유동적일 수 있다. 실제로 진행자의 경우 교수자 입장이 아닌 동등한 모둠의 일원으로 함께 프로그램에 참여하며, 구성원들의 결정적인 오류에만 관여하도록 한다.

모든 프로그램은 토론 식으로 진행된다. 이러한 토론은 주제 선정, 모둠의 구성에도 예외 없이 실시된다. 구성원이 서로 격려하는 가운데 이야기하고 듣는 협동의 과정을 경험하도록 한다. 집단 토의 후 자신의 문제에 있어서 직전의 경험을 적용해 보고, 자기반성적이고 성찰적인 삶을 살아가도록 '철학하기'를 확장해 보도록 한다.

이렇듯 구성과 내용, 진행 면에서 《성학집요》와 이지애의 모형이 혼합된 철학교육을 실천할 수 있도록 한다. 그리고 실제 교육에 참여하는 지도자들이 나와 관련된 혹은 타인과의 문제, 업무 문제에 있어 교육을 통해 경험한 철학적인 사고방식을 적용하는 데 이르도록 한다. '좋은 지도자'에 대해 스스로 성찰하도록 하고 지금의 나를 반성하고 앞으로 어떤 목표를 설정할 것인가와 어떻게 실현하는가에 관해 철학적 사유를 할 수 있도록 철학함을 경험하게 하고 이를 체화할 수 있게 돕는다. 이로써 개인의 만족과 동시에 사회 일원으로서 보람과 만족을 가지게 될 수 있다고 본다.

나가는 말

이 글은 전체적으로 우리 사회를 이끌어 가는 지도자들이 좀 더 '좋은 지도자'가 되는 길로 갈 수 있는 철학교육을 주장하고 그 방법을 제시했다. 부분적으로는 철학교육의 의의를 《성학집요》를 통해 밝히고, 지도자 교육으로서 철학교육의 필요성을 논했으며, 현재 이루어지고 있는 지도자 교육 프로그램의 내용을 살펴봄으로써 교육 프로그램 전반에서 철학교육의 부재를 드러냈다. 또한《성학집요》와 이지애의 논문에 등장하는 네 가지 철학교육 모형을 함께 적용한 지도자 철학교육 방법을 간략하면서도 구체적으로 제시했다.

이 글은 철학교육이 '철학함'과 다르지 않다는 것을 드러내고 있다. 또 모든 지도자가 특화된 지도자 철학교육을 경험함으로써 '좋은 지도자'가 될 수 있다고 보고, 국가에서 정책적으로 이를 시행해야 한다고 주장했다. 철학교육에는 매우 다양한 방법이 있지만, 이 글에서는 우리와 좀 더 가까운 한국철학 콘텐츠인 율곡 이이의《성학집요》를 활용했다. 한국철학을 비롯한 동아시아 철학이 활용될 수 있는 철학교육 방법론을 제시한 것은 뜻 있고 새로운 시도라고 본다. 철학교육이 다양한 측면에서 구체적으로 이루어질 때 철학이 유용한 학문으로 인식되고 교육 전반에서 자리 잡을 수 있을 것이다. 철학함은 사유의 측면과 실천의 측면을 모두 향상하며 가치관, 인생관, 세계관 전반의 변화를 가져올 수 있고 각자의 당면 문제를 주체적으로 해결하도록 할 수 있다.

이 글이 단지 글로 머물지 않기 위해서는 좀 더 구체적이고 실행 가능한 측면을 보강해 현장에서 실제로 행해지고 그 효과의 측면을 기술하는 보고에 이르러야 할 것이다. 또한 철학교육을 사회 전반으로 확대하는 역할을 돕고 '좋은 지도자' 양성에 실제로 활용되어야 할 것이다.

참고문헌

《중용中庸》
이이,《율곡전서栗谷全書》25권,《성학집요聖學輯要》

김경호,《인격 성숙의 새로운 지평-율곡의 인간론》, 정보와사람, 2008.
매튜 립맨,《고차적 사고력 교육》, 박진환 · 김혜숙 옮김, 인간사랑, 2005.
모종삼,《중국철학강의》, 김병채 외 옮김, 예문서원, 2011.
블레인 리,《지도력의 원칙The Power Principle》, 장성민 옮김, 김영사, 1999.
이이,《성학집요》, 김태완 옮김, 청어람미디어, 2007.
피에르 아도,《고대철학이란 무엇인가》, 이세진 옮김, 열린책들, 2017.
피터 B. 라베,《철학의 역할》, 김수배 · 이한균 옮김, 학이시습, 2016.
한국철학상담치료학회 엮음,《왜 철학상담인가?》, 학이시습, 2012.

김경호, 〈율곡의 교육철학:격몽과 입지를 통한 삶의 성찰과 실천〉,《율곡학의 확
    산과 심화》I , 사단법인 율곡학회, 2012, 197~234쪽.
리기용, 〈성학집요를 통해 본 성인의 학문과 정치〉,《한국사상과 문화》제28집,
    173~198쪽.
이지애, 〈Lipman의 탐구공동체community of inquiry 철학교육모형: 우리 한국
    적 토양에 적용가능한가?〉,《윤리철학교육》, 윤리철학교육학회, 2003, 1~13
    쪽.
장숙필, 〈율곡의 무실적 수기론〉,《율곡학연구》3집, 율곡학회, 155~207쪽.
장영란, 〈철학적 치유로서의 철학 교육〉,《한국철학상담치료학회학술대회》, 한국
    철학상담치료학회, 2010, 33~50쪽.

3부

철학실천

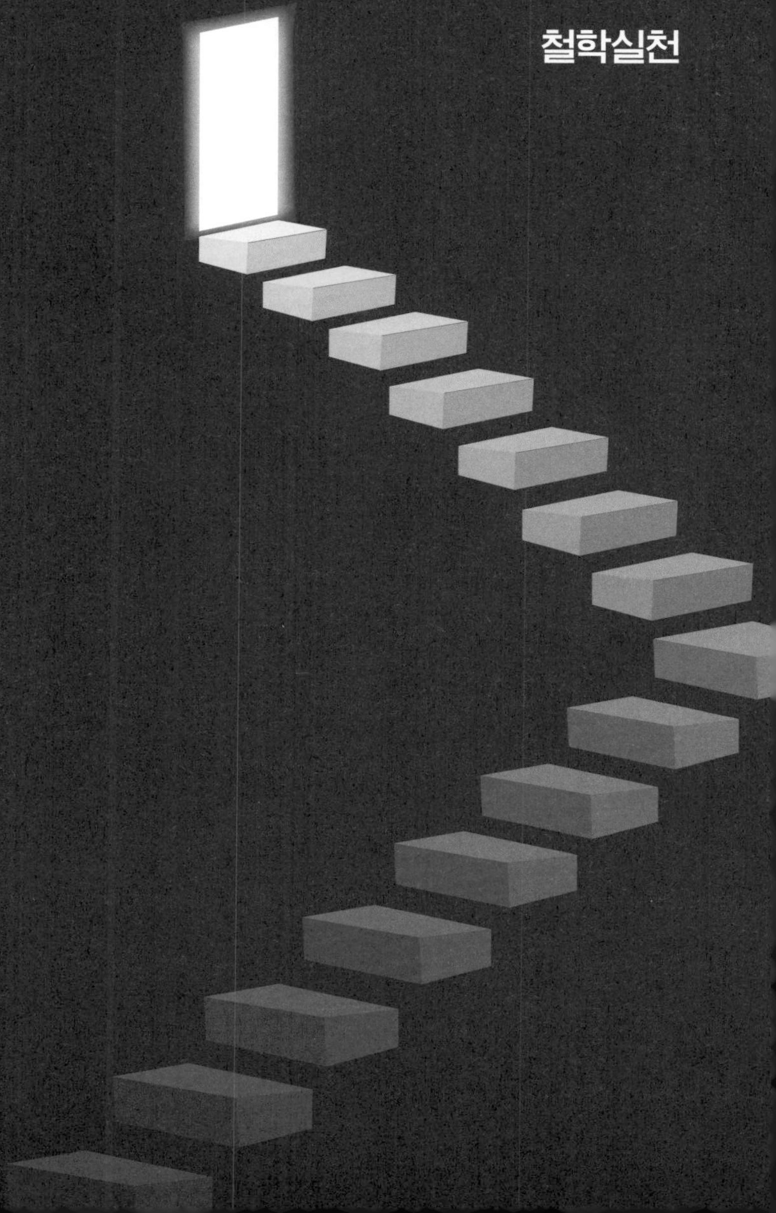

7
문제해결과 철학실천

이진남

이 글은 《가톨릭철학》(2015.10)에 게재된 원고를 수정 및 보완하여 재수록한 것이다.

철학은 지식이 아니라 활동이다. 철학은 명사가 아니라 동사이다. 철학을 한다는 것은 철학적 지식 혹은 기존 철학자들이 말한 바를 공부하는 것이 아니다. 철학의 시작은 궁금해하는 것이고 의심하는 것이다. 따라서 철학은 흔히 궁금해하고 의심하며 놀라워하고 당혹해하는 것으로 설명되어 왔다. 철학을 이렇게 바라보는 견해는 아리스토텔레스가 당혹감으로 철학을 하기 시작했다는 주장으로까지 거슬러 올라간다. 아리스토텔레스는 다음과 같이 철학의 시작을 설명한다.

지금이나 예전이나 사람들은 '(어떤 것을) 의아하게 생각함(驚異)'으로써 '지혜를 추구하기'(철학하기) 시작했다. 처음에는 가까이에서 벌어진 뜻밖의 (조그만) 일들을 의아하게 생각하고, 놀라고, 그 다음에는 조금씩 앞으로 나아가, 예를 들어 달의 겪이(현상)들, 해와 별들의 주변 현상들, 우주의 생성에 관해 의문을 품었다. 그리고 영문을 몰라 (어떤 것을) 의아하게 생각하는 사람은 자신이 모른다(무지하다)고 생각한다. 〔그렇기 때문에 신화 애호가들도 어떤 점에서 철학자다. 신화는 놀라운 일들로 짜여 있기 때문이다〕 그래서 그들이 무지에서 벗어나려고 철학을 했다면, 그들은 분명히 쓸모(유용성)를 위해서가 아니라 이해를 위해 앎을 추구했다. 이는 벌어진 일(의 과정)을 통해 확인된다. 다시 말해 사람들은 (물질적인) 안락과 오락을 위해 필요한 모든 것들이 거의 다 갖추어졌을 때, '그러한 앎'(즉, 철학)을 찾아 나섰다. 이렇듯, 우리는 분명히 어떤 다른 쓸모(이익) 때문에 지혜를 찾지 않는다. 마치 남이 아니라 자신을 위해 있는(존재하는) 사람을 "자유인"이라 부르듯이, 이런 앎만이 모든 앎들 가운데 또한 "자유롭다"고 우리는 말

한다. 그것만이 제 자신을 위해 있기(존재하기) 때문이다.[1]

여기서 아리스토텔레스는 지혜를 추구한다는 의미의 철학하기 philosophein를 의아하게 생각함 혹은 당혹감thaumazein을 통해 시작한다고 말하고 있다. 처음에는 주변의 작은 일에서 출발하지만 점점 더 어렵고 거창한 문제들에 의문을 가지게 된다고 말한다. 그리고 이렇게 무지가 주는 당혹감에서 의문을 가지고 철학을 하는 것은 실질적인 이익 때문이 아니라 이해 자체를 위해 한다는 것이다. 다른 어떤 목적을 위해서가 아니라 그 자체를 위해 추구하는 앎이 진정으로 자유로운 앎이고, 이것이 바로 철학하는 사람들의 자세라고 말한다. 이는 철학이 추구하는 앎 혹은 지식은 도구적 지식에 불과한 것이 아니라 인간 자신의 실존과 거기에서 파생된 것들에 관한 것이라고 이해할 수 있다. 이런 점에서 아리스토텔레스가 제시한 '철학하기'의 개념은 문제풀이지만, 시험을 치르는 것과 같이 단순히 주어진 문제를 푸는 것이 아니라 나와 세계와 관련한 모든 것들에 대해 지성적, 감성적, 욕구적 감수성을 가지고 문제를 만들어 내고 다시 그 문제에 대해 답을 찾아가는 과정이라고 할 수 있는 것이다.[2]

따라서 '철학을 한다doing philosophy'는 것, 즉 철학실천은 인간이

---

1 아리스토텔레스, 《형이상학》, I, ii, 982b12~28. 다음의 번역을 따른다. 아리스토텔레스, 《형이상학》, 김진성 옮김, 이제이북스, 2007.

2 혹자는 필자가 아리스토텔레스의 '철학하기'를 '문제해결'로 축소했다고 비판할 수 있는데, 이는 '문제해결'의 의미를 일상적 혹은 과학적 문제풀이로 한정할 때나 가능한 이야기다. 또한 '철학하기'를 일상적 생활과 유리된 추상적이고 관념적인 활동으로 보는 것을 전제로 한다. 그러나 필자는 '철학하기'뿐 아니라 '문제해결' 또한 대상이 열려 있는 넓은 의미로 보고 있기 때문에 '철학하기'는 곧 '문제해결'로 볼 수 있다고 생각한다.

자기 자신과 주변 세계에 대해 궁금해하고 문제를 던지며 푸는 활동이자 과정이라고 말할 수 있다. 그렇다면 철학자는 문제해결의 전문가라고 해야 할 것이다. 그런데 과연 오늘날의 철학자들은 문제해결의 달인이라고 할 수 있을까? 과거 철학자들이 풀어 놓은 문제들을 "공부"하는 것으로 만족하는 것은 아닌가? 철학자들 말고 다른 분야의 문제풀이 전문가들은 어떻게 문제를 풀고 있을까? 그들과 철학자들의 문제풀이는 그 방식과 스타일에서 어떻게 다를까?

대체적으로 철학자들의 문제풀이는 순수한 당혹감과 의아함에서 출발한다. 그리고 어떠한 전제도 당연한 것으로 여기기 않는 철저한 의심을 신조로 삼기 때문에 특정 기술을 도식화하거나 특정 이론에 안주하지 않는다. 반면 몇몇 심리학자나 교육학자와 같은 문제풀이자들은 기술적이고 도구적인 유용성을 추구한다. 그들은 도식화한 편리한 기술을 만들고 연마하여 요긴하게 사용한다. 그렇다면 철학자들의 문제풀이 방식이 심리학자나 교육학자들의 방식보다 항상 우월하고 신뢰할 만한가?

이 글에서 필자는 여러 분야의 문제풀이 방식을 비교하고 그 원형으로서 존 듀이John Dewey의 반성적 사고의 다섯 단계를 제시하며 이들 간의 공통점과 핵심적 사항들을 추출하고자 한다. 그리하여 철학실천에 있어 문제해결형 모델의 가능성과 기본 구조를 분석하는 것을 목적으로 한다.[3] 각종 문제해결 모델을 비교하고 원형으로서의 존 듀이의 반성적 사고의 다섯 단계를 분석한다. 그리고 모든 문제

---

[3] 이 글의 목적은 문제해결 과정의 철학실천적 의미와 그 구성에 대한 분석에 있기 때문에, 구체적 모델을 제시하기는 하지만 그 모델의 임상적 실효성에 대한 검토는 논점 밖에 있다. 따라서 필자가 제시하는 모델에 대한 실질적 검토는 다음 작업으로 미룬다.

해결 모델의 공통점과 핵심적 사항들을 뽑아내고 이를 철학실천의 한 영역인 분노치료에 적용하여 구체적 모델을 제시하고자 한다.

각종 문제해결 모델 비교

문제해결 과정을 연구하고 그 모델을 제시하는 일은 그동안 철학보다는 사고 과정을 연구하는 심리학계나 교육학계에서 더 많이 이루어져 왔다. 김영채에 따르면, 문제는 시초 상태initial state와 목표 상태desired goal state 사이에 장애(물) 때문에 거리(간격, 괴리)가 있는 것을 말한다.[4] 시초 상태는 현재의 상태이고, 목표 상태는 우리가 바라는 이상적인 상태를 말한다. 철학적 용어로 말하면 각각 존재와 당위에 해당된다고 할 수 있다. 그리고 문제해결problem solving은 장애물을 극복하고 적절한 통로를 찾아 시초 상태에서 목표 상태로 이동해 가서 이들 사이의 거리가 없어지는 과정을 말한다.[5]

인간이나 동물이나 모두 살아간다는 것은 문제해결의 과정이다.[6] 항상 현재 상황에서 느끼는 당혹감과 의아함에서 문제를 발견하거나 던지고 그 문제를 풀어 가면서 사는 것이 삶이다. 언스트G. W. Ernst와 뉴웰A. Newell은 컴퓨터 시뮬레이션에 의한 문제해결을 토대로, 문제의 구성 요소로 시초 상태, 목표 상태, 조작인造作因: operator, 조작인의 제한operator restrictions이라는 네 가지를 제시했다.[7] 또한 정

---

4 김영채, 《창의적 문제해결: 창의력의 이론, 개발과 수업》, 교육과학사, 1999, 160쪽.

5 김영채, 《창의적 문제해결: 창의력의 이론, 개발과 수업》, 160쪽.

6 칼 포퍼, 《삶은 문제해결의 연속이다》, 허형은 옮김, 부글, 2006, 52쪽; 김영채, 《사고력: 이론, 개발과 수업》, 교육과학사, 1998, 239쪽.

7 G. W. Ernst & A. Newell, *GPS: A Case Study in Generality and Problem Solving*, New

보처리론의 관점에서 문제해결의 단계를 제시하려는 시도가 있어 왔는데 그중 대표적인 경우가 브랜스포드J. D. Bransford와 스타인 B. S. Stein의 IDEAL 모델이다. 여기서는 문제해결의 전략을 문제의 확인identifying problems, 문제의 정의defining problems, 해결 대안의 탐색exploring alternative approach, 계획의 실행acting on a plan, 효과의 확인 looking at the effects이라는 다섯 단계로 제시한다.[8]

이러한 문제해결의 과정을 정밀하게 정식화하여 대중화한 모델을 흔히 CPS Creative Problem Solving라고 부른다. 오스본Alex Osborn에 의해 창시된 창의성 교육재단Creative Education Foundation을 중심으로 개발된 이 모델은 사실 발견, 문제 발견, 아이디어 발견, 해결 발견, 수용 발견이라는 다섯 단계로 구성되며 1970~80년대 각종 기업체나 조직의 워크숍에 널리 보급되어 대중화되었다. 그 후 지난 40여 년 간 수정에 수정을 거듭하였고 그 과정에서 트레핑거Donald J. Treffinger와 이삭센Scott G. Isaksen을 중심으로 창의적 사고(발산적 사고)뿐 아니라 비판적 사고(수렴적 사고) 또한 중요하다는 사실을 강조하는 새로운 모델을 개발하였다.[9] 이 모델은 ①도전의 이해Understanding the Challenge, ②아이디어 생성하기Generating Ideas, ③행위를 위한 준비 Preparing for Action라는 세 과정 요소로 구성되어 있다. 그리고 ①에는 기회의 구성Constructing Opportunities, 자료의 탐색Exploring Data, 문제의 골격 구성Framing Problems이, ②에는 같은 아이디어의 생성, ③에는

York: Academic Press, 1969. 김영채, 《창의적 문제해결: 창의력의 이론, 개발과 수업》, 161쪽에서 재인용.

[8] J. D. Bransford & B. S. Stein, *The IDEAL Problem Solver*, New York: Freeman, 1984. 김영채, 《사고력: 이론, 개발과 수업》, 교육과학사, 1998, 244~246쪽에서 재인용.

[9] 김영채, 《창의적 문제해결: 창의력의 이론, 개발과 수업》, 172~174쪽.

해결책의 개발Developing Solution과 수용 토대의 구축Building이라는 단계들이 있어 전체적으로 여섯 단계로 구성된다.[10]

어린이철학과 비판적 사고 전문가인 매튜 립맨Matthew Lipman은 실천적 추론하기를 가르치는 대안적 기법들을 소개하면서 문제해결의 여덟 단계를 다음과 같이 제시한다.

문제해결의 8단계:

1. 감정: 문제가 있다는 감정의 단계
2. 원인: 감정의 원인에 대한 확인(문제의 형성)
3. 목표: 원하는 최종적 상태나 목표의 선택(목표 형성)
4. 가설: 수단의 확인 (가설 설정)
5. 결과: 결과에 대한 예상
6. 대안: 대안 선택
7. 계획: 실천계획 고안
8. 평가: 결과에 대한 평가[11]

여기서 제1단계는 문제를 느끼는 현상적 차원이고, 제2단계는 그 느껴진 감정의 원인이 무엇인지 확인해 보는 과정이다. 제3단계는 바라는 상황이나 목표를 확인하고, 제4단계는 해결책을 떠올려 보

---

10 Donald J. Treffinger, Scott G. Isaksen, & K. Brian Dorval, *Creative Problem Solving: An Introduction*, Waco, Texas: Prufrock Press Inc., 2000;《CPS: 창의적 문제해결》, 김영채 옮김, 박영사, 2004, 14~15쪽.

11 Matthew Lipman, *Thinking in Education*, 2nd ed., Cambridge: Cambridge University Press, 2003, p. 52; 매튜 립맨,《고차적 사고력 교육》, 박진환 · 김혜숙 옮김, 인간사랑, 2005, 80~81쪽. 원문에는 제목이 없지만 저자가 이탤릭체로 강조한 부분을 빼서 제목을 달았다.

는 과정이다. 제5단계에서는 각각의 해결 방안이 어떤 결과를 도출할지에 대해 상상해 보고, 제6단계에서는 그중 최선의 대안을 선택한다. 제7단계는 선택된 방안을 실행할 방법을 모색하고, 제8단계는 실행한 후의 결과에 대해 평가하는 과정이다. 그런데 립맨은 가설과 결과에 의해 인도되는 이러한 문제해결 기법은《우리는 어떻게 생각하는가How We Think》에 나오는 존 듀이의 문제해결problem-solving 절차의 후예이고 현대적 버전이라고 명백하게 밝힌다.[12] 또한 그는 현재의 비판적 사고의 선구는 바로 존 듀이의 반성적 사고에 대한 강조라고 말한다.[13] 물론 현재 우리가 즐겨 쓰는 말인 비판적 사고는 철학의 정신을 잘 표현해 주는 말이다. 자기 자신에게도 비판의 칼을 들이대는 공정한 탐구의 정신은 철학사 전체에 있어 면면히 내려온 전통이었다. 칼 포퍼Karl Popper보다 100여 년 전에 반증가능성의 원리를 제시한 존 스튜어트 밀John Stuart Mill도 철저한 부정과 비판 과정을 거친 뒤에야 비로소 진정한 의미의 진리를 발견할 수 있다고 했다.[14] 그러나 그 비판적 사고를 포함한 사고의 과정이 어떻게 문제

---

12 Matthew Lipman, *Thinking in Education*, 2nd ed., p. 51; 매튜 립맨,《고차적 사고력 교육》, 79~80쪽.

13 Matthew Lipman, *Thinking in Education*, 2nd ed., p. 35; 매튜 립맨,《고차적 사고력 교육》, 60쪽.

14 존 스튜어트 밀,《자유론》, 서병훈 옮김, 책세상, 2010, 48~49쪽. 밀은 진정한 진리를 얻기 위해 생각과 토론의 자유가 보장되어야 한다고 주장하면서 다음과 같이 말했다. "온갖 논박을 거쳤지만 허점이 발견되지 않은 어떤 생각을 진리라고 가정하는 것과, 아예 그런 논박의 기회를 봉쇄하기 위해 그것을 진리로 가정하는 것은 본질적으로 다르다. 우리 생각에 대해 철저한 부정과 비판 과정을 거친 뒤, 그래도 살아남은 생각에 입각해서 어떤 행동에 나선다면 그 행동의 타당성은 매우 높아질 것이다. 이렇게만 하면 보통 사람이라고 하더라도 인간 능력이 허용하는 한 최고 수준의 이성적 합리성을 확보할 수 있을 것이다."

를 던지고 푸는가 하는 점에 대해 본격적이고 정밀하게 분석하고 그 과정을 단계별로 제시한 학자는 존 듀이가 처음이 아닌가 생각한다.

원형으로서의 존 듀이의 반성적 사고의 다섯 단계

듀이는《우리는 어떻게 생각하는가》의 제1판의 제2부, 제6장 사고력의 분석에서 사고 과정을 구성 단계나 구성 요소로 분석한다. 여기서 그는 약속 장소까지의 빠르게 가는 길 찾기, 여객선 위 수평 봉의 정체 추정, 그리고 비누 거품이 컵 안으로 들어가는 이유 규명이라는 세 가지 사고의 사례를 분석하면서 공통적으로 다섯 단계가 나타난다고 말한다.[15] 그 다섯 단계는 다음과 같다.[16]

① a felt difficulty: 감지된 문제
② its location & definition: 문제의 위치 찾기 및 정의
③ suggestion[17] of possible solution: 가능한 해결책 제시

---

15 John Dewey, *How We Think*, 1st ed., Heath & Co. Publishers: Boston, 1910, pp. 68~72.; 존 듀이,《하우 위 싱크: 과학적 사고의 방법과 교육》, 정회욱 옮김, 학이시습, 2011, 79~83쪽. 한국어판의 부제는 '과학적 사고의 방법과 교육'이지만 원문에는 없는 표현이다. 그런데 여기서 듀이 자신이 제시한 사고 과정의 예로 볼 때, 사고의 의미가 철학이나 인문학과는 상관없는 과학에 한정된 것은 아니라는 점을 알 수 있다. 따라서 과학적 탐구뿐 아니라 철학적 탐구이기도 하고 일상생활에서의 탐구이기도 한 것으로 볼 수 있다.

16 John Dewey, *How We Think*, 1st ed., p. 72; 존 듀이,《하우 위 싱크: 과학적 사고의 방법과 교육》, 83쪽.

17 듀이의 반성적 사고에 있어 이 제기suggestion라는 말은 상당히 복합적인 의미를 가지고 있어서 한 마디로 번역하기가 힘든 표현이다. 문제problem뿐 아니라 설명 explanation이나 해결책solution을 던지는 것에도 이 표현을 사용하기 때문이다. 따라서 기존의 우리말 번역에 '암시'라고 번역한 것은 적합한 것이 아니라고 생각한다.

④ development by reasoning of the bearings of the suggestion: 가설의 의미들을 추론함으로써 진전시킴

⑤ further observation & experiment leading to its acceptance or rejection: conclusion of belief or disbelief: 수용 혹은 거부로 이어지는 추가적인 관찰 및 실험: 확증이나 불신이라는 결론

그런데 이 다섯 단계를 설명하는 본문의 옆에 달아 놓은 각 단계의 제목들은 다음과 같이 표현되고 있다.[18]

Five Distinct Steps in Reflection 반성에 있어 뚜렷한 다섯 단계들

① The Occurrence of a Difficulty: 문제의 발생

② Definition of the Difficulty: 문제의 정의

③ Occurrence of a Suggested Explanation or Possible Solution: 제시된 설명이나 가능한 해결책 발상

④ The Rational Elaboration of an Idea: 해결책의 합리적 정교화

⑤ Corroboration of an Idea and Formation of a Concluding Belief: 해결책의 확정과 결론적 믿음의 형성

또한 문답식 수업 방식과 반성적 사고의 다섯 단계를 비교하는 대목에서는 다섯 단계를 다음과 같이 표현하고 있다.[19]

---

18 John Dewey, *How We Think*, 1st ed., pp. 72~78; 존 듀이,《하우 위 싱크: 과학적 사고의 방법과 교육》, 83~90쪽.

19 John Dewey, *How We Think*, 1st ed., p. 203; 존 듀이,《하우 위 싱크: 과학적 사고의 방법과 교육》, 232쪽.

the occurrence of a problem or a puzzling phenomenon: 문제의 발생 혹은 당황스러운 현상

observation, inspection of fact to locate and clear up the problem: 문제의 위치를 찾고 명확하게 하기 위한 사실의 관찰과 검사

the formation of a hypothesis or the suggestion of a possible solution: 가설의 형성 혹은 가능한 해결책의 제시

its elaboration by reasoning: 추론으로 정교화함

testing of the elaborated idea by using it as a guide to new observation and experimentations: 새로운 관찰과 실험으로 이끄는 안내로 사용함으로써 정교화된 아이디어를 테스트함

이렇게 서로 다르게 표현된 다섯 단계의 의미는 어떠할까? 제6장에 나타난 듀이 자신의 설명을 요약하면 다음과 같다.[20] 제1단계는 문제가 발생하고 그 문제를 느끼는 단계이다. 여기서는 당혹감 perplexity과 문제problem라는 요소가 중요하다. 문제를 처음 접하고 느낄 때 그 문제는 충격shock, 정서적 동요emotional disturbance, 기대치 않은, 무언가 기이하거나 낯설거나 재미있거나 당황하게 하는 다소 모호한 느낌vague feeling으로 나타난다. 원하는 상태와 현 상태 간의, 목적과 수단 간의 갈등conflict이 존재하는데 사고의 목적은 이 둘을 일치시키는 것이다. 또는 관찰된 사실과 이미 확립된 법칙 간의 불일치 혹은 양립할 수 없는 특징들을 통합하고 조화시키는 것이다.

제2단계는 문제가 정확히 어디에 있는지를 찾고 그 문제를 명확

---

20 John Dewey, *How We Think*, 1st ed., pp. 72~78; 존 듀이, 《하우 위 싱크: 과학적 사고의 방법과 교육》, 83~90쪽.

하게 정의 내리는 단계이다. 이 단계에서는 무엇이 문제이고 그 문제의 특수한 성격이 무엇인지 밝히기 위해 꼼꼼하게 계산된 관찰이 필요하다. 이 단계가 충실히 수행되면 적절한 반성reflection 혹은 안전한 비판적 추론safeguarded critical inference이 되지만 그렇지 않으면 통제되지 않은 사고가 된다. 이 과정에서 사용되는 비판적 사고critical thinking의 핵심은 판단 유보suspended judgment이다. 판단 유보의 목적과 핵심은 해답을 찾는 과정으로 넘어가기 전에 문제의 본성nature을 정하는 탐구에 있다.

제3단계는 문제에 대한 설명이나 해결책을 던지는 제시suggestion의 과정이다. 문제가 생겨난 상황은 우리의 감각 경험을 벗어나 있는 것을 요구하기 때문에 존재하는 것을 넘어서는 추론이 필요하다. 이것을 가설hypothesis이라고 한다. 가설에서는 보증되지 않은 모험적인 비약이 불가피하다. 결론이 나올 때까지 가설은 다른 경쟁 가설이 있어야 가설로 존재할 수 있기 때문에, 다양한 대안적 가설을 개발하는 것이 필수적이다. 즉, 경쟁자가 있어야 건강한 상태로 살 수 있기 때문에, 이 단계에서는 가능한 다양한 대안과 가설을 제시해야 하는 것이다.

제4단계는 제3단계에서 제시된 여러 가설들의 의미와 관련하여 추론하는 과정이다. 제시된 가설들이 가지는 의미, 결과, 영향 등 다양한 점들을 추론함으로써 그 아이디어를 정교화하고 결과적으로 생산적이고 실질적인 것으로 만들어 간다. 꼼꼼하고 철저한 추론을 통해 거칠고 현실과 동떨어진 가설이 성급하게 최종 결론으로 채택되는 것을 막을 수 있다.

제5단계는 계속되는 관찰과 실험을 통해 어떤 가설은 받아들이고 어떤 가설은 폐기하여 최종적 결론을 내리는 과정이다. 이 과정에서는 가설이 요구하는 조건에 따라 각종 조건들이 의도적으로 세팅되어, 그 가설이 제시하는 결과가 실제로 일어나는지 확인하게 된다. 어떤 특정 가설이 요구하는 모든 조건을 발견하고 다른 경쟁 가설들이 갖지 못한 특성을 알게 된다면, 그 가설은 불가피한 것으로 받아들여지게 된다. 이는 일종의 검증verification과 반증falsification의 과정이 된다.

그런데 20여 년 후에 듀이는《우리는 어떻게 생각하는가》제2판에서 반성적 사고의 다섯 단계에 대해 다소 다른 말로 표현하고 있다.

> Five Phases or Aspects of Reflective Thought 반성적 사고의 다섯 국면 혹은 측면
> ① Suggestion: (문제의) 제기
> ② Intellectualization: (문제의) 이해
> ③ Guiding Idea, Hypothesis: 주도적 아이디어, 가설
> ④ Reasoning (in the Narrower Sense): (좁은 의미의) 추론
> ⑤ Testing the Hypothesis by Action: 실행으로 가설 테스트하기[21]

제1판에서 문제의 발생occurrence이었던 제1단계가 문제의 제기 suggestion가 되었고, 제2단계 문제의 정의definition는 이해intellectualization, 제3단계 설명, 해결책의 발상은 주도적 아이디어guiding idea와 가설 hypothesis, 제4단계 해결책의 정교화elaboration는 추론reasoning, 제5단계 해결책의 확정corroboration과 믿음의 형성formation은 실행으로 가설 테

---

21 John Dewey, *How We Think*, 2nd ed., (Heath & Co. Publishers: Boston, 1933), pp. 106~118; 존 듀이,《사고하는 방법》, 임한영 옮김, 법문사, 1979, 118~129쪽.

스트하기testing로 표현되었다. 전체적으로 표현이 더 명료하게 다듬어졌다고 볼 수 있다.

그렇다면 제1판에서 제2판으로 가면서 다섯 단계 혹은 국면의 각각의 내용은 어떤 변화가 있었을까? 제1국면의 경우 직접적인 행동은 늘 자연스러운 것이지만, 당황스럽고 혼란스러운 상황에서는 생각idea 혹은 문제의 제기suggestion가 그 행동을 잠시 멈추게 한다. 그 혼란에 대해 생각이 하나만 들 때는 그것을 바로 채택하지만, 여러 생각이 들 때는 판단을 미루고 계속 탐구를 하게 된다. 이렇게 즉각적인 행동을 막고 탐구하는 것은 사고에 있어 필수적이다.[22] 제2국면의 경우 문제가 정확히 어디에 있는지 찾고 정의 내린다는 말은 똑같이 하지만, 처음에는 정서적인 성질을 띤 문제가 이해 혹은 지성화intellectualization의 과정을 거친다고 말한다.[23] 제3국면의 경우, 문제에 대한 통찰을 통해 제1국면에서 자연스럽게 발생한 생각을 수정하여 가설을 만든다고 설명한다. 문제의 해결은 문제에 대한 진단에 의해 통제되며 이렇게 통제된 조건을 가지고 계속 조작해 봄으로써 문제에 대해 점점 더 잘 이해하게 된다. 그 결과 단순한 가능성이 아니라 검증된 개연성을 가지게 된다.[24] 제4국면의 경우, 추론은 지식을 확대시켜 주지만 이미 가지고 있는 지식에 의존한다. 추론은 개인의 경험이나 교육뿐 아니라 그 시대와 장소의 문화와 과학의 상

---

22 John Dewey, *How We Think*, 2nd ed., pp. 107~108; 존 듀이, 《사고하는 방법》, 118~119쪽.

23 John Dewey, *How We Think*, 2nd ed., pp. 108~109; 존 듀이, 《사고하는 방법》, 119~120쪽.

24 John Dewey, *How We Think*, 2nd ed., pp. 109~111; 존 듀이, 《사고하는 방법》, 120~122쪽.

태에도 의존한다. 추론 중에서도 특히 수학은 관찰에 의존하지 않고 거의 모든 과학의 추론을 담당한다.[25] 제5국면의 경우, 실험 결과가 이론적으로 연역된 결과와 일치하고 오직 문제의 조건에서만 그런 결과를 만들어 낸다고 믿을 충분한 이유가 있다면, 적어도 반증의 이유가 나올 때까지는 그러한 결론은 확정된다고 말한다. 또한 반성적 사고의 습관을 가진 사람은 성공에서만큼 실패에서도 많은 것을 얻는다. 왜냐하면 실패는 가설에 어떤 수정을 해야 할지를 알려 주기 때문이다. 따라서 새로운 문제를 알려 주거나 기존의 문제를 명확하게 해 준다.[26]

그런데 각 단계에 대한 설명을 하고 나서 듀이는 각 단계가 꼭 순서대로 진행되는 것은 아니라고 주장한다. 이와는 반대로 각 단계들은 문제의 제기와 그것이 주도적 아이디어와 가설로 변화하도록 촉진하고 또한 문제의 정의, 관찰, 가설의 정교화까지 다 할 수 있다고 말한다. 또한 어느 특정 검증이 최종적일 필요는 없고, 다음 관찰과 새로운 문제 제기를 위한 전前 단계가 되기도 한다는 것이다. 그리고 과학적 탐구와는 달리 실천적 문제에 있어서 행동을 통한 검증은 돌이킬 수 없는 결과를 낳기 때문에 조심스럽게 수행해야 한다고 말한다. 이 다섯 단계에서는 반성적 사고의 불가결한 특성을 개략적으로 나타낼 뿐, 어느 단계가 생략과 중복될 가능성은 얼마든지 있다. 따라서 개인의 지적 전략과 감수성에 의해 융통성 있게 사용될 수 있

---

25 John Dewey, *How We Think*, 2nd ed., pp. 111~113; 존 듀이, 《사고하는 방법》, 122~125쪽.

26 John Dewey, *How We Think*, 2nd ed., pp. 113~115; 존 듀이, 《사고하는 방법》, 125~126쪽.

다.[27] 다섯 단계(국면)에 있어 '5'라는 숫자에 특별히 신비로운 의미가 있는 것은 아니다.[28] 이렇게 듀이는 제1판과는 달리 제2판에서는 자신의 반성적 사고 모델이 상당히 융통성 있는 개념이라고 설명하고 있다. 이렇게 조심스러운 태도를 보이는 점은 제1판에서 사용한 'Five Distinct Steps in Reflection(반성에 있어 뚜렷한 다섯 단계들)'이라는 표현 대신, 'Five Phases or Aspects of Reflective Thought(반성적 사고의 다섯 국면 혹은 측면)'이라는 표현을 쓴 데서도 발견할 수 있다. 즉, 단계Steps라는 표현 대신 국면 혹은 측면Phases or Aspects이라는 말을 씀으로써 '5'라는 숫자의 절대성을 부인하고 순서대로 진행된다는 점도 약화시키려는 의도가 있다고 볼 수 있다. 그 이유에 대해서는 아마도 제1판이 나오고 나서 이를 도식적이고 교조적으로 적용하려는 시도들이 있었거나 이 모델의 경직성을 비판하는 사람들이 있었기 때문이 아닐까 추측할 수 있다.

듀이는 또한 반성적 사고가 미래에 대한 전망a look into the future을 포함한다고 말하면서 미래에 대해 추측forecast, 기대anticipation, 예측prediction을 하는 측면이 있고, 바로 이 측면은 반성적 측면의 또 다른 여섯 번째 측면이라고 불러야 한다고 주장한다.[29] 그리고 이와 똑같이 과거와의 관련성도 중요하다고 말한다. 반성적 사고의 문제의 제기suggestion는 무無로부터 나오는 것이 아니라 모든 경우에 있어서 과거의 경험에서 나오는 것이다. 따라서 과거에 대한 검토examination

27 John Dewey, How We Think, 2nd ed., pp. 115~116; 존 듀이, 《사고하는 방법》, 126~127쪽.

28 John Dewey, How We Think, 2nd ed., p. 116; 존 듀이, 《사고하는 방법》, 128쪽.

29 John Dewey, How We Think, 2nd ed., p. 117; 존 듀이, 《사고하는 방법》, 128쪽.

는 사고에 있어 가장 중요하고 결정적인 요소가 된다고 말한다.[30]

기본 구조의 공통점과 핵심

우리는 앞에서 심리학, 교육학, 비판적 사고 분야에서 개발된 다양한 문제해결 과정에 대해 알아보았고, 그 원형으로서 존 듀이의 반성적 사고의 5단계에 대해 원전을 중심으로 분석해 보았다. 그 결과를 바탕으로 듀이의 반성적 사고 5단계를 기준으로 볼 때, IDEAL 모델, CPS 모델, 립맨의 문제해결 8단계의 각 단계들이 어떻게 대응되는지 아래의 표로 정리해 보았다.

듀이의 반성적 사고 5단계	IDEAL 모델	CPS 모델		립맨의 문제해결의 8단계
		과정 요소	단계	
① 문제의 제기	문제의 확인	도전의 이해		감정
② 문제의 이해	문제의 정의		기회의 구성	원인
			자료탐색	목표
			문제의 골격 구성	
③ 가설	해결 대안의 탐색	아이디어 생성	아이디어 생성	가설
④ (좁은 의미의) 추론		행위를 위한 준비	해결책 개발	결과
				대안
⑤ 실행으로 테스트	계획의 실행		수용토대 구축	계획
	효과의 확인			평가

30   John Dewey, How We Think, 2nd ed., pp. 117~118; 존 듀이, 《사고하는 방법》, 129쪽.

듀이의 반성적 사고의 5단계로 볼 때, '①문제의 제기'는 문제가 느껴지고 문제가 있다는 사실을 확인하는 과정이다. '②문제의 이해'는 문제의 핵심이 무엇인지를 정확하게 파악하는 과정으로, 여기서는 문제가 생긴 원인을 규명하고 그 문제와 관련하여 이상적인 상황을 그려 본다. 또는 기회와 도전을 생각함으로써 초점화하고 그와 관련한 자료를 찾아보며 문제의 전체적 골격을 그려보는 작업을 한다. '③ 가설'은 해결 대안인 아이디어 혹은 가설을 만들어 보는 단계이다. '④ 추론'은 가설을 실제에 적용했을 때의 결과를 예측하고 대안을 개발해 봄으로써 해결책을 개발하는 단계이다. '⑤ 실행'으로 테스트하기에서는 계획을 실행하고 그 효과를 확인하고 수용 토대를 구축하는 단계이다.

이 각각의 단계에서의 핵심은 어떤 것일까? 제1단계는 문제 제기 suggest하는 것이 주요 과제인데 이는 당혹감과 호기심 혹은 불편함과 고통에 의해 문제를 지각하는 것을 말한다. 문제가 있더라도 느끼거나 발견하지 못하면 문제해결로 이어질 수 없다는 점에서 지적, 정서적 감수성을 기르는 것이 중요하다. 자기 자신과 주변 사람, 환경, 더 나아가 인류 전체에 대한 관심과 애정, 지성적, 감성적, 욕구적 감수성을 계발하는 것이 이 단계의 능력과 성향에 필수적이다. 제2단계에서는 문제의 핵심을 이해하는 것이 주요 과제이다. 이상과 현실을 구분하는 엄밀한 분석력과 전체를 조망할 수 있는 통찰력이 필요하다. 제1단계에서 문제를 느끼거나 발견했더라도 그 문제의 핵심을 간파하고 재구성할 능력이 없으면 제대로 된 문제해결은 기대할 수 없게 된다. 제3단계는 현실적 상황에서 이상적 상황으로 전환할 수 있는 방안을 가능한 많이 생각해 보는 과정이다. 가설을 던질 때는 현실을 벗어나는 과감한 상상력을 발휘해야 하고 섣부른

판단을 하기보다는 판단 유보를 통해 가능한 많은 대안을 던지도록
하는 것이 중요하다. 제4단계에서는 제3단계에서 던져진 가설들을
추론을 통해 검토해 보는 과정이다. 실제 사실보다는 논리적인 차원
에서 반증을 해 보는 것이다. 제5단계에서는 실제 상황에서 어떻게
되는지 테스트해 본다. 각 가설들이 요구하는 조건들을 인위적으로
통제한 가운데 실험적 테스트를 통해 반증해 본다. 이렇게 제4, 5단
계에서 갖가지 반증을 통과한 가설 가운데 최선의 대안을 채택해서
문제에 대한 해결책으로 이용할 수 있게 된다. 그러나 이 해결책도
언젠가는 새로운 반증에 의해 도전받고 폐기될 수 있다는 점을 명심
하고 잠정적 결론으로만 사용해야 한다.

　듀이도 직접 언급했듯이, 이러한 다섯 단계의 순서는 논리적인 순
서일 뿐 시간적인 순서는 아니다. 따라서 때로는 여러 단계가 한꺼번
에 일어날 수도 있고 경우에 따라서는 어떤 단계는 생략될 수도 있
다. 이 문제해결의 과정에서 수미일관하게 지켜야 하는 기본 정신은
어떤 것도 비판에서 자유로울 수 없다는 비판적 사고의 정신이다. 대
부분의 경우 문제의 발견과 동시에 대안이 떠오르는 것은 자연스러
운 현상이다. 왜냐하면 과거의 사고와 행동의 패턴과 습관 때문에 틀
에 박힌 "해답"이 나오기 때문이다. 그런데 이러한 "해답"은 과거의
다른 문제에는 성공적이었을지 몰라도 지금 이 문제에 있어서는 맞
지 않을 수 있다. 따라서 제1단계부터 마지막 단계까지 아무리 매력
적인 아이디어가 있더라도 너무 쉽게 최종 결론으로 받아들이거나
믿어서는 안 된다. 결국 '최종 판단의 보류'와 '끝없는 탐구'라는 비
판적 사고의 정신이 문제해결의 과정에 있어 핵심인 것이다.

　이러한 비판적 사고의 정신은 자신이 제언하는 것조차도 믿지 말

라고 신신당부한 칼 포퍼Karl Popper의 주장과도 맥을 같이 한다.[31] 그
는 여러 개의 훌륭한 해解는 존재하지만 최종적인 것은 있을 수 없
다고 하면서[32] 시행착오를 통한 학습의 3단계 모델을 제시한다. 그것
은 '① 문제, ②해법들의 시도, ③제거'로 구성된다. 문제는 혼란이 발
생할 때 깨닫는 것이고 하나일 수 있지만, 해법들의 시도는 복수여야
한다. 그 복수의 해결책 중에서 다른 것들, 즉 오류들을 제거하는 부
정적 과정을 통해 해답에 이르지만 그 해답도 결코 최종적인 것이 될
수 없다고 주장한다.[33] 그리하여 그는 '①기존의 문제, ②시험적 가설
들 세우기, ③실험적 검증을 포함한, 비판적 논의를 통한 제거의 시
도들, ④가설의 비판적 논의에서 도출되는 새로운 문제들'로 구성되
는 4단계 모델을 제시한다.[34] 여기서는 네 번째의 '새로운 문제'가 추
가되었는데 이는 문제풀이의 과정은 항상 최종적인 것이 될 수 없고,
그 과정에서 새로운 문제를 만들어 낸다는 의미이다. 즉, 연구는 기
존의 문제에서 시작해서 다시 새로운 주기의 출발점이 되는 새로운
문제로 끝난다는 순환 구조를 가진다는 주장을 하고 있다.[35]

철학실천에의 응용과 전망

위에서 우리는 각종 문제해결 모델과 그 원형으로서 존 듀이의 반

---

31 칼 포퍼, 《삶은 문제해결의 연속이다》, 허형은 옮김, 부글, 2006, 201쪽.

32 칼 포퍼, 《삶은 문제해결의 연속이다》, 160쪽.

33 칼 포퍼, 《삶은 문제해결의 연속이다》, 166~168쪽.

34 칼 포퍼, 《삶은 문제해결의 연속이다》, 183쪽.

35 칼 포퍼, 《삶은 문제해결의 연속이다》, 184쪽.

성적 사고의 5단계를 비교하여 그 핵심이 최종 판단의 보류와 끝없는 탐구의 정신에 있다는 점을 이끌어 냈다. 그렇다면 철학실천에 있어 문제해결 과정을 어떻게 적용하고 기법으로서의 모델을 개발할 것인가 하는 문제가 제기될 수 있다. 따라서 여기서는 기존 치료에서 사용되어 온 문제해결적 모델들을 검토하고 바람직한 문제해결적 철학실천 모델을 제시하고자 한다.

해결중심치료solution-focused therapy는 구성주의에 입각하여 단기치료를 추구하는 가족치료의 주요 기법 중 하나이다. 이는 MRIMental Research Institute의 전략적 치료strategic therapy 모델에서 성장하여 독립한 것으로 드 세이저S. de Shazer와 인수 버그Insoo Kim Berg 부부에 의해 시작되어 립칙E. Lipchik, 와이너-데이비스M. Weiner-Davis, 오한론B. O'Hanlon 등에 의해 계승되었다. 병리와 문제, 원인에는 관심 없고 정상적인 것을 강요하는 대신 현재 가지고 있는 불만에 집중한다. 왜냐하면 인간관계에서는 분명한 원인과 결과란 없기 때문이다. 문제의 원인을 규명하기보다는 해결된 것을 어떻게 알 수 있는가 하는 인식의 문제에 관심을 가지고 예외적인 해결과 결과에 초점을 맞춘다. 문제가 복잡하다고 해결책도 복잡한 것은 아니라는 점에 착안하여 새로운 행동 양식을 만드는 데 관심을 쏟는다. 인간에 대한 긍정적 철학에 입각하여 잘못이나 과거의 실패를 고치기보다 과거의 성공과 장점을 찾아 키우는 것이 더 쉽다고 주장한다. 작은 긍정적 변화의 중요성을 강조하여 구체적 행동에 있어 긍정적 변화를 꾀하고 자신감을 고취시키는 데 주력한다. 한 부분의 변화는 전체 체계의 변화를 가져온다는 체계론적 입장에 입각해서 작고 성취 가능한 목표를 세워 실행하고 성취감을 맛보게 하는 것이 중요하다고 말한다.[36] 해결중심단기치료의 중심 철학은 다음의 세 가지로 요약된다. ①내담자가 문제 삼지 않는 것은 건드리지 않는다. ②효과가 없다면 그것을 하지 않고 대신 무언가 다른 것을 한다. ③효과가 있는 것을 알면 더 많이 한다.[37]

해결중심치료는 기존의 각종 심리치료 기법들이 심리적 증상의 원인을 찾는 데만 집중하여 적극적이고 실질적으로 행동의 변화를 일으키는 문제가 있다고 비판한다. 기존의 심리치료들이 과거가 현재에, 원인이 결과에 영향을 미치는 작용인적 인과관계efficient causality에 지나치게 집착하고 있다고 비판하고, 해결중심치료에서는 미래가 현재를 결정하고 결과가 원인에 앞서는(최종적 결과가 원인에 영향을 주는 것으로서) 목적론적 인과관계final causality가 더 중요하다고 주장한다.[38] 오한론 자신도 인정하고 있듯이, 이렇게 미래가 현재에 영향을 미치고 의미를 부여하는 방식을 채택한다는 점에서 해결중심치료는 빅터 프랭클Viktor Frankl의 의미치료, 로고테라피에 빚지고 있다.[39] 또한 이는 근대의 기계론적 패러다임에서 벗어나서 고중세의 목적론적 세계관을 받아들이는 것이다. 그런데 작용인적 인과관계가 맞는 경우도 있고 목적론적 인과관계가 맞는 경우도 있지 않을까?

---

36 김유숙,《가족치료: 이론과 실제》, 학지사, 1998, 197~211쪽.

37 정문자 외,《해결중심단기치료》, 학지사, 2008, 24쪽.

38 빌 오코넬,《통합적 해결중심치료》, 송성자·정문자·최중진 옮김, 학지사, 2014, 49쪽. 이 책은 작용인적 인과관계efficient causality를 '효율적 인과관계'로, 목적론적 인과관계final causality를 '최종적 인과관계'로 번역하고 있는데 여기서는 오역을 바로잡는다.

39 빌 오한론,《해결중심치료로 상처 치유하기》, 김보미 옮김, 소울메이트, 2015, 165~168쪽.

오한론은 비난 스토리, 불가능 스토리, 무가치 스토리, 무책임 스토리를 변화를 방해하는 네 유형의 스토리로 제시하고, 해결중심적 스토리 만드는 네 단계로 '①인정하고 사실만 서술하라', '②반대 증거를 찾고 없다면 만들어라', '③당신 자신이 곧 당신의 스토리는 아님을 알자', '④더 유용한 스토리를 만들어라'를 제시한다.[40] 그는 해결중심 요법의 본질이 매우 실용적인 데 있다고 하면서 현재의 방법이 효과가 없으면 무언가 다른 방법을 찾아 그 결과가 좋으면 계속하면 된다고 주장한다. 이는 통상적인 '준비, 조준, 발사'라는 순서와는 달리 '준비, 발사, 조준'의 순으로 진행된다고 말한다.[41] 전략적 가족치료와 마찬가지로 해결중심치료는 인간의 행동이 왜 일어나는지에는 관심이 없고, 행동의 변화에만 관심이 있다.[42] 그런데 문제가 되지 않는 예외 상황을 발견해서 그 상황으로 변화시킨다는 것은 문제를 푸는 것이 아니라 무시하는 것이 아닐까? 즉, 잠재된 문제가 있을 수 있다는 점을 무시할 가능성이 있다는 것이다. 따라서 이는 해결책이 아니라 회피책이다.[43] 또한 행동의 변화만을 추구하기 때문에 행동으로 나타나지 않은 생각, 감정에는 대책이 있을 수 없다. 이렇게 해결중심치료의 문제는 진리 따위는 관심도 없고 오직 불편한 증상만 없애면 된다는 생각 즉, 진리관의 문제에 있다고 할 수 있다.

그렇다면 철학상담사들이 제시하는 모델은 문제해결적인 관점에

40 빌 오한론,《해결중심치료로 상처 치유하기》, 189~215쪽.

41 빌 오한론,《해결중심치료로 상처 치유하기》, 330~331쪽.

42 김유숙,《가족치료: 이론과 실제》, 학지사, 1998, 179~185쪽.

43 빌 오코넬은 해결중심치료가 임시방편적 치료라는 인상을 주기 때문에 해결중심치료보다 변화중심치료Change-Focused Therapy라는 용어를 선호한다고 말한다. 빌 오코넬,《통합적 해결중심치료》, 11쪽.

서 어떻게 평가할 수 있을까? 우선 매리노프Lou Marinoff의 PEACE 모델부터 따져 보기로 하자. 매리노프는 문제Problem, 정서Emotion, 분석Analysis, 숙고Contemplation, 평안함Equilibrium으로 구성되는 다섯 단계의 모델을 제시했다. '문제'는 자신의 문제가 무엇인지 규정하는 단계이고, '정서'는 그 문제가 일으킨 우리의 내면을 평가하는 단계이다. '분석'에서는 문제를 해결하기 위한 대안을 나열·평가하고, '숙고'에서는 한 발짝 물러서서 문제 상황 전체에 대해 통찰하며, '평안함'에서는 담담한 마음으로 문제의 본질을 이해하고 적합한 행동을 취할 준비를 하게 된다.[44] 이 모델의 다섯 단계는 존 듀이의 반성적 사고의 다섯 단계에 각각 어떻게 대응될까? '문제'와 '정서'는 '①문제의 제기'와 '②문제의 이해'에, '분석'은 '③가설'에, '숙고'는 '④추론'에, '평안함'은 '⑤실행'에 해당된다고 볼 수 있을 것이다. 따라서 PEACE 모델은 비교적 반성적 사고의 다섯 단계를 충실히 따르고 있다고 할 수 있다. 다만 문제의 발견과 정교화 혹은 정의가 명확하게 구분되지 않아 문제의 본질을 정확하게 규정하는 구체적 기술이 불분명하고, 논리적 추론에 의한 검증과 실험에 의한 검증이 구분되지 않은 채 전체적 통찰과 막연한 실행 준비로 대체되고 있다는 점이 아쉽다.

다음으로는 피터 라베Peter Raabe의 네 단계 철학상담 모델이다. 이는 자유롭게 떠돌기Free Floating, 당면 문제해결Immediate Problem Resolution, 의도적인 교육Intentional Teaching, 초월Transcendence로 구성된

---

44 Lou Marinoff, *Plato not Prozac: Applying Philosophy to Everyday Problems*, New York: HarperCollins, 1999, pp. 37~40; 루 매리노프, 《철학으로 마음의 병을 치료한다》, 이종인 옮김, 해냄, 2000, 64~67쪽.

다.[45] 그는 매리노프의 PEACE 모델과 같은 기존의 철학상담의 기법들이 오직 문제 해결에만 초점을 맞추고 그 외 내담자의 다른 요구에 대한 언급이 없다는 점을 비판하면서 이 모델을 제시했다. 즉, 당면한 문제 말고도 장차 생기게 될 문제들을 처리하기 위한 철학적 추론 능력을 배양하는 것과 같은 데에는 무관심하다고 비판한다.[46] 그래서 '자유롭게 떠돌기'에서 문제를 발견하고 '당면 문제해결'에서 문제풀이를 한 후에, '의도적인 교육'과 '초월'의 단계에서 미래의 문제에 대한 내담자의 능력을 키운다고 하는 것이다. 그는 이렇게 함으로써 의도적 가르침, 당면한 문제를 넘어서서 철학적 담론으로의 초월, 내담자의 자율성 신장, 그리고 예방적 혹은 선제적 요소라는 장점을 가지게 된다고 주장한다.[47] 그러나 라베의 네 단계 모델은 문제해결을 뛰어넘으려는 의도로 만들었지만, 정작 문제해결도 제대로 못하게 될 수 있는 난점이 있다. 즉, 노련한 철학상담사의 경우에는 문제가 되지 않겠지만, 경험이 적은 철학상담사의 경우 '자유롭게 떠돌기'와 '당면 문제해결'이라는 두 단계만으로 내담자의 문제를 풀도록 도와주기는 쉽지 않다는 것이다. 당면한 문제도 제대로 풀지 못하면서 미래의 문제를 풀기 위한 철학적 교육과 초월이 과연 가능할까?

위에서 살펴본 바와 같이 다른 치료 분야와 철학상담에서 사용되어 온 기존의 문제해결적 상담 모델은 듀이의 문제해결 과정을 제대

---

45 Peter Raabe, *Philosophical Counseling: Theory and Practice*, Westport: Praeger, 2000, pp. 125~166; 피터 라베, 《철학상담의 이론과 실제》, 김수배 옮김, 시그마프레스, 2010, 205~272쪽.

46 Peter Raabe, *Philosophical Counseling: Theory and Practice*, p. 126; 피터 라베, 《철학상담의 이론과 실제》, 207쪽.

47 Peter Raabe, *Philosophical Counseling: Theory and Practice*, p. 316; 피터 라베, 《철학상담의 이론과 실제》, 207쪽.

로 반영하지 못한 것으로 드러났다. 그렇다면 철학실천 혹은 철학상담에서 사용할 수 있는 바람직한 문제해결 모델은 어떠한 것이어야 할까?

필자는 문제해결 모델의 바람직한 원형으로서의 존 듀이의 반성적 사고의 다섯 단계를 충실하게 따르는 철학상담의 새로운 기법을 제시하고자 한다. 다양한 예외적 상황이 벌어질 수 있기 때문에 모든 문제에 적용할 수 있는 보편적 기법을 만드는 것은 무리라고 생각한다. 따라서 분노라는 구체적인 문제 유형 하나를 채택할 것이다.[48] 필자가 제시하는 분노 해결 철학상담 기법은 다음과 같은 다섯 단계로 구성된다.

① 발견: 분노의 발견
② 규명: 분노의 증상, 원인과 정체 규명
③ 이해: 분노를 일으킨 사태에 대한 여러 이해 모델 제시
④ 채택: 행위와 그 결과에 대한 추론에 바탕한 바람직한 이해 모델

---

[48] 듀이의 문제해결 과정에 기반한 국내 개발 철학상담 기법과 관련한 논문에는 다음과 같은 것들이 있다. 경성대 교육학과 박준영 교수와 지도학생들은 수년간 듀이의 문제해결 과정을 철학상담에 접목하는 작업을 계속 해 왔다. 여기서는 내담자나 문제의 유형과는 관계없이 하나의 모델을 사용하고 있다. 박미숙은 이론적 탐색에 그친 반면, 정숙자는 듀이의 문제해결 과정의 각 단계에 상담 사례를 연결하는 시도를 하고 있다. 특히 손옥주는 듀이의 문제해결 과정을 변형한 6단계 기법에 따라 상담을 시행하여 그 결과물들을 발표하였다. 이 글의 분량의 한계상, 이에 대한 자세한 분석과 평가는 다음 글에서 하기로 한다. 정숙자, 〈듀이의 프래그머티즘에 기반한 철학상담 연구〉, 경성대학교 교육학과 박사학위논문, 2012. 6.; 박미숙, 〈존 듀이 경험철학의 철학적 치유 가능성 탐구〉, 경성대학교 교육학과 박사학위논문, 2013.; 박준영·박미숙, 〈듀이 경험철학의 변화성 원리에 의한 철학적 치유 가능성〉, 《교육사상연구》 28/1, 2014, 147~166쪽.; 손옥주, 〈듀이의 반성적 사고에 기반한 철학상담 방법론의 고찰과 적용〉, 경성대학교 교육학과 박사학위논문, 2014.

채택

⑤ 확정: 실행 시 예상되는 문제점을 보완할 방안을 모색함으로써 모델의 확정[49]

필자의 모델의 다섯 과정을 간략히 설명하면 다음과 같다. 제1단계인 '발견'에서는 내담자의 분노에 대한 기술記述이 진행된다. 자세한 상황에 대한 설명과 상담사의 질문, 그리고 내담자의 답변으로 이어진다. 제2단계인 '규명'에서는 분노가 어떤 원인에서 어떻게 발생했으며 그 분노가 내담자에게 어떠한 영향을 미쳤는지, 그리고 그 분노가 내담자에게 있어 어떠한 의미인지에 대해 따져 본다. 그리고 여기서는 내담자가 원하는 바람직한 마음의 상태와 그것을 가로막고 있는 것에 대해 논의한다. 제3단계 '이해'에서는 분노를 일으킨 사태에 대해 어떻게 이해해야 가장 바람직한지, 그 구체적인 모델들을 제시해 본다. 내담자를 화나게 한 원인, 사람들과 그들의 의도에 대한 다양한 시나리오를 써 본다. 내담자는 이를 어떻게 받아들이는 것이 바람직한지 모색해 본다. 제4단계 '채택'에서는 제3단계에서 제시된 모델들 각각을 바탕으로 행동했을 때 어떤 결과가 귀결되는지 논리적으로 따져 봄으로써 가장 바람직한 이해 모델을 채택한다. 제5단계 '확정'에서는 채택한 모델에 의거해서 행동했을 때 예상되는 문제점을 보완할 방안을 모색함으로써 모델을 확정한다.

---

[49] 이 글의 목적은 문제해결 기법 원형이 가지는 의미와 여러 분야에서의 활용, 그리고 철학실천 분야의 가능성을 모색하는 데에 있기 때문에, 이 모델에 대한 임상적 결과와 평가에 대해서는 기존의 문제해결형 철학상담 기법에 대한 평가와 더불어 다음 글에서 자세히 발표할 것이다. 따라서 이 모델은 아직 임상적 확인 과정을 거치지 않은 가설적 단계에 머물고 있다고 볼 수 있다.

이 모델은 매리노프가 시끄러운 이웃에 분노하는 에드라는 내담자를 상담하는 과정에서 방어, 우호, 공격, 보복, 도피, 전화위복이라는 여섯 가지 대안들을 하나씩 검토하면서 마지막 대안을 채택했던 과정[50]과는 다르다. 에드의 사례에 있어서 관심사는 시끄러운 이웃에 대처하는 올바른 방법을 찾는 데 있었지만, 필자의 분노해결 모델의 경우에는 내담자 자신의 분노 조절에 초점을 맞춘다. 또한 세네카의 분노론을 "윤리상담"에 적용하면서 매리노프의 사례를 연결시킨 김대군의 입장과도 다르다.[51] 이 모델은 분노라는 정서적 반응이 특정한 상황에서는 자연스럽고 마땅히 일어나야 하는 감정이 아니라 그 상황에 대한 주체의 인식에 의해 만들어진 것이라는 사실에 근거해서 그렇게 인식한 자기 자신에 대한 성찰을 문제해결 과정으로 구성한 것이기 때문이다.

이 모델은, 세상 모든 것은 내 마음대로 할 수 있는 것과 내 마음대로 할 수 없는 것이라는 둘로 나눠질 수 있고 그중 내 마음대로 할 수 있는 것은 내 마음뿐이고 분노도 나의 해석과 의지에 달려 있다고 하는 스토아철학의 전제[52]에 의존한다. 따라서 분노는 저절로 일

---

50 루 매리노프, 《철학상담소: 우울한 현대인을 위한 철학자들의 카운슬링》, 김익희 옮김, 북로드, 2006, 59~63쪽.

51 김대군, 〈분노조절에 대한 윤리상담적 접근: 세네카의 분노론을 중심으로〉, 《윤리교육연구》 2014. 8, 61~82쪽. 이에 대한 비판은 다음의 졸고를 참고하라. 이진남, 〈철학상담의 도전과 과제: 윤리상담은 성립 가능한가?〉, 《철학연구》 135, 2015. 8, 대한철학회, 53~83쪽.

52 분노에 대한 스토아철학의 이해는 에픽테토스의 다음 언급에 잘 나타난다. "너를 모욕하는 것은 너에게 욕을 퍼붓는 사람이나 너를 때리는 사람이 아니라 모욕하고 있다고 하는, 이 사람들에 관한 너의 믿음이라는 것을 기억하라. 그러므로 누군가가 너를 화나게 할 때 너의 머릿속의 생각이 너를 화나게 하는 것임을 알라. 그래서 먼저 외적 인상에 의해 사로잡히지 않도록 노력하라. 왜냐하면 일단 시간을 벌

어나는 것이 아니라 내가 사태를 어떻게 해석하느냐에 달려 있다. 나는 옳은데 다른 사람에게서 부당한 대우를 받았다는 해석과 믿음이 분노의 조건이 된다.[53] 그러나 필자의 모델이 스토아철학의 기본적 전제를 차용하면서도 기존의 '합리정서행동치료Rational Emotive Behavioral Therapy'나 '논리기반치료Logic-Based Therapy'와 다른 점은, 추론과 행동 사이의 인과관계에 주목한 합리정서행동치료나 논증에 기반한 논리기반치료가 오류추론을 지적하고 해독추론을 제기하며 행동강화를 꾀하는 반면, 이 모델은 전체 과정을 하나의 문제해결 과정으로 설정하고 있다는 데 있다. 스토아적인 전제를 공유한다는 점에서는 공통점이 있음에도, 필자의 모델은 일련의 계획된 과정에 의해 진행되지만 합리정서행동치료나 논리기반치료는 인식과 추론에 있어서의 오류를 발견하고 "바른" 인식과 추론으로 대체한다는 단편적인 접근에 그치고 있다는 차이가 있다.[54] 필자의 모델은 겉으로 드러나는 구체적 행위보다는 문제해결 과정에 입각해 사태에 대한 주체의 인식의 틀과 그로 인해 발생하는 정서적 반응을 객관적으로 분석하고 바람직한 상태로 전환할 방안을 모색한다. 따라서 듀이

어 늦춘다면, 너는 손쉽게 너 자신의 주인이 될 것이기 때문이다." 에픽테토스, 《왕보다 더 자유로운 삶: 에픽테토스의 〈엥케이리디온〉, 〈대화록〉 연구》, 김재홍 옮김, 서광사, 2013, 49쪽.

53 Lucius Annaeus Seneca, De Ira, II, xxii; 세네카, 《화에 대하여》, 김경숙 옮김, 사이, 2013, 121쪽.

54 합리정서행동치료REBT와 논리기반치료LBT에 대한 분석과 설명은 다음을 참고하라. 김선희(b), 〈논리기반치료와 합리적 정서행동치료의 절충적 정체성에 대한 철학치료적 분석: 진리관을 중심으로〉, 《철학연구》 제102호, 2013.9, 331~363쪽.; 이영의, 〈논리중심치료의 철학치료적 성격〉, 《범한철학》 65, 2012, 147~168쪽.; 이진남, 〈코헨의 논리기반치료에 대한 검토〉, 《인문과학연구논총》 35, 2013. 2, 명지대학교 인문과학연구소, 299~330쪽.

의 문제해결 과정에 보다 충실하고 문제해결로서의 철학실천에 보다 충실한 모델로 평가할 수 있을 것이다.

나가며

필자는 이 글을 통해서 여러 분야에서 개발되어 온 각종 문제풀이 방식을 비교하고 그 원형으로 존 듀이의 반성적 사고의 다섯 단계를 제시하였다. 그리고 이 모델들에서 핵심적인 사항들을 뽑아 기존의 철학실천에 적용된 모델들과 비교하고 바람직한 모델을 제시하였다. 이를 위해 우선 언스트와 뉴웰, 정보처리론의 IDEAL, CPS, 립맨의 문제해결 모델을 검토하였다. 다음으로 원형으로서의 존 듀이의 반성적 사고의 다섯 단계를 분석하였고 《우리는 어떻게 생각하는가》의 제1판과 제2판의 차이가 교조적인 적용에 대한 경계와 과거에 대한 검토가 중요하다는 사실을 발견했다. 또한 듀이의 5단계를 기준으로 여러 모델을 비교함으로써 '최종 판단의 보류'와 '끝없는 탐구'라는 비판적 사고의 정신이 문제해결의 과정에 있어 핵심이라는 사실을 도출했다. 마지막으로 가족치료의 한 기법인 해결중심치료와 매리노프의 PEACE, 피터 라베의 네 단계 모델을 검토하고 분노치료에 적용한 필자의 문제해결적 철학실천 모델을 제시하였다.

철학실천은 철학하기doing philosophy이고, 철학하기는 당혹감과 의아함으로 문제를 던지고 푸는 과정이다. 그런데 그 과정은 한두 번으로 끝나는 것이 아니라 태어날 때부터 죽을 때까지 계속 이어지는 과정이다. 따라서 칼 포퍼의 주장대로 삶은 문제해결의 과정이다. 나를 둘러싸고 있는 모든 반짝이는 것들에 대해 놀라움과 궁금함으로 가득 찬 감수성을 가지고 지치지 않는 열정으로 문제를 던지고 푸는 것이 철학을 실천하는 것이라고 본다. 향후 좀 더 철학적이고 좀 더 철학실천에 충실한 문제해결적 철학실천 모델이 나오기를 기대한다.

참고문헌

김대군, 〈분노조절에 대한 윤리상담적 접근: 세네카의 분노론을 중심으로〉, 《윤리교육연구》 2014. 8, 61~82쪽.

김선희(b), 〈논리기반치료와 합리적 정서행동치료의절충적 정체성에 대한 철학치료적 분석:진리관을 중심으로〉, 《철학연구》 102, 2013. 9, 331~363쪽.

김영채, 《학습과 사고의 전략》, 교육과학사, 1990.

_____, 《사고와 문제해결 심리학》, 박영사, 1995.

_____, 《사고력: 이론, 개발과 수업》, 교육과학사, 1998.

_____, 《창의적 문제해결: 창의력의 이론, 개발과 수업》, 교육과학사, 1999.

_____, 〈창의력 교육(훈련)의 수준별 접근〉, 《대한사고개발학회 2003 연차학술발표대회보》, 2001, 129~136쪽.

_____, 《창의력의 이론과 개발》, 교육과학사, 2007.

김유숙, 《가족치료: 이론과 실제》, 학지사, 1998.

루 매리노프, 《철학상담소: 우울한 현대인을 위한 철학자들의 카운슬링》, 김익희 옮김, 북로드, 2006.

박미숙, 〈존 듀이 경험철학의 철학적 치유 가능성 탐구〉, 경성대학교 교육학과 박사학위논문, 2013.

박준영, 박미숙, 〈듀이 경험철학의 변화성 원리에 의한 철학적 치유 가능성〉, 《교육사상연구》 28/1, 2014, 147~166쪽.

빌 오코넬, 《통합적 해결중심치료》, 송성자·정문자·최중진 옮김, 학지사, 2014.

빌 오한론, 《해결중심치료로 상처 치유하기》, 김보미 옮김, 소울메이트, 2015.

손옥주, 〈듀이의 반성적 사고에 기반한 철학상담 방법론의 고찰과 적용〉, 경성대학교 교육학과 박사학위논문, 2014.

아리스토텔레스, 《형이상학》, 김진성 옮김, 이제이북스, 2007.

에픽테토스, 《왕보다 더 자유로운 삶: 에픽테토스의 〈엥케이리디온〉, 〈대화록〉 연구》, 김재홍 옮김, 서광사, 2013.

이영의, 〈논리중심치료의 철학치료적 성격〉, 《범한철학》 제65집, 2012, 147~168쪽.

이진남, 〈코헨의 논리기반치료에 대한 검토〉, 《인문과학연구논총》 35, 2013, 명지대학교 인문과학연구소, 299~330쪽.

_____, 〈철학상담의 도전과 과제: 윤리상담은 성립 가능한가?〉, 《철학연구》
135, 대한철학회, 53~83쪽.

정문자 외, 《해결중심단기치료》, 학지사, 2008.

정숙자, 〈듀이의 프래그머티즘에 기반한 철학상담 연구〉, 경성대학교 교육학과
박사학위논문, 2012.6.

존 스튜어트 밀, 《자유론》, 서병훈 옮김, 책세상, 2010.

칼 포퍼, 《삶은 문제해결의 연속이다》, 허형은 옮김, 부글, 2006.

Dewey, John, *How We Think*, 1st ed., Heath & Co. Publishers, Boston, 1910.
(존 듀이, 《하우 위 싱크: 과학적 사고의 방법과 교육》, 정회욱 옮김, 학이시습,
2011.)

Dewey, John, *How We Think*, 2nd ed., Heath & Co. Publishers, Boston, 1933.
(존 듀이, 《사고하는 방법》, 임한영 옮김, 법문사, 1979.)

Lipman, Matthew, *Thinking in Education*, 2nd ed., Cambridge: Cambridge
University Press, 2003.(매튜 립맨, 《고차적 사고력 교육》, 박진환 · 김혜숙
옮김, 인간사랑, 2005.)

Marinoff, Lou, *Plato not Prozac: Applying Philosophy to Everyday Problems*,
New York: HarperCollins, 1999. (루 매리노프, 《철학으로 마음의 병을 치료
한다》, 이종인 옮김, 해냄, 2000.)

Raabe, Peter, *Philosophical Counseling: Theory and Practice*, Westport:
Praeger, 2000(피터 라베, 《철학상담의 이론과 실제》, 김수배 옮김, 시그마프
레스, 2010.)

Seneca, Lucius Annaeus, *De Ira*.(세네카, 《화에 대하여》, 김경숙 옮김, 사이,
2013.)

Treffinger, Donald J., Isaksen, Scott G., & Dorval, K. Brian, *Creative Problem
Solving: An Introduction*, Waco, Texas : Prufrock Press Inc., 2000(《CPS:
창의적 문제해결》, 김영채 옮김, 박영사, 2004.)

8
긍정주의의 문제와 반성적 사고

허서연

이 글은 2019년 1월 5일 이화여자대학교에서 열린 한국 철학교육 학회 학술대회에서 발표하고 2019년 2월 28일 부산대학교 인문학연구소 《코기토》 제87호에 게재된 논문 〈긍정주의와 듀이의 반성적 사고〉를 수정하여 재수록한 것이다.

여는 말

원하는 대상을 집중해서 생각하면 실제로 이루어진다는 믿음은 근래 수없이 범람하는 성공 관련 서적들과 긍정신학, 긍정심리학 등을 통해 우리에게 이미 낯설지 않다. 각각의 분야에 따라 세부적인 내용에는 약간씩 차이가 있으나 기본적으로 이들은 ①긍정적인 암시가 우리에게 필요한 무엇이든 가져온다는 주장에 기초하며, 이에 따라 부정적인 생각을 하면 부정한 바로 그것이 끌려오기 때문에 ②부정적인 생각을 하면 안 된다는 주장을 한다. 이와 같은 긍정주의의 문제점은 필자가 생각하기에 긍정하면 모든 것이 이루어진다는 마법과도 같은 첫 번째 주장보다 오히려 부정적인 생각을 금지하는 두 번째 주장에 더 있는 듯하다. 우리가 살면서 부딪힐 수밖에 없는 수많은 부정적인 문제들에 긍정주의가 어떠한 태도를 취할지 보여 주기 때문이다. 긍정주의는 부정적인 문제를 마음에 담지 않기 위해 불평불만과 비판을 피하고, 신문 기사조차 읽지 않을 것을 권하기도 한다. 문제에 집중하지 않고 원하는 다른 것을 상상함으로써 문제를 해결할 수 있다는 것이 긍정주의의 주장이다. 이 글은 바로 이와 같은 긍정주의의 문제 해결 방식을 주제로 한다.

일단 대중적인 믿음을 넘어서 권위 있는 종교와 학문의 영역에까지 파고들어 자신의 존재를 알리고 있는 긍정주의의 각 분야에 걸친 다양한 논의에 대해 모두 섬세하게 비판을 가하는 일은 이 글의 관심사가 아니다. 그러한 일들에 관해서는 이제까지 이루어진 유의미한 다른 비판들을 참고하기로 하자.[1] 따라서 이 짧은 글에서 이루

---

1   긍정주의 일반에 관한 광범위한 연구와 비판에 관해서는 Donald Meyer, *The Positive*

지는 비판이 다양한 긍정주의의 변이들 가운데 어느 하나에 적중하느냐 아니냐에 관해서도 다른 사려 깊은 연구자나 독자의 판단에 맡기기로 한다. 이 글은 다만 위에서 요약한 긍정주의의 두 가지 핵심 주장을 중심으로 이제까지의 연구에서는 찾아보기 힘든, 긍정주의의 문제 해결 방식에 관해서만 물음을 던지고, 이에 답하는 것을 목적으로 삼는다. 우리 삶에서 발생하는 문제들을 긍정적인 사고만으로 해결하는 것이 과연 가능할까? 부정적인 생각을 피하는 것은 문제의 해결이 아니라 실은 문제의 회피가 아닐까? 이 경우 긍정주의의 문제점은 무엇일까? 요컨대, 긍정주의의 문제 해결 방식은 어떠한 문제점을 가지는가?

물음에 답하기 위해 필자가 특별히 주목하는 것은 미국 프래그머티즘의 정점에 서 있는 존 듀이John Dewey의 반성적 사고 이론이다. 듀이는 반성적 사고에 관한 그의 체계적 저작《하우 위 싱크How We Think》에서 반성적 사고가 문제를 해결하는 방식에 관해서 다루고 있는데, 여기서 그는 문제가 되는 상황에서 불편한 감정을 느낄 때 문제를 명확히 인식하고 정의할 것을 적극적으로 권하고 있다. 그뿐 아니라 부정적인 감정을 느끼는 상태 자체를 반성적 사고의 과정에 포함시킨다. 말하자면 듀이의 반성적 사고는 문제를 대하는 태도에 있어 긍정주의와 정반대의 입장에 서 있는 셈이다. 물론 듀이가 생전에 긍정주의에 관한 입장을 직접 밝히지는 않았으므로, 필자가 듀이의 이론에 입각해서 그대로 긍정주의를 비판하려는 것은 아니다.

Thinkers, New York: Pantheon Books, 1980; 바버라 에런라이크,《긍정의 배신》, 전미영 옮김, 부키, 2011. 긍정심리학에 관해서는 이진남,《나는 긍정심리학을 긍정할 수 없다》, 커뮤니케이션북스, 2017. 긍정 신학에 관해서는 이관운,《조엘 오스틴의 긍정의 힘 뒤집어보기: 미소 속에 감춰진 비진리》, 좋은땅, 2016 참조.

그렇지만 듀이의 이론을 실마리로 삼고 그의 이론의 도움을 받아서 긍정주의적 사고의 문제점을 드러내고 비판하는 것은 가능해 보인다. 이 글은 결국 듀이의 반성적 사고 이론을 활용하여 긍정주의를 비판하려는 시도라고 할 수 있다.

논의는 긍정주의의 역사를 간략히 살펴보고 그 주장의 핵심을 요약하는 데에서 출발한다. 그리고 이와 같은 주장이 문제 해결을 위해서 어떻게 응용되는가를 사례를 통해 구체적으로 살펴본 후에, 반성적 사고의 문제 해결 방식과 대비하여 그 특징을 부각할 것이다. 긍정주의의 이와 같은 문제 해결 방식이 왜 문제가 되는지를 논하는 것이 이 글의 정점이다. 마지막으로 긍정주의가 왜 이러한 문제를 갖게 되었는가를 듀이의 경험적 사고에 관한 견해를 통해서 구명해 보기로 한다.

긍정주의

에런라이크Barbara Ehrenreich는 《긍정의 배신Bright-Sided》에서 긍정주의의 뿌리를 신사상New Thought 운동으로 밝히고 있는데, 그 시작점을 시계 제조업 및 최면술과 대화치료에 종사하던 큄비Phineas Parkhurst Quimby(1802~1866)로 지목한다.[2] 그의 환자였던 메리 베이커 에디Mary Baker Eddy(1821~1910)가 큄비의 사상을 이어받아 '크리스천 사이언스'라는 종교를 창설하여 이 사상을 본격적으로 전파하기 시작했다는 것이다.[3] 한편 모즐리Glen R. Mosley는 《신사상, 고대의 지혜:

---

2   바버라 에런라이크, 《긍정의 배신》, 119, 126쪽 참조.
3   바버라 에런라이크, 《긍정의 배신》, 127쪽 참조.

신사상 운동의 역사와 미래New Thought, Ancient Wisdom: The History and Future of the New Thought Movement》에서 신사상의 출발을 스웨덴의 신비주의자였던 스베덴보리Emanuel Swendenborg(1688~1772)로 보고 있는데,[4] 모즐리가 스베덴보리 이후의 신사상가로 열거하는 사람들 중에는 앞서 언급한 퀸비와 에디 이외에도 우리에게 익숙한 이름들인 에머슨Ralph Waldo Emerson, 제임스William James[5], 화이트헤드Alfred North Whitehead 등이 포함되어 있다.

신사상의 등장 배경으로 에런라이크는 미국의 칼뱅주의를 주목한다. 그는 칼뱅주의의 어둡고 엄격한 분위기 속에서 신경쇠약이라는 질병이 만연했으며, 이 질병 치료에 에머슨의 초절주의[6]와 스베덴보리의 유럽 신비주의, 그리고 힌두교의 흔적이 뒤섞인 신사상이 탁월한 효과를 발휘함으로써 진리로 인정되어 전파되기 시작했다고 설명한다.[7] 신사상이라는 명칭은 1894년 메사추세츠주 멜로스에서 출

---

4 Glen R. Mosley, *New Thought, Ancient Wisdom: The History and Future of the New Thought Movement*, London: Templeton Foundation Press, 2006, pp. 131-139 참조.

5 듀이와 같은 실용주의 철학자이자 미국 최초의 심리학자로 여겨지는 윌리엄 제임스는, 아버지가 스베덴보리와 에머슨의 신봉자였으며 그러한 분위기 속에서 성장하며 신사상을 통해 신경쇠약을 극복한 경험이 있다(루이스 매넌드, 《메타피지컬 클럽》, 정주연 옮김, 민음사, 2006, 116쪽 참조). 그의 기퍼드 강의를 묶은 《종교적 경험의 다양성The Varieties of Religious Experience》은 신사상을 옹호한 학술서로 유명하다.

6 에머슨의 《자기신뢰Self-Reliance》의 역자 전미영은 '옮긴이의 말'에서 "초절주의는 [칼뱅주의의] 이런 엄격한 교리와 대립되는 위치에 서서, 인간을 누구에게도 양도할 수 없는 가치를 가진 존재로 파악하고, 사람은 누구나 스스로 긍지를 갖고 떳떳하게 자신의 삶을 살아갈 권리가 있다고 선언했다"(랄프 왈도 에머슨, 《자기신뢰》, 전미영 옮김, 창해, 2015, 149쪽)고 쓴다. 또한 초절주의가 강조하는 것으로 "인간이 우주의 대령oversoul과 통하는 신성한 존재라는 것"과 "자기신뢰", 두 가지를 든다(랄프 왈도 에머슨, 《자기신뢰》, 150쪽).

7 바버라 에런라이크, 《긍정의 배신》, 113~129쪽 참조.

간된 소책자의 제목이 이후 마음 치유 운동의 대표자들에 의해 사용된 데서 비롯되었다고 한다.[8] 말하자면 신사상은 처음에 칼뱅주의에서 벗어나기 위한 새로운 종교사상이었고,[9] 정신건강을 위한 치료법이었던 셈이다.

이후 신사상은 시대의 변화에 따라 성공학과 신학, 심리학 등으로 변신하며 점차 '긍정'이라는 표현으로 사회 전반에 영향력을 끼쳐나갔다. 성공학에서는 1928년 출간된 나폴레온 힐Napoleon Hill의《성공의 법칙Law of Success》과, 이의 요약 정리본으로 1937년 이래 지금까지 2천만 부 이상이 팔렸다고 하는《생각하라 그러면 부자가 되리라Think and Grow Rich》, 그리고 2006년 출간되어 최단 기간에 500만 부 판매를 돌파한 론다 번Rhonda Byrne의《시크릿The Secret》이 대표적이다. 신학 분야에서는 1952년 노만 빈센트 필Norman Vincent Peale의《긍정적 사고방식The Power of Positiv Thingking》에서 2004년 조엘 오스틴Joel Osteen의《긍정의 힘Your Best Life Now: 7 Steps to Living at Your Full Potential》에 이르고, 심리학에서는 1999년 미국심리학회 회장을 지낸 마틴 셀리그만Martin E. P. Seligman이 주창한 긍정심리학positive psychology이 인기를 구가하며 긍정주의의 흐름을 주도하고 있다.

---

8 Horatio W. Dresser, *The Spirit of the New Thought*, New York: Thomas Y. Crowell Co., 1917, p. 1 참조.

9 신사상의 종교적 감성은 20세기 뉴에이지 운동The New Age Movement에도 영향을 주었다(R. Marie Griffith, *Born Again Bodies: Flesh and Spirit in American Christianity*, Berkeley: University of California Press, 2004, p. 70 참조). 물론 뉴에이지 운동과 신사상 운동이 동일하지는 않다. J. 고던 멜톤은 뉴에이지 운동이 신사상 운동의 영향을 받았지만 치유보다는 신지학Theosophy, 점성술astrology, 오컬리즘occultism, 채널링channelling 등과 같은, 넓은 뜻에서의 심령론에 치중하는 면이 많다고 말한다(J. Gordon Melton, "Beyond Millennialism: The New Age Transformed", in *Handbook of New Age*, eds. Daren Kemp and James R. Lewis, Boston: Brill, 2007, p. 80f 참조).

전통적인 신사상의 핵심은 "생각이 실체다Thoughts are Things"[10]라는 멀포드Prentice Mulford(1834~1891)의 테제나 "인간은 자신이 마음속으로 생각하는 그대로의 존재다"[11]라는 베런드Genevieve Behrend(1881~1960)의 주장이 잘 보여 주고 있듯이, 우리의 생각이 현실로 그대로 실현된다는 믿음에 있었다. 드레서Horatio W. Dresser는 신사상의 이론을 요약하면서 "인간은 본질적으로 기대, 희망, 암시에 의해 영향받고, 형성되며, 조정되는 정신적 삶을 영위한다. (…) 삶은 전체적으로 우리가 구성한 것이고, 우리가 삶에 투입한 것이자, 그로부터 도출한 것이다. 그러므로 낙관적, 건설적, 생산적 믿음의 배양이 중요하다"[12]라고 쓴다. 우리의 생각이 현실로 실현된다는 믿음은 점차 긍정주의에서 건강, 부, 행복이 신의 선물이고 재화는 무한하다는 가정에 기초하여, 우리에게 필요한 것은 무엇이든 긍정적인 암시를 통해 끌어당길 수 있다는 "끌어당김의 법칙"[13]이 된다.

이와 같은 신사상, 또는 긍정주의에서 주목할 만한 특징은 부정형의 희구를 용납하지 않는다는 점이다. 왜냐하면 우리가 생각하는 것이 그대로 현실로 이루어지기 때문에 자칫 무언가를 부정하는 생각을 하면 그 대상을 원하지 않을지라도 부정한 바로 그것이 끌려오기

---

10 1800년대 후반 멀포드가 발표한 에세이들을 모아서 니덤F. J. Needham이 편집한 《화이트 크로스 라이브러리The White Cross Library》 1권에는 매 페이지마다 하단에 "생각이 실체다"라는 문장이 인쇄되어 있다(정형철, 〈신사상 운동과 프렌시스 멀포드의 종교사상〉, 《종교연구》 56, 한국종교학회, 2009, 222~223쪽 참조). 또한 《생각이 실체다》라는 제목의 멀포드 에세이 선집도 1908년 영국에서 간행되었다 (정형철, 〈신사상 운동과 프렌시스 멀포드의 종교사상〉, 229쪽 참조).

11 주느비에브 베런드, 《보이지 않는 힘》, 이순영 옮김, 북하우스, 2007, 91쪽.

12 Horatio W. Dresser, *The Spirit of the New Thought*, New York: Thomas Y. Crowell Co., 1917, p. 1f.

13 론다 번, 《시크릿》, 김우열 옮김, 살림출판사, 2007, 19쪽.

때문이다. 멀포드는 "끌어당김은 천국의 법칙이고 반발은 지상의 법칙"[14]이라고 말한다. 어떤 불편한 문제에 봉착하여 우리가 강하게 반발감을 느끼면 그런 정서에 지배당하기 쉬우며, "부패는 부패를 끌어당기고 생성한다"[15]고 한다. 이러한 맥락에서 번도 "끌어당김의 법칙은 '않아', '아니', 혹은 부정어를 처리하지 않는다"[16]고 쓴다. 우리가 무언가를 원하지 않는다는 생각을 하면, 원하지 않는 바로 그것을 끌어당긴다는 뜻이다.

그러므로 긍정주의의 테제는 다음과 같이 요약될 수 있겠다. ①긍정적인 암시가 우리에게 필요한 무엇이든 가져온다. ②부정적인 생각을 하면 안 된다. 부정한 것이 끌려오기 때문이다.

긍정주의의 문제 해결 방식

그렇다면 이제 긍정주의가 문제 해결을 위해 자신의 테제를 어떻게 적용하는지 구체적으로 살펴보기로 하자. 우리가 살면서 부딪히는 문제들에 긍정주의가 어떠한 해결 방법을 사용하는지에 관한 구체적인 예들은 《시크릿》에서 손쉽게 찾아볼 수 있다. 다음은 저자인 번이, 교사이자 센터포인트 연구소 창립자라는 해리스의 사례를 인용하여 제시한 것이다.

로버트는 동성애자였다. 동성애자로서 살아가기 어려운 암담한 현

---

14 프렌티스 멀포드, 《생각이 실체다》, 정형철 옮김, 이담, 2010, 239쪽.

15 프렌티스 멀포드, 《생각이 실체다》, 243쪽.

16 론다 번, 《시크릿》, 30쪽.

실을 내게 이메일로 이야기해 주었다. 직장에서는 동료들이 집단으로 로버트를 공격했다. 동료들이 너무나 짓궂게 굴어서 그는 항상 스트레스를 받았다. 거리를 걸을 때면 로버트를 욕하고 싶어 하는 동성애 혐오주의자들에게 둘러싸였다. 로버트는 일인극 코미디언이 되려고 했다. 하지만 실제로 일할 기회가 생기자 모두가 동성애자라며 그를 괴롭혔다. 로버트는 늘 불행하고 비참하게 살았고, 그 모든 것이 동성애자라는 사실 때문에 공격을 당하는 데서 비롯되었다.

나는 로버트에게 그가 '원하지 않는 일'에 집중하고 있다고 말해 주었다. 로버트가 내게 보낸 메일을 그대로 반송하면서 이렇게 썼다.

"다시 읽어 봐요. 로버트가 스스로 원하지 않는 일들에 관해 얼마나 많이 이야기하고 있는지, 내 눈에도 로버트가 그 일로 감정이 격해져 있는 게 다 보여요. 그리고 강한 감정으로 어떤 대상에 집중하면, 그것이 더 빠르게 나타나게 됩니다!"[17]

이하에서는 로버트가 자신이 원하는 대상에 집중하자, 사무실에서 그를 괴롭히던 사람들이 모두 다른 부서로 전근되거나 회사를 그만두는 등 기적 같은 일들이 일어나고, 아무도 그를 괴롭히지 않게 되었으며, 로버트가 일을 사랑하고 일인극 코미디언으로 성공하기 시작했다는 이야기가 이어진다.

로버트의 문제는 그가 동성애자라는 이유로 주변 사람들이 그를 괴롭히는 것이었다. 처방은 간단했다. '문제를 생각하지 말 것', '원하는 것만 생각할 것'이었다. 그리고 단지 원하는 것을 생각할 뿐만

---

17 론다 번, 《시크릿》, 34~35쪽.

아니라 마음속으로 그 소망을 시각화해서[18] 이미 이루어졌다고 믿고 그것이 이루어졌을 때의 감정을 느낄 것이 권고됐다.[19] 기적을 이루어 냈다는 로버트는 이러한 권고를 듣고 과연 무슨 생각을 했던 것일까? 아마도 자신을 괴롭히던 동료가 없는 사무실에서 편안하게 일을 하는 장면을 상상했는지 모른다. 실제로 이루어졌다는 그대로 그의 코미디 연기에 기립박수를 보내는 청중들을 상상하며 행복감에 젖었을지도 모르겠다. 이를테면 긍정주의자들이 문제 해결에 사용하는 방식은 "원하지 않거나 두려워하는 대상에 집중하던 방식에서 〔벗어나〕, 원하는 대상에 집중하는 방식"[20]이다. 즉, 문제는 사고나 고려의 대상이 아니다.

긍정주의에서는 부정형의 희구가 용납되지 않는다. 번은 이른바 '끌어당김의 법칙'이 우리의 생각을 처리하는 방식을 다음과 같이 예시한다.

"신발 때문에 발 아프지 않으면 좋겠어."
 ─ "신발 때문에 발 아프면 좋겠어."
"일이 너무 많아서 다 할 수가 없어."
 ─ "다 하지 못할 정도로 일이 더 많아지면 좋겠어."
"감기에 걸리지 않으면 좋겠어."
 ─ "감기뿐 아니라 다른 것도 걸리고 싶어."
"다투기 싫어."

---

18 주느비에브 베런드, 《보이지 않는 힘》, 11~15쪽 참조.
19 론다 번, 《시크릿》, 71~73쪽 참조.
20 론다 번, 《시크릿》, 35쪽.

- "더 많이 다투고 싶어."[21]

이 정도면 원하지 않는 문제는 긍정주의에서 집중하지 않는 정도가 아니라 반드시 피해야 하는 대상이라고 할 수 있다. 물론 긍정주의의 조류가 계속해서 확대되다 보니 부정적인 생각을 단순히 피하기보다 원인을 찾아내어 반박함으로써 제거하고자 하는 시도가 없는 것은 아니다.[22] 하지만 그것은 자신에게 유리한 증거를 찾아내어 생각을 좋은 쪽으로 돌리기 위한 노력이지, 문제와 직면하여 그것을 해결하기 위한 시도는 아니다. 긍정주의자들은 모든 것을 마음의 문제로 환원하여 마음에 나타나는 부정적인 생각이나 느낌만을 문제 삼아 그것을 없애고자 할 뿐, 그러한 생각이나 느낌을 일으킨 문제 자체는 문제 삼지 않는다. 혹시 부정적인 생각을 의식하여 그것을 부정하는 것도 부정의 부정이라면, 긍정주의의 방식도 문제 해결의 한 방법이 될 수 있을까? 그것은 부정하는 방식에 달린 것 같다. 회피, 지양, 극복, 해결… 모두 부정의 방식이다. 이 가운데 긍정주의가 어떤 길을 택하고 있는지는 분명하다.

듀이의 반성적 사고

긍정주의적 사고의 특징을 부각하기 위해 듀이의 '반성적 사고 reflective thought'에 대해 살펴보는 것이 도움이 될 것이다. 긍정주의가

---

21 론다 번,《시크릿》, 31쪽.
22 마틴 셀리그만,《마틴 셀리그만의 긍정심리학》, 개정판, 김인자 옮김, 물푸레, 2014, 187~189쪽 참조.

문제 자체와 직면하기를 꺼리는 데 반해, 듀이가 제시하는 반성적 사고는 문제를 명확히 인식하고 정의할 것을 요구하기 때문이다. 듀이에 따르면 반성적 사고에는 논리적으로 구분되는, 다음과 같은 다섯 단계가 있다.

①어려움을 느끼는 것, ②그것을 확인하고 정의하는 것, ③가능한 해결책을 가정하는 것, ④이러한 가정의 의미를 논증함으로써 전개하는 것, ⑤이러한 가정을 수용하거나 거부하기 위해 관찰과 실험을 해서 믿거나 믿지 않는다는 결론을 내리는 것.[23]

일단 듀이에서 반성적 사고는 일반적으로 그러하듯이 자신의 상태나 행동을 돌이켜 본다거나, 참회 또는 후회를 한다는 등의 의미가 아니라는 점이 언급되어야 할 것 같다. 듀이는 반성적 사고를 "어떤 믿음이나 소위 지식의 형태에 대해 지지하는 근거와 그것이 가져올 결과에 비추어 적극적이고 지속적이며 세심하게 숙고하는 것"[24]이라고 정의한다. 반성적 사고를 다른 사고들과 구분해 주는 가장 핵심적인 요소는, 반성적 사고가 하나의 사태와 다른 사태의 연관성에 관한 사고라는 점이다.[25] 말하자면 그것은 일련의 사고의 계열이다. 그렇지만 단순히 우연적으로 일어나는 사태들의 연속에 관한 사

---

23 존 듀이,《하우 위 싱크: 과학적 사고의 방법과 교육》, 정회욱 옮김, 학이시습, 2011, 83쪽.

24 존 듀이,《하우 위 싱크: 과학적 사고의 방법과 교육》, 9쪽.

25 듀이는 '의미한다signify'거나 '암시한다indicate' 또는 '가리키다point to', '징조를 보이다betonken', '대변한다represent', '시사하다imply' 등의 표현이 사용되는 다양한 상황들을 제시함으로써 반성적 사고가 무엇인지를 가장 잘 깨닫게 할 수 있다고 말한다(존 듀이,《하우 위 싱크: 과학적 사고의 방법과 교육》, 11쪽 참조).

고이거나, 아이디어들의 연속만을 의미하지는 않는다.[26] 반성적 사고는 "하나의 사물이 다른 사물에 대한 믿음의 증거로 어느 정도 인정될 수 있는지를 생각하도록"[27] 하는 것, 어떤 믿음을 근거가 검토되었기 때문에 받아들이는 것, 다시 말해 "확고한 근거 위에 믿음을 확립하려는 의식적, 자발적 노력"[28]이다.

반성적 사고는 긍정주의적 사고와 달리 문제로 인해 느끼는 혼란이나 불편한 상태를 사고의 하부 과정으로 포함하고 있으며, 이를 첫 단계로 삼아 그 문제를 정확히 인식하고 정의할 것을 다음 단계로 요구하고 있다. 듀이는 반성적 사고가 "사고의 기원으로서 당혹, 망설임, 의심의 상태를 포함한다"[29]고 쓴다. 그에 따르면 "어려움은 처음에는 감정적 혼란, 당혹감, 다소간의 이상한 느낌 등과 같은 충격으로 나타난다. 이 같은 경우에 무엇이 문제인지 알아보거나 문제의 구체적인 특성을 분명하게 만들기 위한 생각과 관찰을 하게 된다."[30] 말하자면 문제는 회피의 대상이 아니라 오히려 적극적인 사고의 원천인 셈이다. 이 '문제'는 '정의definition'의 단계를 거쳐서 그 의미의 애매성과 모호성[31]이 제거되고, 다음 사고 단계의 발판이 되는

---

26 존 듀이, 《하우 위 싱크: 과학적 사고의 방법과 교육》, 5쪽 참조.

27 존 듀이, 《하우 위 싱크: 과학적 사고의 방법과 교육》, 11쪽.

28 존 듀이, 《하우 위 싱크: 과학적 사고의 방법과 교육》, 9쪽. 그래서 듀이는 '반성적 사고'를 '과학적 사고'라 부르기도 하고, '체계적 사고'나 '성찰'이라고 표현하기도 한다(존 듀이, 《하우 위 싱크: 과학적 사고의 방법과 교육》, 4쪽, 역자 주).

29 존 듀이, 《하우 위 싱크: 과학적 사고의 방법과 교육》, 13쪽.

30 존 듀이, 《하우 위 싱크: 과학적 사고의 방법과 교육》, 85쪽.

31 애매함은 의미가 중의적으로 쓰일 수 있다는 말이고, 모호함은 의미가 불명확하다는 말이다.

명확한 의미에 도달한다.[32] 이어지는 문제 해결 과정은 바로 이와 같은 문제의 인식과 정의를 토대로 하는 것이다.[33] 이를테면 "문제는 사고의 목적을 결정하고, 목적은 사고의 과정을 통제한다."[34]

문제의 해결책을 가정하고, 검증하고, 받아들이는 이하의 단계들에서 우리가 주목할 만한 반성적 사고의 특징은, 이와 같은 사고가 항상 기존의 익숙한 사고방식에서 벗어나려는 노력이라는 점이다. 해결책을 가정할 때 자원이 되는 것은 과거의 경험과 기존의 지식이지만, 생겨난 가정을 즉시 받아들이는 것은 성찰이 거의 없는 무비판적인 사고이기 때문이다.[35] 그러므로 해결책의 후보가 될 수 있는 다양한 가정들을 새로이 개발하고,[36] 생성된 가정들을 증명하거나 부정하기 위해 새로운 자료를 부단히 찾는 탐구[37]가 권장된다. 이러한 노력들은 모두 사고의 영역을 확장하고, 새로운 지평에서 문제를

---

32 존 듀이, 《하우 위 싱크: 과학적 사고의 방법과 교육》, 49쪽 참조. 듀이에 따르면 "정의는 의미의 내포intension를 제시하는 것이고, 분류는 외연extension을 설명하는 것이다." 그리고 "정의와 분류는 과학의 특징이다." 또한 그는 정의의 유형으로 "지시적denotative, 설명적expository, 과학적scientific" 정의를 이야기하고 있는데, 자세한 내용은 존 듀이, 《하우 위 싱크: 과학적 사고의 방법과 교육》, 149~154쪽을 참조할 것.

33 반성적 사고 1-2 단계의 중요성에 대해 듀이는 다음과 같이 말한다. "대체로 이러한 단계의 유무에 따라 적절한 성찰과 통제되지 않은 생각 사이의 차이가 생긴다. 어려움의 정확한 위치를 찾아내기 위해 충분히 숙고하지 않는다면, 해결을 위한 가정은 다소간 무작위적인 것이 된다."(존 듀이, 《하우 위 싱크: 과학적 사고의 방법과 교육》, 85쪽) 또한 "비판적 사고의 정수는 판단을 유보하는 것이다. 그리고 이러한 유보의 핵심은 문제를 해결하기 위한 시도를 하기 전에 문제의 본질을 결정하기 위한 탐구다."(존 듀이, 《하우 위 싱크: 과학적 사고의 방법과 교육》, 86쪽)

34 존 듀이, 《하우 위 싱크: 과학적 사고의 방법과 교육》, 16쪽.

35 존 듀이, 《하우 위 싱크: 과학적 사고의 방법과 교육》, 16~17쪽 참조.

36 존 듀이, 《하우 위 싱크: 과학적 사고의 방법과 교육》, 87쪽 참조.

37 존 듀이, 《하우 위 싱크: 과학적 사고의 방법과 교육》, 13, 17쪽 참조.

해결하기 위한 시도이다. 요컨대 반성적 사고는 립맨이 적절히 표현하듯이 "자기수정"의 과정이다.[38] 듀이에 따르면 "반성적 사고는 항상 조금은 불편하다. 왜냐하면 가정의 겉모습만 보고 받아들이는 경향인 타성을 극복해야 하기 때문이다."[39]

이제 앞서 인용했던 로버트의 경우에 대해 듀이라면 어떤 조언을 했을지가 분명해진다.[40] 그는 결코 긍정주의자처럼 문제를 외면하고 다른 일을 상상하라고 권하지 않았을 것이다. 오히려 로버트가 부정적인 감정을 경험하고 표현함으로써 이미 반성적 사고의 첫 단계에 들어서 있음을 주목하며, 그가 자신의 문제를 좀 더 명료하게 정의할 수 있도록 도울 것이다. 가능한 해결책으로서 주변인들과 동성애에 관해 진지한 대화를 해 보는 방법이 가정될지도 모른다. 또는 적당히 타협하여 자신의 정체성을 감추고 살아가는 것도 해결책의 하나로 가정해 보고, 어쩌면 주위 사람들이 그를 괴롭힌다는 인식 자체가 정당한가 하는 의심 하에, 그것을 확인하고 인식을 바꾸는 작업도 생각해 볼 수 있다. 이렇게 여러 가지 가정들이 구체화되면 각각의 가정에 대해 어떤 결과가 이끌려 나올 것인가를 생각하는 것이

---

38 Matthew Lipman, *Thinking in Education*, 2th edition, New York: Cambridge University Press, 2003, p. 218 참조. 마찬가지로 듀이도 "사고는 그야말로 충동적인 행동이나 완전히 틀에 박힌 행동에서 벗어날 수 있는 유일한 방법을 제공한다"(존 듀이, 《하우 위 싱크: 과학적 사고의 방법과 교육》, 108쪽)고 말했다.

39 존 듀이, 《하우 위 싱크: 과학적 사고의 방법과 교육》, 17쪽.

40 듀이의 철학적 입장과 유사한 철학 상담으로 매리노프의 PEACE 기법이 있다. PEACE는 ①'문제Problem'를 검토하여 규정하고, ②그 문제가 일으킨 '정서 Emotion'를 고찰한 후에, ③문제의 '분석Analysis'과 ④'명상Contemplation'을 통해서 ⑤마음의 '평형Equilibrium'에 도달하는 과정에 대해 각 중요 단어의 머리글을 따서 만든 용어이다(루 매리노프, 《철학으로 마음의 병을 치료한다》, 이종인 옮김, 해냄, 2000, 64~72쪽 참조).

다음 단계이다. 이와 같은 검토를 통해 로버트는 마침내 가장 나은 방법을 선택해서 받아들이고 실행에 옮길 수 있을 것이다. 긍정적인 암시나 상상 없이도 반성적 사고를 통해서 문제를 해결할 수 있을 것이다.

한 가지 주의할 점은 필자가 듀이의 반성적 사고를 통해 삶의 모든 문제를 해결해야 한다고 주장하는 것은 아니라는 점이다. 듀이가 문제 삼는 것도 언제나 당면 문제이다. 누구나 살면서 크고 작은 많은 문제에 부딪히기에 그 모든 문제에 매달리기는 힘들 것이다. 우리는 문제를 해결하기 위해서 문제에 골몰하기도 하고, 중요하지 않은 문제에는 관심을 쏟지 않기도 한다. 때로는 문제가 너무 힘들어서 그냥 내버려 둔 채 잊어버리기만을 바라기도 한다. 문제에 집중하지 않고 다른 일을 하다 보면 그 문제가 저절로 해결되는 때도 있다. 물론 해결하지 않으면 절대로 사라지지 않는 문제들도 있다. 크고 작은 당면 문제들을 해결하는 사이 사고의 지평이 넓어져서 과거에는 해결하지 못했던 문제를 더욱 성숙한 시야로 다시 마주할 수 있는 때가 오기도 한다. 말하자면 문제를 다루는 방식은 그것이 어떤 문제인가에 따라, 그리고 각자의 성향과 상황에 따라 달라져야 한다. 어떤 문제를 해결할지 선택하는 것, 그것은 그때그때의 실천적 지혜에 달렸다는 말이다.

긍정주의의 문제

긍정주의의 핵심은 우리가 바라는 바를 적극적이고 긍정적으로 생각하고 그에 대한 감정을 가져야 한다는 것이었다. 우리가 피하려는 문제를 부정하는 방식으로 생각하거나 느끼면 오히려 원하는 것과 정반대의 결과를 불러온다고 믿기 때문이다. 그러나 우리는 듀이의 반성적 사고를 살펴봄으로써 문제를 직면하고 정면으로 그 문제에 대한 사고를 해 나갈 때 오히려 문제를 잘 해결할 수 있음을 확인했다. 이러한 사고는 문제를 피하지 않고 적극적으로 해결한다는 점에서 차라리 긍정주의보다 더 긍정적이고 적극적이라고도 할 수 있다. 물론 필자가 여기서 듀이의 반성적 사고가 문제 해결의 유일한 방식이라고 주장하고자 하는 것은 아니다. 여기서 주목할 점은 긍정주의의 오류 가능성이다.[41] 단순히 오류 가능할 뿐만 아니라 긍정주의는 문제를 가진 사람들에게 더 심각한 문제를 야기할 수 있다. 그렇다면 이제 긍정주의가 문제를 해결하는 방식, 즉 문제가 되는 상황의 감정을 외면하고 문제를 회피하거나, 최소한 문제에 집중하지 않는 방식이 왜 문제가 되는지에 관해서 살펴보기로 하자.

먼저 우리의 마음에 어떤 부정적인 생각이나 감정이 지속적으로 떠오른다면, 필자가 생각하기에 그것은 긍정주의자들의 주장처럼 우리가 거기에 집중하고 있기 때문만은 아니다. 예를 들어 우리가 과거에 풀지 못한 원한을 갖고 있다면, 그 대상을 용서하거나 응징하기 전까지는 어떤 노력에도 불구하고 아픈 감정이 집요하게 올라올 것이다. 그리고 죄책감으로 괴로워하는 사람의 경우에도 그 감

---

[41] 긍정주의의 오류 가능성을 제시하는 예로 '방어적 비관주의'에 관한 연구를 들 수 있다. 노럼은 어떤 일의 부정적인 결과를 예상하고 걱정하는 사람들이 불안을 잠재우기 위해 열심히 위험 요소를 제거하는 방법으로 성공하게 되는 사례들을 연구하면서, 그들의 전략을 '방어적 비관주의'라고 부른다. 그에 따르면 방어적 비관주의는 "불안함을 유발할 수 있는 상황을 피하기보다 그 상황들에 대처하는 데 초점"을 두며, 부정적인 감정을 감내하는 능력을 통해 오히려 "일의 성공 확률이 높아지고, 장기적으로는 특정 불안감이 완화될 가능성이 높아지며, 자신만의 기술과 능력을 발견하고 자신감을 갖게 된다"는 장점을 갖는다(줄리 K. 노럼, 《걱정 많은 사람들이 잘 되는 이유》, 임소연 옮김, 한국경제신문, 2015, 108~109쪽).

정을 제거하는 유일한 방법은 정당한 참회와 보상뿐이다. 낮은 자존감에 시달리는 사람은 비현실적으로 고양된 자신의 모습을 상상하기보다 자신의 믿음이 합리적인지를 따져 보는 것이 유익할 것이다. 마찬가지로 부부 문제는 대화를 통해서 서로 이해하고 타협점을 찾는 것이 좋은데, 한쪽이 문제를 인식하지 않고 기피하기만 해서 해결이 안 되는 경우도 많다. 긍정주의자들의 주장처럼 긍정적인 생각만 한다는 것은 이와 같은 여러 삶의 문제들을 덮고, 안고, 그대로 가져간다는 뜻이다.

그래서 긍정주의자들에게는 끊임없이 자신을 부정할 것이 요구된다. 우리가 항상 원하는 대상만 생각하며 사는 것은 불가능하기 때문에 마음속에 떠오르는 부정적인 생각들을 솎아 내기 위해서 지속적으로 자신의 마음을 관찰하며 노력해야 한다는 뜻이다. 에런라이크는 칼뱅주의를 극복하고자 했던 긍정주의에 "가혹한 판단, 죄악에 대한 칼뱅주의식 비난, 자기반성이라는 끊임없는 내면 과제를 강조"[42]라는 칼뱅주의적 요소가 보존되어 있음을 주목했다. 그는 "칼뱅주의는 사악한 성향을 이유로, 긍정적 사고는 '부정성'을 이유로 자아를 공격한다"[43]고 한다. 필자가 보기에 이와 같은 긍정주의의 성향은 자기반성이라기보다 자기감시에 가깝다. 계속해서 떠오르는 어떤 생각이나 감정은 문제의 해결을 요구하는 것인데, 긍정주의에서는 문제가 무시될 뿐 극복되지 않으며, 가짜 감정이 권장되기 때문이다. 이와 같은 자기부정이 오랜 시간 계속되면 문제는 점점 미궁 속으로 빠지게 되고, 자기기만의 길로 들어설 수 있다. 나중에는 문제를 인식

---

[42] 바버라 에런라이크, 《긍정의 배신》, 131쪽.
[43] 바버라 에런라이크, 《긍정의 배신》, 133쪽.

하는 것조차 어렵게 되어 해결은 점점 난공불락이 될 것이다.

삶은 고통과 즐거움으로 가득 차 있다는 것이 인생의 진실이다. 즐겁기만 한 삶은 없다. 만약 삶이 즐겁기만 하다면 우리는 권태의 고통에 시달릴 것이다. 어쩌면 우리는 부정적인 감정을 통해 문제의 도전을 받고, 그것을 해결해 나아감으로써 삶을 더 의미 있고 행복하게 만들어 가는 것인지도 모른다. 듀이는 "위험한 것과 안정적인 것, 불완전한 것과 반복적인 것의 결합이 우리 곤경과 문제의 조건이자, 똑같이 참으로 모든 만족 경험의 조건이다"[44]라고 말한다. 긍정주의는 이와 같은 삶의 진실을 외면한다. 그리고 진실에 충실하지 못한 믿음은 우리에게 진정한 행복을 가져다주지 못한다. 이는 비단 낙관적인 상상만 하다가 문제에 대비하지 못하여 경제적 위기에 봉착하거나 건강에 심각한 질병을 진단받는 등의 예[45]에서만 증명되는 것은 아니다. 설령 끌어당김의 법칙이 우리에게 모든 것을 가져다준다 해도 우리 삶에서 부정적인 문제들이 생기는 것을 막을 수는 없을 것이다. 삶은 부단한 변화의 과정에 놓여 있으며, 끊임없는 긴장과 갈등의 생성과 해소가 삶의 본질에 속하기 때문이다.

하지만 무엇보다 긍정주의의 가장 큰 위험성은 우리를 무반성적인 욕망의 노예로 만든다는 점이다. 문제를 주목하지 않고 해결하지 않는다는 사실은 진정한 의미에서의 자기반성과 자기비판이 없다는 뜻이기 때문이다. 반성적 사고의 해결책은 판단인 데 반해 긍

---

44 John Dewey, *Experience and Nature*, La Salle in Illinois: Open Court, 1929, p. 54.

45 에런라이크는 긍정적 전망이 미국의 경제위기를 부른 예를 《긍정의 배신》에서 다루고 있다(바버라 에런라이크, 《긍정의 배신》, 245~268쪽 참조). 우리나라에서는 정치권에서 낙관적 전망만 맹신하다 전쟁에 대비하지 못해 큰 곤욕을 치렀던 임진왜란이 비슷한 예라 할 수 있겠다.

정적 사고는 소망만 한다. 문제는 우리의 소망이 합리적이거나 타당한 소망인지 판단할 수 없다는 것이다. 긍정주의적 사고는 '자기수정'은 하지 않고 재화는 무한하다고 정당화하며 끊임없이 욕망의 충족만을 추구한다. 이러한 욕망의 추구가 자본주의적 탐욕과 결합되어 권장되고 있음은 딱히 필자의 지적이 아니더라도 이미 여러 곳에서 비판이 이루어진 것 같다. 필자가 추가해서 말하고 싶은 것은 장기적으로 봤을 때 우리 인생을 위해서 우리의 욕망이 충족되지 않는 편이 더 좋을 때도 있다는 점이다. 자신의 욕망을 무한정으로 채우려는 사람은 소크라테스가 칼리클레스에게 물었던, "가려운 데가 있는 사람이 긁고 싶어서 마음껏 긁는다고 할 때, 평생을 긁으면서 계속 행복하게 살 수 있는지"[46]의 물음에 대답해야 할 것이다.

마지막으로 문제를 피하려는 마음가짐은 우리 사회의 문제를 보지 않으려는 태도이며, 이는 결코 개인에게도 충만한 행복을 가져다주지 못한다는 사실을 말하고 싶다. 이는 긍정적인 사고를 위해 사회의 부정적인 면을 보지 않도록 하여 비판을 봉쇄한다거나, 사회의 문제를 개인의 문제로 환원하여 긍적적인 사고로 모든 문제를 해결할 수 있다는 듯이 개인을 기만한다는 이야기만은 아니다. 인간은 본질적으로 고립된 개인이 아니라 세계를 향해 열려 있는 존재이며 다른 사람과 함께 있는 존재이다.[47] 우리가 다른 사람들의 삶과 인생의 문제에 공감하지 않고 관심을 기울이지 않는다면 우리의 행복은 매우 협소한 행복이 될 것이다. 그리고 다른 사람들의 모든 이야기와 사건과 사고와 소설과 드라마는 갈등을 중심 구조로 하고 있

---

46 플라톤, 《고르기아스》, 김인곤 옮김, 이제이북스, 2011, 494c.

47 Martin Heidegger, *Sein und Zeit*, Tübingen: Max Niemeyer, 1976, §26 참조.

다. 이는 우리 삶의 본질에 긴장과 갈등의 생성과 해소가 놓여 있다는 앞서의 언급과 무관하지 않다. 우리가 세계와 다른 사람들을 향해 열려 있는 존재인 한, 동시대인들과 사회의 문제에 공감하고 함께 해결하려는 노력은 개인의 행복을 위해서도 매우 중요한 일임을 간과해서는 안 된다.

경험적 사고와 반성적 사고

그렇다면 긍정주의는 왜 이러한 기만적이고 비합리적인 사고방식을 갖게 되었을까? 긍정주의 서적들 안에서 보이는 수많은 성공 경험들의 나열이 의미하는 것은 무엇일까? 최근의 긍정주의는 양자물리학과 뇌파 등을 언급하며 자신의 이론이 과학적인 근거에 의해 뒷받침되는 듯 보이려 하지만 그다지 성공적이지는 못한 듯하다.[48] 듀이는 "어떤 믿음은 그 근거를 자세히 살펴보지 않았을 때 받아들여진다. 또 어떤 믿음은 그것의 근거가 검토되었기 때문에 받아들여진다"고 말한다.[49] 긍정주의의 믿음은 그 근거를 자세히 살펴보지 않았기 때문에 받아들여지는 것이 아닐까? 이제 우리는 앞서 살펴본, 긍정주의가 원래 종교적 경험에서 유래되었다는 사실을 기억해야 할 것 같다. 반성적 사고를 제시했던 듀이는 원래 종교적인 초월성이나 초자연적인 것을 거부하고 과학적이며 민주적인 사고방식과 의사소

---

48 바버라 에런라이크, 《긍정의 배신》, 104~108쪽 참조. 또한 에런라이크는 긍정주의가 전통적인 주술 기법, 특히 공감주술sympathetic magic과 놀랍도록 유사하다고 말한다(바버라 에런라이크, 《긍정의 배신》, 98쪽 참조).

49 존 듀이, 《하우 위 싱크: 과학적 사고의 방법과 교육》, 7쪽.

통을 추구하는 사람이었다.[50] 그에게 종교적 사고란 경험적 사고이며 비과학적인 사고일 뿐이다. 긍정주의의 사고방식이 종교적이고 경험적인 특성을 띠고 있다는 것은 주지의 사실이다. 경험적 사고에 관한 듀이의 견해가 적절한 비판을 제공할 것이다.

듀이는 《하우 위 싱크》제11장에서 경험적 사고와 과학적 사고를 대비하여 설명하고 있다. 그에 따르면 어떤 판단이나 예측에 '왜' 또는 '어떻게'에 대한 이해가 없을 때, 그 판단과 예측이 단순히 사실들 사이의 반복된 결합에 의지하고 있을 때, 그것은 경험적인 믿음이다.[51] 반면 과학적 사고는 "반복되는 분리된 사실들의 결합이나 동시 발생을 하나의 포괄적 사실을 발견함으로써 교체"[52]하는 사고이다. 경험적 사고의 결과에는 우리의 일상적인 믿음, 징크스, 미신뿐만 아니라 넓게는 심리학과 사회학 등의 경험과학적 지식도 포함되어 있다.[53] 과정을 세분화해서 나누고 조작과 통제, 분석과 종합을 통해 정확한 지식으로 바꾸어 가는 것이 과학적 사고이고, 반성적 사고는 바로 이러한 과학적 사고, 지적 사고를 의미한다. 듀이는 많은 경우 경험적 지식이 대략적으로 정확하며, 실제 삶에 많은 도움을 줄 정도로 정확하다고 말한다. 하지만 "경험적인 방법은 옳은 결론과 그른 결론을 구별할 수 있는 방법을 제공해 주지 못한다"는 것이 결정적인 맹점이다. "이런 이유로 경험적인 결론은 많은 '잘못된' 믿음의

---

50 김영태, 〈미국 실용주의의 종교관〉, 《대동철학》 3, 대동철학회, 1999, 21쪽 참조.

51 존 듀이, 《하우 위 싱크: 과학적 사고의 방법과 교육》, 166쪽 참조.

52 존 듀이, 《하우 위 싱크: 과학적 사고의 방법과 교육》, 170쪽.

53 존 듀이, 《하우 위 싱크: 과학적 사고의 방법과 교육》, 166쪽 참조.

원인이 된다."[54]

이와 같은 설명이 듀이가 기존의 철학 사조 중에 경험주의를 부정한다거나 이성주의를 신봉한다는 식으로 이해되어서는 안 된다. 《경험과 자연Experience and Nature》에서 그는 오히려 경험이 "자연에 이르기 위한, 자연의 비밀을 꿰뚫기 위한 유일한 방법"[55]을 제공한다고 명시한다. 중요한 것은 일차적인 경험의 대상과 이차적인 반성의 대상 사이의 구분이다. 일차적인 경험의 내용은 이를테면 거칠고, 거시적이고, 날것이다. 반성적 사고의 대상이 되는 경험은 이차적이고 세련된 체계에 속한다.[56] 그리고 일차적인 경험의 내용이 제기하는 문제들은 반성적 사고의 자료를 풍부하게 하고, 더 새롭고 풍부한 결실을 가져올 많은 연구 기회를 제공한다.[57] 듀이는 반성적 사고의 산물이 마치 일차적으로 주어지는 것처럼 취급될 때 이성주의의 고립적인 사고방식이 초래된다고 설명한다.[58] 그렇지만 경험적 사고

---

[54] 존 듀이, 《하우 위 싱크: 과학적 사고의 방법과 교육》, 167쪽. 듀이는 계속해서 다음과 같이 말한다. "경험적 결론의 경우, 그것이 정확할 때일지라도 그 정확성은 단지 운에 의한 것이지 방법에 의한 것이 아니다. 감자는 초승달이 떴을 때 심어야 한다든가, 바닷가 사람은 만조일 때 태어나고 간조일 때 죽는다든가, 혜성은 위험 징조이며, 거울이 깨지면 나쁜 일이 생긴다는 등의 수많은 믿음과 관념이 경험상 우연의 일치나 결합에 근거해 형성되었다."(존 듀이, 《하우 위 싱크: 과학적 사고의 방법과 교육》, 167쪽)

[55] John Dewey, *Experience and Nature*, p. 2.

[56] John Dewey, *Experience and Nature*, p. 6f. 참조.

[57] John Dewey, *Experience and Nature*, p. 7ff. 참조.

[58] John Dewey, *Experience and Nature*, p. 11f 참조. 그에 따르면 주체와 객체, 정신과 물질의 분리와 고립은 경험과 자연을 분리하는 데서 비롯된다. 이성주의의 이와 같은 고립적인 사고의 영향으로 기존의 경험주의도 경험을 인상, 감각, 감정의 복합체로 제한하는 한계를 지닌다. 그리하여 듀이는 기존의 경험주의와 대비해 자신의 경험주의를 '자연적 경험주의'라고 부른다.

에서는 "조야하고 일상적인 경험의 사물들이 왜 지금의 그것이 되어야 하는가, 적어도 그것들이 왜 존재해야 하는가는 해결할 수 없는 문제이다."[59] 반성적 사고는 말하자면 경험주의적 사고의 하나이지만 경험적 사고와 이성주의적 사고 사이에서 균형을 잡는 사고라고 할 수 있다.

긍정주의의 믿음에는 근거가 없다. 긍정주의 서적들이 제시하고 있는 것은 대부분 주장과 일차적인 경험적 사례들의 나열뿐이다. 심지어 긍정주의 서적들의 밖에는 그 서적들 안의 무수한 성공 사례들보다 더 많은 긍정주의적 방법의 실패 사례들이 존재한다. 그럼에도 긍정주의의 주장이 믿어지고 받아들여지는 이유는 무엇일까? 듀이는 "자기가 선호하는 믿음을 반박하는 사례보다는 입증하는 사례에 쉽게 주의를 기울이는 보편적인 성향"이 모든 사람에게 똑같이 적용된다고 말한다.[60] 그리고 "이성의 자리에 정열이나 이익을 집어넣고, 정열이나 이익이 그들의 행동과 논쟁을 지배하게 하고, 그들의 성향·이익·정당에 맞지 않으면 자신의 이성이나 다른 사람의 이성에 귀를 기울이지 않겠다고 결심한 사람들"[61]에 관해서도 말한다. 요컨대 긍정주의적 주장의 진리가 우리의 소망에 근거하는 셈이

---

59 John Dewey, *Experience and Nature*, p. 9.

60 존 듀이, 《하우 위 싱크: 과학적 사고의 방법과 교육》, 27쪽.

61 존 듀이, 《하우 위 싱크: 과학적 사고의 방법과 교육》, 28쪽. 이에 관해 다른 곳에서는 다음과 같이 말한다. "그 생각은 우리가 서서히 그것을 받아들이게 만들고, 무의식적으로 우리 정신 구조의 일부가 된다. 어떤 형태의 권위에 의존하고 있거나, 우리 자신의 이익에 어필하거나, 정열과 일치하는 모든 것, 즉 전통, 주입, 모방 등이 그 원인이다. 이러한 생각은 편견이고 속단이다. 즉, 증거 조사에 의거한 적절한 판단이 아니다."(존 듀이, 《하우 위 싱크: 과학적 사고의 방법과 교육》, 7~8쪽)

다.[62] 우리가 생각하는 대로 모든 것이 이루어지고 끌어당기는 모든 것이 무엇이든 딸려 온다면 얼마나 멋지겠는가! 우리의 소망이 간절할수록 그 소망을 이루게 해 줄 법한 주장에 번개 맞은 듯 감동하게 되고, 공감하게 되고, 그것을 실천하게 되는 것이다.

듀이는 이와 같은 근거 없는 믿음을 받아들이는 우리의 정신적 태도가 그 믿음 자체보다 더욱 해롭다고 경고한다. 경험적 사고는 우리의 정신을 타성에 젖게 하고, 나태하게 하며, 정당화되지 않는 보수성을 동반할 수 있다.[63] 그에 따르면 인류의 지성사에서 첫 번째 무대를 장식한 것이 신화이고, 두 번째 무대를 장식한 것이 '숨겨진 정수'나 '초자연적인 힘'이라는 사실은 우연이 아니다. "마음은 선천적으로 연관성의 원리를 원하기 때문에, 따로 떨어져 있는 사실, 원인, 힘 사이를 연결하는 어떤 연결 고리를 인위적으로 만든다"[64]는 것이다. 그런데 이러한 설명이 교리가 되고, 신조가 되고, 고정관념이 되며, 지배 세력에 의해 수용된 개념과 결합되면, 탐구와 의심과 성찰은 질식하게 되고, 나아가 지식의 진보를 막고, 민주적인 사회

---

62 이와 관련해 다음과 같은 듀이의 진술이 흥미롭다. "인간의 욕구를 거스르는 개연성과 지배적인 열정을 거스르는 개연성은 똑같은 운명을 맞이한다. 탐욕스러운 사람이 내릴 추론의 한편에 아주 높은 개연성을 두고, 다른 편에 돈을 놓아 두었을 때 저울이 어느 쪽으로 기울어질지를 예측하는 것은 쉬운 일이다. 세속적인 마음은 진흙 성벽처럼 강력한 포화를 견뎌 낸다. 즉, 세속적이고 탐욕적인 마음은 아무리 증거가 많고 개연성이 높다고 하더라도 자기 이익이나 관심에 따라 증거와 개연성을 왜곡한다."(존 듀이, 《하우 위 싱크: 과학적 사고의 방법과 교육》, 30~31쪽)

63 존 듀이, 《하우 위 싱크: 과학적 사고의 방법과 교육》, 168쪽 참조. 이러한 예로 "추론을 형성하는 데 주로 과거 경험에서 관찰된 결합에 의존하게 되면, 보통의 질서에 어긋나는 것은 희미해져서 없어지고, 성공적으로 확인되는 사례는 과장된다."(존 듀이, 《하우 위 싱크: 과학적 사고의 방법과 교육》, 168쪽)

64 존 듀이, 《하우 위 싱크: 과학적 사고의 방법과 교육》, 169쪽.

질서를 위협할 수 있다.[65] 경험적 사고의 위험성을 사회적 차원에서 경고하는 이와 같은 듀이의 비판은, 부단히 욕망을 채울 것과 자신과 다른 사람들의 고통에 무관심할 것을 권장하는 긍정주의가 신자유주의의 바람을 타고 무한히 확산되는 이때, 우리가 귀담아 들어야 할 내용이 아닐 수 없다.

현대는 탈근대의 시대라고 불린다. 근대적 이성의 광풍이 몰아친 자리에서 탈근대의 철학자들은 하나같이 과학적 사고가 정신의 영역에까지 월권을 행사하는 것을 경계하고 비판했다. 이러한 시대에 듀이의 이론은 혹시 시대를 역행하는 것이 아닐까? 물론 그가 근대 과학의 병폐와 파괴적 측면을 부정하는 것은 아니다. 하지만 그는 과학 이전에 생겨난 가치와 신념 체계들이 바로 그 병폐의 협력자들이라고 말한다.[66] 과학의 성과를 인정할 수밖에 없었던 구시대의 종교와 과학의 싸움이 영역 나누기로 마무리되었기 때문에, 이른바 정신과학자들이 자연과학의 월권에 그다지도 민감하게 반응한다는 것이다. 듀이는 오히려 초자연적인 것의 권위에 복종하는 대신 과학적 사고를 그 영역에까지 밀고 들어가 진정한 근대를 이루어 낼 것을 주장했다.[67] 그렇다면 듀이가 밀어내고자 했던 정신의 영역과 딜타이나 후설, 하이데거, 푸코 등이 그토록 지켜 내고자 애썼던 정신의 영역이 일치하는 것은 아니다.[68] 경험과 자연의 통일을 통해 주관과

---

65 존 듀이, 《하우 위 싱크: 과학적 사고의 방법과 교육》, 169~170쪽 참조.

66 존 듀이, 《철학의 재구성》, 이유선 옮김, 아카넷, 2010, 32쪽 참조.

67 듀이는 이른바 '근대'라고 하는 것이 아직 형성되지 않았으며 초기 단계에 있다고 말한다(존 듀이, 《철학의 재구성》, 41쪽 참조).

68 듀이가 과학적 사고를 관철하고자 했던 정신의 영역은 주로 초인간적인, 또는 초자연적인 종교의 영역이며 전근대적인 사고의 영역이다. 반면 탈근대 철학자들이 자

객관의 분리를 극복해 내고, 유연한 반성적 사고를 통해 화석화된 이성적 사고를 극복하고자 했던 듀이는 어떻게 보면 또 하나의 탈근대 철학자라 해도 손색이 없을 것이다.

맺는 말

긍정주의의 뿌리가 되는 신사상은 애초에 칼뱅주의에서 벗어나기 위한 새로운 종교사상이자 정신건강을 위한 치료법이었다. 우리의 생각이 현실로 실현된다는 신사상의 믿음은 점차 긍정주의에서 우리에게 필요한 것은 무엇이든 긍정적인 암시를 통해 끌어당길 수 있다는 '끌어당김의 법칙'이 되었다. 그러나 긍정주의는 원하지 않는 것을 끌어당기지 않기 위해 부정적인 일은 생각하지 않으려 함으로써 문제를 회피한다는 것이 이 글에서 특별히 주목한 긍정주의의 문제점이었다. 이와 같은 긍정주의의 특징을 대략적으로 검토한 후 필자는 사례를 들어 긍정주의를 듀이의 반성적 사고와 비교하여 본격적으로 비판했다. 반성적 사고는 문제와 부딪힐 때 부정적인 감정에서 출발하여 문제를 명확히 정의하고 해결책들을 가정, 검토, 선택해 나가는 사고이다. 긍정주의는 이와 같은 문제 해결 과정을 거치지 않음으로써 끊임없이 올라오는 부정적인 감정을 부정하기 위해 자기기만과 자기부정의 길을 택하며, 즐거움과 고통이 교차하는 삶의 진실을 외면하고 자기반성 없이 무절제한 욕망을 추구할 뿐 아니라, 다른 사람과 사회의 문제에 무관심함으로써 충만한 행복을 누리

연과학적 이성으로부터 지켜 내고자 했던 정신의 영역은 인간적인 영역, 주로 생활 세계의 영역이라고 할 수 있다.

지 못한다는 점들이 필자의 비판이었다. 이와 같은 긍정주의적 사고의 비합리성은 듀이의 입장에 따라 일차적인 경험적 사고의 한계에서 비롯하는 것으로 설명했다. 긍정주의적 주장의 진리가는 소망에 기초하며, 긍정주의적인 사고방식은 사회적으로도 위험한 결과를 불러올 수 있음을 지적했다. 마지막으로 필자는 이처럼 긍정주의를 비판하는 데 이론적 기초를 제공했던 듀이의 반성적 사고가 근대의 과학적 사고와 연계되는 듯 보일 수 있지만, 실은 근대적 이성을 극복한 탈근대적인 철학임을 시사했다.

이 글의 목적이 긍정주의의 문제 해결 방식을 비판하는 데 있었기에 듀이의 이론을 제한적으로만 활용하면서 깊이 있게 다루지 못한 점은 이 글의 한계이다. 듀이의 반성적 사고는 탐구자의 능력과 태도, 탐구 대상의 성격과 종류에 따라 다양하게 전개될 수 있는 이론이다. 이와 같은 반성적 사고의 풍부한 내용을 담아내면서 구체적으로 각 단계를 적용하여 문제를 해결해 나아가는 과정이 상세하게 논의된다면, 필자가 시도했던 긍정주의에 대한 비판뿐만 아니라 대안 또한 제시될 수 있을 것이다. 그렇지만 필자는 문제 해결에 듀이의 방식만이 답은 아니라고 생각하기에 이에 관해서는 열린 결말로 남겨 두고자 한다. 한편 듀이가 인식론적으로 근대적 경험주의와 이성주의를 어떻게 극복했는가에 관한 논의는 긍정주의의 관념론적 측면에 대한 비판에도 실마리를 줄 수 있기에 자세히 다루지 못한 것이 아쉬움으로 남는다. 과학적 사고를 표방하는 듀이의 글에서 아이러니하게도 주체와 객체의 통일성이나 해석학적 순환과 같은 현대유럽 철학의 주장을 그대로 옮겨 놓은 듯한 구절들을 발견하면서 필자는 다음 연구 기회를 소망하게 됐다. 이 글은 긍정주의에 관해서도 모든 쟁점을 전반적으로 다루지 못했다. 긍정주의에 대한 다른 연구자들의 심도 있는 비판에 의지하면서 그들의 연구가 생각지 못한 작은 구멍을 메꾸는 것에 이 글의 의의를 둔다.

긍정주의는 진짜 문제에 빠진 사람들을 구원하지 못한다. 긍정주의가 추구하는 것은 문제의 해결이 아니라 외면이기 때문이다. 만약 필자의 이와 같은 비판에도 불구하고 계속해서 긍정주의적 사고의 유혹을 받는 사람이 있다면, 아마도 인류의 역사에서 가장 권위 있을, 다음과 같은 오랜 부정형의 희구문希求文을 음미해 보는 것도 좋을 것이다.

저희를 유혹에 빠지지 않게 하시고 악에서 구하소서. 아멘.[69]

---

69   한국천주교주교회의, 《가톨릭 기도서》, 한국천주교중앙협의회, 1997, 10쪽.

참고문헌

김영태, 〈미국 실용주의의 종교관〉, 《대동철학》 3, 대동철학회 1999, 1~34쪽.

노림, 줄리 K., 《걱정 많은 사람들이 잘 되는 이유》, 임소연 옮김, 한국경제신문, 2015.

듀이, 존, 《하우 위 싱크: 과학적 사고의 방법과 교육》, 정회욱 옮김, 학이시습, 2011.

_____, 《철학의 재구성》 이유선 옮김, 아카넷, 2010.

매넌드, 루이스, 《메타피지컬 클럽》, 정주연 옮김, 민음사, 2006.

매리노프, 루, 《철학으로 마음의 병을 치료한다》, 이종인 옮김, 해냄, 2000.

멀포드, 프렌티스, 《생각이 실체다》, 정형철 옮김, 이담, 2010.

번, 론다, 《시크릿》, 김우열 옮김, 살림출판사, 2007.

베런드, 주느비에브, 《보이지 않는 힘》, 이순영 옮김, 북하우스, 2007.

셀리그만, 마틴, 《마틴 셀리그만의 긍정심리학》, 개정판, 김인자 옮김, 물푸레, 2014.

에머슨, 랄프 왈도, 《자기신뢰》, 전미영 옮김, 창해, 2015.

에런라이크, 바버라, 《긍정의 배신》, 전미영 옮김, 부키, 2011.

이관운, 《조엘 오스틴의 긍정의 힘 뒤집어보기: 미소 속에 감춰진 비진리》, 좋은 땅, 2016.

이진남, 《나는 긍정심리학을 긍정할 수 없다》, 커뮤니케이션북스, 2017.

정형철, 〈신사상 운동과 프렌시스 멀포드의 종교사상〉, 《종교연구》 56, 한국종교 학회, 2009, 221~241쪽.

플라톤, 《고르기아스》, 김인곤 옮김, 이제이북스, 2011.

한국천주교주교회의, 《가톨릭 기도서》, 한국천주교중앙협의회, 1997.

Dewey, John, *Experience and Nature*, La Salle in Illinois: Open Court, 1929.

Dresser, Horatio W., *The Spirit of the New Thought*, New York: Thomas Y. Crowell Co., 1917.

Griffith, R. Marie, *Born Again Bodies: Flesh and Spirit in American Christianity*,

Berkeley: University of California Press, 2004.

Heidegger, Martin, *Sein und Zeit*, Tübingen: Max Niemeyer, 1976.

Lipman, Matthew, *Thinking in Education*, 2th edition, New York: Cambridge University Press, 2003.

Melton, J. Gordon, "Beyond Millennialism: The New Age Transformed" in Kemp, Daren and Lewis, James R. eds., *Handbook of New Age*, Boston: Brill, 2007, pp. 77-97.

Meyer, Donald, *The Positive Thinkers*, New York: Pantheon Books, 1980.

Mosley, Glen R., *New Thought, Ancient Wisdom: The History and Future of the New Thought Movement*, London: Templeton Foundation Press, 2006.

임상철학과 《우리들의 일그러진 영웅》

하종수

이 글은 2019년 8월 조선대학교 인문학연구원 《인문학연구》 제58집에 실린 논문 〈소설 『우리들의 일그러진 영웅』 속 인물들의 철학적 병에 대한 임상철학적 처방과 적용〉을 수정하여 재수록한 것이다.

들어가며

이 글은 논자의 다른 논문 〈소설《우리들의 일그러진 영웅》속 인물들의 정의관 분석: 임상철학의 관점에서〉[1]를 이어 작성한 것이다. 전편은 임상철학의 관점에서 소설《우리들의 일그러진 영웅》[2]속 등장인물들이 걸린 철학적 병을 진단하였다. 이 글에서는 전편의 진단을 바탕으로 철학적 해독제를 처방하고 적용할 것이다.

이문열의 소설《우리들의 일그러진 영웅》은 1980년대 군사독재의 한국 사회를 1960년대 시골의 초등학교 5학년 교실로 우의寓意·allegory한 소설로 급장 엄석대의 독재에 대한 반 아이들의 저항과 굴종에 관한 이야기이다. 작가는 엄석대가 보여 주는 행태의 원관념은 정당성과 정통성이 없는 권력이고, 엄석대를 둘러싼 분단장급의 상위 그룹은 지식인 출신의 관료 내지 행정기술자를 묘사하였다고 설명한다.[3] 서울에서 초등학교에 다니던 한병태는 아버지의 전근으로 갑자기 시골의 한 초등학교로 전학을 온다. 한병태는 불합리와 폭력에 기초한 엄석대의 불의에 저항하지만 반 아이들의 방해로 번번이 실패한다. 반 아이들의 왕따와 괴롭힘에 지친 한병태는 5학년 2학기 초에 엄석대에게 투항한다. 엄석대는 한병태가 자신의 질서 안으로 편입된 것이 확인되자 여러 가지 특혜를 주고, 한병태는 엄석대의 독재에 적극적으로 협력한다. 6학년으로 진급하고 첫 일제고사에서 엄석대는 시험 부정이 들통이나 6학년 담임선생에게 매를 맞

---

1 이하 전편으로 표기한다.
2 이문열,《우리들의 일그러진 영웅》, 민음사, 2017. 이하 소설로 표기한다.
3 이문열,《우리들의 일그러진 영웅》, '작가 후기' 191쪽 참조.

고 급장 자리에서 쫓겨난다. 세월이 흘러 성인이 된 한병태는 몇 번의 사업이 실패하여 경제적으로 어려움을 겪자, 엄석대의 독재에 협력하여 부와 권력을 나누어 갖던 초등학교의 교실로 돌아가는 꿈을 꾼다.

논자는 전편의 논문에서 소설 속 인물들이 가진 정의관을 분석하여 그들이 걸린 철학적 병을 진단하였다. 철학적 병의 진단을 통하여 병의 원인이 강자 중심의 정의관이라는 것을 밝혔다. 그리고 강자가 아닌 약자들이 강자 중심의 정의관을 가진 이유를 분석하여, 소설의 학급에는 강자와 약자 간에 지배와 복종의 묵계가 성립되어 있음도 알아냈다. 아울러 그 묵계가 성립된 이유가 약자와 강자가 각자의 이익을 추구한 결과라는 사실도 찾았다. 전편과 본고에서 강자 중심의 정의관이란 《고르기아스》[4]의 칼리클레스와 《국가》[5]의 트라시마코스와 글라우콘의 주장을 말한다. 즉, '강자의 입장과 이익을 옹호하고 강자의 행동을 정당화하는 가치관'을 의미한다.

논자는 전편과 이 글에서 김영진이 주장한 임상철학의 관점을 취했다. 그리고 김영진이 주장한 철학적 병의 진단과 처방의 방식도 따랐다. 그러나 이 글에서는 김영진의 처방을 좀 더 정확하고 효과적으로 개선하기 위하여 전편의 진단 결과를 바탕으로 처방의 방향과 원칙을 정한 후에 적절한 철학적 해독제를 선택하여 처방을 구성한다. 그리고 김영진의 임상철학의 처방 방식에 철학상담적 방식을 보충한다. 철학상담적 방식이란 철학적 병에 걸린 대상들이 스스로 치료할 수 있도록 철학적 산파의 입장에서 그들을 돕는 방식을 말한다.

---

4   플라톤, 《고르기아스》, 김인곤 옮김, 이제이북스, 2018.
5   플라톤, 《국가》, 박종현 옮김, 서광사, 1997.

이 글에서 처방의 대상은 소설 속 약자인 반 아이들이며, 이들에게 처방할 철학적 해독제는 공동체주의적 처방이다. 본 처방의 첫 단계에서는 마이클 샌델Michael Sandel의 철학적 지혜를 원용한다. 강자의 불의에 저항하기 위한 약자들의 연대와 공감의 감정을 공동체의식에서 끌어낸다. 그리고 두 번째 단계에서는 약자들이 도덕적 행위자로서 개인적 목적과 목표에 도달하는 방법으로 매킨타이어 Alarsdair MacIntyre의 서사적 탐색을 원용한다. 마지막 단계에서는 약자들이 함께 학급의 공공선을 합의하는 과정을 통해서 향후 유사한 사례에도 스스로 자신과 자신의 가치를 지킬 수 있는 철학적 경험을 할 수 있도록 마이클 샌델의 자기통치self-government[6]의 지혜를 원용할 것이다.

김영진의 임상철학과 본고의 처방

전편의 진단과 본고의 처방 그리고 처방의 적용은 임상철학의 관점에서 작성되었다. 임상철학에 관하여는 아직 학계에 통일된 개념이 없다. 국내 학자들의 상당수가 임상철학이라는 명칭을 사용하지만 그것이 가리키는 구체적인 대상, 방법, 목적, 효과 등을 제대로 규정하고 있지 않기 때문에 그 의미를 제대로 파악하기 어렵다. 박대원은 임상철학을 철학실천뿐만 아니라 철학상담·철학치료·철학카페·철학교육 등의 임상적 활동 명칭을 모두 포함하는 실천철학의 하위 분야 명칭으로 사용할 것을 주장한다.[7] 그에 반해 이진남은 임

---

6 마이클 샌델,《민주주의 불만》, 안규남 옮김, (동녘, 2015), 18쪽 참고.
7 박대원, 〈임상철학의 정체성 연구 – '임상철학'의 국내외 자료 연구〉,《동서철학연구》

상철학을 철학실천의 하위 분야로 두고 다른 사람의 철학적 병을 진단, 처방, 치료하는 활동으로 설명한다.[8] 이영의는 임상철학은 내담자의 문제에 대한 철학적 약과 철학적 수술을 이용하여 그 사람의 마음의 병을 치유하는 것이라고 말한다.[9] 본고에서는 전편과 마찬가지로 국내에서 임상철학의 효시로 여겨지는 김영진의 개념을 따를 것이다. 그는 임상철학을 "철학적 병을 진단하고, 그 진단에 따라 적절한 치료와 처방을 하는 철학의 새로운 분야"라고 정의한다.[10] [11]

김영진은 철학적 병의 특징을 ①약, 주사, 수술 등이 필요하지 않고 ②정신의학적 병과 공통점과 차이점이 있으며 ③가치지향적이고 ④타인과 사회에 나쁜 영향을 주며 ⑤예를 들어 설명하는 것이 가장 좋은 방법이라고 주장한다.[12] 그리고 철학적 병을 윤리와 가치관 차원에서의 철학적 병, 잘못된 논리로 생기는 철학적 병, 그리고 인식론 차원에서의 철학적 병으로 나눈다. 그의 주장에 따르면 철학

제73호, 2014, 417~418쪽 참고. 실천철학은 이론철학 또는 사변철학과 대비되는 것으로 윤리학, 정치철학 등 삶과 직결된 학문을 가리킨다. 반면 철학실천은 철학하기 자체이고 학문이 아니라 실천으로서의 철학을 의미한다. 따라서 인용한 박대원의 글 중에서 실천철학은 철학실천으로 바꾸어야 할 것이다. 아래 각주 8번을 참조할 것.

8 이진남, 〈철학상담의 한국적 적용을 위한 기초이론연구 - 용어 정리와 체계설정을 위한 제언〉, 《범한철학》 제52집, 2009, 349~355쪽 참고.

9 이영의, 〈철학상담과 심리치료의 관계; 아헨바흐의 견해를 중심으로〉, 《범한철학》 제53집, 2009, 398~399쪽 참고.

10 김영진, 《철학적 병의 진단과 처방》, 철학과현실사, 2004, 13쪽.

11 이기원에 의하면 와시다 키요카즈는 임상철학의 대상을 현대사회가 안고 있는 여러 가지 문제를 치료라는 관점에서 보며, 의사가 아닌 환자의 입장에서 문제를 직시하는 것을 임상철학의 출발로 본다. 그리고 임상철학은 무엇이 문제인가 함께 생각하는 것이며, 대화를 중시하는 것으로 구체적인 장소, 즉 현장을 중요시한다고 설명한다. 나카오카 나리후미, 《시련과 성숙: 자기변용의 철학》, 이기원 옮김, 경인문화사, 2015, '역자의 말' 9쪽 참고.

12 김영진, 《철학적 병의 진단과 처방》, 36~38쪽 참고.

적 병은 자신과 타인에게 나쁜 영향을 주는 것이므로 반드시 치료가 필요하다.[13]

김영진의 철학적 병의 진단과 처방은 세 단계로 구성된다. 김영진의 "잘못된 의리와 철학적 병"의 경우 첫째 단계는 진단을 위한 준비 단계이다. 이 단계에서는 의리 개념의 사전적 정의와 역사적 개념을 조사하고, 관련 전문가의 주장을 소개한다. 그리고 자신이 생각하는 의리의 왜곡된 개념을 설명한다. 두 번째 단계에서 김영진은 앞의 주장을 바탕으로 의리와 예법을 혼동하여 인간관계와 사회 질서를 파괴하는 것은 한국 사회가 철학적 병에 걸린 것이라는 진단을 내린다. 그가 내린 진단에 따르면, "의리에 대한 전통적인 개념을 제대로 알지 못하고 의리에 대한 잘못된 개념이나 의식을 가진 것이 곧 철학적 병"이다. 세 번째 단계는 진단에 대한 처방을 제시한다. 그가 제시한 처방은 첫째, 의리에 대한 올바른 이해와 개념을 갖도록 하는 것. 둘째, 우리 사회에서 잘못된 의리가 얼마나 많은 부조리의 타락을 가져오는지 깨닫게 하는 것이다.[14] 그리고 구체적인 처방의 적용 방법으로 개인적 치료와 집단적 치료가 요청된다고 한다.

논자는 김영진의 임상철학에 대한 견해를 따르면서, 두 가지 방식을 추가할 것이다. ①처방의 과정을 김영진의 처방에 비하여 좀 더 정밀하게 구성할 것이다. 철학적 병의 증상과 원인, 발생기전 등을 바탕으로 치료의 원칙과 방법을 세우고 그 원칙에 알맞은 철학적 해독제를 선택하고 구성할 것이다. 왜냐하면 같은 증상을 보이는 철학적 병이라도 병의 원인과 발생기전이 다를 수 있으며, 또한 처

---

13 김영진, 《철학적 병의 진단과 처방》, 51~248쪽 참고.
14 김영진, 《철학적 병의 진단과 처방》, 58쪽 참고.

방의 대상에 따라 철학적 해독제도 다르게 선택하여 처방을 구성해야 하기 때문이다. 그리고 처방을 적용한 후 처방의 수립 과정과 처방의 효과를 상호 비교검증할 수 있도록 하기 위함이다. 따라서 이 처방의 과정은 처방의 정확도와 치료 효과를 높일 것이다. ②결정된 처방을 구체적으로 적용하는 단계를 추가할 것이다. 즉, 임상철학의 취지에 맞추되 철학상담의 방식을 적용할 것이다. 이는 철학적 병에 걸린 대상자들에게서 정서적이고 의지적이며 행동적 결과를 이끌어내기 위함이다. 논자가 취하려는 방식은 개인의 인식과 믿음의 자기 변화에 초점을 맞추어, 개인의 세계관이나 가치관과 같은 믿음의 체계를 변화시킴으로써 사회적 문제로 인한 개인적 고통에서 벗어나는 방법을 제시하는 것이다. 따라서 철학적 병에 걸린 대상이 스스로 치료할 수 있도록 철학적 산파의 입장에서 그들을 돕는 철학상담의 방식을 취한다.[15]

철학적 병의 진단

전편의 작성 목적은 소설 속 등장인물들이 철학적 병에 걸렸는지를 진단하는 것이었다. 논자의 진단 결과 소설의 등장인물들은 철학적 병을 앓고 있었다. 철학적 병의 원인은 모두 강자 중심의 정의관을 가지고 있기 때문이었다. 이 철학적 병의 증상은 엄석대의 독재와 학교폭력 그리고 학급 민주주의의 파괴로 나타났다. 학급의 구성원들은 강자인 엄석대의 행동을 정당하다고 인정하고 그의 입장과

---

15 하종수 · 최희봉, 〈성과사회와 철학적 병: 샌델의 정의론으로 치료하기〉, 《인문과학연구》 제55집, 2017, 228쪽 참고.

이익을 옹호한다. 즉, 엄석대는 강자이므로 담임선생처럼 반 아이들을 감독하고 처벌하고 학교폭력을 휘두를 수 있으며, 학급의 일을 독단적으로 결정하여 학급을 비민주적으로 운영해도 된다고 생각한다. 그리고 약자인 반 아이들 역시 강자로서 약자를 괴롭힐 수 있다고 생각한다.[16]

전편과 본고에서 강자 중심의 정의관이란 《고르기아스》의 칼리클레스와 《국가》의 트라시마코스와 글라우콘의 주장을 말한다. 즉, '강자의 입장과 이익을 옹호하고 강자의 행동을 정당화하는 가치관'을

---

16 반 아이들이 학급 공동체 차원에서 강자 중심의 정의관을 갖고 행동을 한 사례. ( ) 는 소설의 쪽수임.
  1. 반 아이들은 엄석대는 강자이므로 담임선생처럼 역할을 하는 것을 당연하다고 인식한다.
  ① 엄석대가 부르면 담임선생이 부른 것처럼 가야 한다(12~15쪽).
  ② 엄석대가 마치 담임선생처럼 반 아이들의 자리를 바꾼다(16쪽).
  ③ 엄석대는 반 아이들끼리의 싸움에도 담임선생처럼 시비를 가려 처벌한다(17쪽).
  ④ 엄석대가 담임선생처럼 청소 검사, 숙제 검사와 처벌을 한다(17, 25, 45, 50~52쪽).
  2. 반 아이들은 학급의 일을 엄석대가 독단적(비민주적)으로 결정하는 것을 당연하게 여긴다.
  ① 학급의 미화를 위하여 비품구입비를 걷고, 대금의 일부를 빼돌린다(73쪽).
  ② 엄석대가 돈을 받고 분단장을 임명한다(73쪽).
  ③ 심지어 담임선생도 급장을 뽑을 때 엄석대가 반 아이들에게 거짓이나 강압을 하였지만 엄석대의 급장 지위를 인정한다(40~41쪽).
  3. 반 아이들이 개인적 차원에서 강자 중심의 정의관으로 행동한 사례.
  ① 엄석대의 부하(체육부장과 미화부장)가 되어 약자에게 행패를 부리는 행위(13쪽).
  ② 엄석대의 비리를 담임선생에게 이른 한병태를 고자질쟁이라고 반 아이들이 비난하는 행위(34쪽).
  ③ 엄석대의 비리를 고발하라는 담임선생의 지시에도 엄석대의 비리를 고발하기는커녕 오히려 한병태의 잘못만을 고변하는 행동(39-40쪽).
  ④ 반 아이들은 자신보다 약자인 한병태를 왕따시키고, 수시로 주먹 싸움을 걸고(42~44쪽), 한병태의 잘못만을 찾아 고발하는 일(45쪽).
  ⑤ 엄석대에게 뇌물을 바치는 행위(16, 73쪽).
  ⑥ 점심시간에 엄석대가 먹을 물을 떠다 주는 일(20~21쪽).

의미한다. 전편에서 칼리클레스와 트라시마코스 그리고 글라우콘이 주장한 정의관의 공통 속성 9개를 추출하였다.[17] 그리고 추출한 강자 중심의 정의관이 가진 공통 속성 9개와 소설 속 인물들의 말과 행동이 부합하는지 비교하였다. 비교한 결과 등장인물 대부분이 강자 중심의 정의관을 갖고 있음을 확인하였다.[18] 그리고 강자가 아닌 약자

---

[17] 칼리클레스와 트라시마코스 그리고 글라우콘이 주장한 정의관의 공통 속성

순번	공통 속성	칼리클레스와 트라시마코스 그리고 글라우콘의 주장
1	정의의 근원	모두 정의의 근원을 힘으로 인식.
2	정의의 주체	모두 정의의 주체를 강자로 본다.
3	정의의 결과	실정법 상황과 자연법 상황에서 정의의 결과는 강자와 약자가 반대이다.
4	법의 성질과 제정 주체	칼리클레스 : 약자들이 강자에게 족쇄를 채우는 것. 약자들이 제정한다. 트라시마코스 : 강자의 이익을 실현하는 수단. 강자가 제정한다. 글라우콘 : 약자들의 타협의 산물. 약자들이 제정한다.
5	강자의 구분	칼리클레스 : 강자들은 견제받지 않는 권력을 가져야 한다. 트라시마코스 : 강자들이 법을 제정하고 법으로 약자를 지배한다.
6	탐욕	모두 탐욕을 인정하고 추구한다.
7	불의에 대한 태도	칼리클레스 : 불의를 당하는 것이 본성상 더 수치스럽고, 법적으로 더 수치스러운 것은 불의를 행하는 것. 트라시마코스 : 불의를 비난하는 이유는 불의를 행하는 것보다 불의를 당하는 것이 두렵기 때문이다. 글라우콘 : 불의를 저지르는 것은 인간의 탐욕 때문이다.
8	최상급의 불의	모두 전제 군주나 완벽하게 불의한 참주를 최상급의 불의로 본다.
9	불의한삶 vs 정의로운 삶	모두 불의한 삶이 정의로운 삶보다 낫다고 주장한다.

[18] 소설 속 등장인물들이 언행으로 표현한 칼리클레스, 트라시마코스, 글라우콘의 정의관

구분		엄석대	한병태	반 아이들	5학년 담임	6학년 담임	한병태의 부모
종합	칼리 21 트라 39 글라 29	칼리 4 트라 8 글라 6	칼리 4 트라 8 글라 6	칼리 4 트라 8 글라 6	칼리 4 트라 8 글라 6	–	칼리 5 트라 7 글라 5
1. 정의의 근원		칼리 트라 글라	칼리 트라 글라	칼리 트라 글라	칼리 트라 글라	–	칼리 트라 글라

들이 강자 중심의 정의관을 가진 이유를 분석하여, 약자인 반 아이들과 강자인 엄석대 사이에는 강자 중심의 정의관을 바탕으로 지배와 복종의 묵계가 성립되어 있음을 밝혔다. 강자와 약자 사이에 지배와 복종의 묵계가 성립한 이유는 각자의 이익 추구였음도 아울러 찾았다. 마지막으로 강자 중심의 정의관이 철학적 병인지를 김영진의 주장[19]에 근거하여 확인하였다.

처방의 방향

이번 절에서는 '약자들이 강자 중심의 정의관을 가진 이유'와 '작

2. 정의의 주체	칼리 트라 글라	칼리 트라 글라	칼리 트라 글라	칼리 트라 글라	–	칼리 트라 글라
3. 정의의 결과	트라	트라	트라	트라	–	트라
4. 법의 측면	트라	트라	트라	트라	–	트라
5. 김만권의 강자 구분	트라	트라	트라	트라	–	트라
6. 탐욕	칼리 트라 글라	칼리 트라 글라	칼리 트라 글라	칼리 트라 글라	–	칼리 트라 글라
7. 불의에 대한 태도	글라	글라	글라	글라	–	칼리 글라
8. 최상급의 불의	트라 글라	트라 글라	트라 글라	트라 글라	–	–
9. 불의한 삶 vs 정의로운 삶	칼리 트라 글라	칼리 트라 글라	칼리 트라 글라	칼리 트라 글라	–	칼리 트라 글라

* 범례: 칼리는 칼리클레스, 트라는 트라시마코스, 글라는 글라우콘의 줄임말임. 1. 정의의 근원이라는 속성에 대하여 엄석대는 칼리클레스, 트라시마코스 그리고 글라우콘의 주장과 같은 정의관을 갖고 있다는 의미임. 각 속성을 종합하면 소설 속에서 엄석대는 칼리클레스의 정의관과 일치하는 부분이 4번, 트라시마코스와는 8번, 글라우콘의 주장과는 6번 일치하는 말과 태도를 보였다는 의미임.

19 앞 절을 참고할 것.

가가 가진 민중에 대한 개념'을 바탕으로 처방의 방향을 정하고, 처방의 방향에 맞는 처방의 원칙을 세운다. 그리고 처방의 원칙에 적합한 철학적 해독제를 찾는다. 철학적 해독제로 마이클 샌델의 철학을 선택하고 그 이유를 설명한다. 아울러 처방의 시기와 대상을 특정한다. 처방의 방향이란 철학적 병의 원인을 분석하여 처방의 원칙을 정하는 데 기초로 삼는 것을 말한다. 처방의 원칙이란 처방의 방향에 따라 처방을 구체화한 것으로 적절한 철학적 해독제의 선택에 지표로 삼는다. 이하에서는 처방의 방향이 도출된 이유에 대하여 자세하게 설명할 것이다. 처방의 방향은 모두 세 개이다. 처방의 방향은 ①약자인 반 아이들이 강자의 불의에 맞서 각자의 이익이 아닌 다른 기준으로 자신의 선과 학급의 공동선을 선택할 수 있도록 처방되어야 한다. ②약자들이 연대하여 강자에게 저항할 수 있도록 강자와 약자의 구도를 1 : 1에서 강자 1 : 약자 다수의 구도로 인식을 전환시켜 주는 처방이어야 한다. ③약자들이 개인의 선과 학급의 공동선을 지키는 이유를 외부의 권위나 권력에 기대지 않고 스스로 찾는 기회가 제공되도록 처방되어야 한다. 처방의 방향은 전편에서 철학적 병의 진단에서 분석한 '약자들이 강자 중심의 정의관을 가진 이유'와 소설에서 '작가가 바라보는 민중의 개념'에서 나왔다. ①의 처방 방향은 철학적 병이 발병한 이유가 약자가 각자 자신의 이익을 추구하기 위하여 강자 중심의 정의관을 선택한 결과이기 때문이다. ②의 방향은 약자들이 연대하여 강자에게 저항하지 못하였기 때문이며, ③은 작가가 약자의 속성을 이기적이고 기회주의적이기 때문에 자발적인 공동선common good의 추구가 실제적으로 어렵다고 묘사하였기 때문이다.

처방의 방향을 정한 이유

처방의 방향	이유
① 약자인 반 아이들이 강자의 불의에 맞서 각자의 이익이 아닌 다른 기준으로 자신의 선과 학급의 공동선을 선택할 수 있도록 처방되어야 한다.	철학적 병이 발병한 이유가 약자가 각자 자신의 이익을 추구하기 위하여 강자 중심의 정의관을 선택한 결과이기 때문이다.
② 약자들이 연대하여 강자에게 저항할 수 있도록 강자와 약자의 구도를 1 : 1에서 강자 1 : 약자 다수의 구도로 인식을 전환시켜 주는 처방이어야 한다.	약자들이 연대하여 강자에게 저항하지 못하였기 때문이다
③ 약자들이 개인의 선과 학급의 공동선을 지키는 이유를 외부의 권위나 권력에 기대지 않고 스스로 찾는 기회가 제공되도록 처방되어야 한다.	작가가 약자의 속성을 이기적이고 기회주의적이기 때문에 자발적인 공동선common good의 추구가 실제적으로 어렵다고 묘사하였기 때문이다.

한병태와 반 아이들은 약자임에도 강자 중심의 정의관을 갖고 있다. 그 까닭은 무엇일까? 네 가지의 해석이 가능하다. ①외부적 요인으로 5학년 담임선생이 학급을 수월하게 경영하려고 엄석대의 힘을 이용하고 비호한 것이 가장 큰 원인이다. 5학년 담임선생은 엄석대의 힘을 이용하여 학급을 경영한다. 그는 엄석대의 위협이나 속임수에 의해 급장 선출이 이루어진 것임을 알고 있다.[20] 그러나 그는 이를 바로잡기보다는 오히려 엄석대에게 학교 규칙의 감찰권과 처벌권을 위임함으로써 그의 독재를 강화시킨다. 다음의 ②부터 ④까지는 반 아이들의 심리적 요인이다. ②칼리클레스와 트라시마코스 그리고 글라우콘이 주장한 것처럼, 인간은 자신이 가진 탐욕 때문에 누구나 강자가 되기를 꿈꾼다. 엄석대가 절대강자로 군림하는 학급에서 누구도 절대강자의 위치에 오르기 어렵지만, 반 아이들끼리는

---

20 이문열,《우리들의 일그러진 영웅》, 40-41쪽 참고.

상대적 강자와 상대적 약자의 입장을 수시로 경험하는 것이므로 반 아이들이 강자 중심의 정의관을 갖는 것은 가능하다. ③약자들이 강자가 지배하는 현실에서 강자 중심의 정의관을 받아들여 체념함으로써 심리적 갈등이나 인지부조화에서 벗어나려는 전략일 수 있다. 약자인 반 아이들은 엄석대의 횡포를 견디기 어렵지만 학교를 그만둘 수 없는 입장에서 자신의 처지를 합리화시키는 심리적 도피 기제이다. 엄석대가 강요하는 강자 중심의 정의와 그 정의에 기반한 질서를 인정하고 받아들임으로써 마음의 갈등을 줄이고, 엄석대의 독재 질서가 주는 안정을 얻을 수 있기 때문이다. ④한병태나 분단장급의 우등생 그룹이 취한 자세로서 엄석대를 최강자로 인정하고 엄석대의 독재에 적극 협조함으로써 차상위次上位 강자로서 살아가려는 태도이다. ②의 해석은 상대적으로 강자와 약자의 입장이 수시로 바뀐다는 점에서 약자도 강자 중심의 정의관을 가질 수 있다는 것이고 ④의 해석은 최강자로 엄석대를 인정하고 집단 내에서 차순위 강자로 군림하려는 욕망 때문이다. ②에서 ④까지의 해석에서 반 아이들이 현실을 인정하고 자신이 취할 수 있는 최선의 조건을 선택한다는 점에서 그들이 합리적으로 사고하는 존재임을 알 수 있다.

네 가지 해석의 공통점은 첫째, 외부의 강요에 대한 수동적 반응이라는 점이다. ① 해석은 5학년 담임선생의 처사에 대한 반 아이들의 수동적 반응이고, 나머지 ②에서 ④까지의 해석은 엄석대가 강요하는 강자 중심 정의관에 대한 반 아이들의 수동적 반응이라는 점이다. 즉, 5학년 담임선생의 엄석대 비호와 엄석대의 강요에 반 아이들은 앞의 이유 중 하나 또는 둘 이상의 복합적 이유로 엄석대가 강요하는 강자 중심의 정의관을 수동적으로 받아들였다는 것이다. 만약 엄석대가 그 학급에 존재하지 않았거나, 담임선생이 엄석대의 횡포를 막았더라면 반 아이들의 가치관은 강자 중심의 정의관이 아닌 자유와 합리[21]에 기초한 정의관을 가졌을 수도 있었다. 해석의 둘째 공통점은 ②부터 ④까지 반 아이들의 심리적 상태이다. 약자인 반 아이들이 엄석대의 횡포로부터 각자 자신의 이익을 추구하였다는 점이다. 이들은 5학년 담임선생이 엄석대를 비호하는 상황에서 엄석대가 강요하는 정의관을 받아들일지 배척할지를 판단할 때, 그 기준으로 자신의 이익을 판단의 기준으로 삼았다. 그래서 강자 중심의 정의관을 기저로 각자의 이익을 고려한 엄석대와 반 아이들 간의 지배와 복종이라는 타산적 묵계가 성립되었다. 즉, 반 아이들은 각자의 이익을 위해서 개인적 선으로 강자 중심의 정의관을 선택하였으며, 학급의 공동선으로 강자 중심의 정의관을 공유하는 가치로 여겼다. 묵계가 성립된 구조는 아래 그림과 같다.

묵계의 성립 구조

1 + 2 + 3 = 엄석대와 반 아이들 간의 지배와 복종의 묵계 성립

↑ (=)

3. 각자의 이익을 추구 (반 아이들의 이익)

↑ (+)

2. 공정한 중재자의 부재 (5학년 담임선생의 이익)

↑ (+)

1. 엄석대가 강요한 강자 중심의 정의관 (엄석대의 이익)

묵계 성립 단계의 기초이자 시작은 엄석대의 이익이다. 엄석대의

---

[21] 한병태가 전학을 오기 전에 자신이 갖고 있었다고 생각하는 원리가 합리와 자유이다. 소설, 17~18쪽 참고.

이익을 기초로 5학년 담임선생의 이익이 더해졌다. 5학년 담임선생은 엄석대의 독재와 횡포를 알면서도 수월한 학급 운영을 위하여 엄석대의 독재를 묵인하고 오히려 엄석대의 독재를 비호하였다. 엄석대와 5학년 담임선생의 이익에 반 아이들의 각자 이익이 더해져서 엄석대와 5학년 담임선생과 반 아이들의 이익이 합치되었다. 모두의 이익을 추구한 결과로 엄석대와 반 아이들 간의 지배와 복종의 묵계convention[22]가 성립되었다.[23] 세 번째 공통점은 반 아이들은 엄석대와 자신을 1 : 1의 구조로 생각하여 반 아이들끼리 연대하지 않았다. 반 아이들이 엄석대에게 연대하여 대항했다면, 엄석대의 독재는 성립하지 못했을 수도 있었다.

앞의 분석을 토대로 처방의 방향 ①은 엄석대와 반 아이들 간의 지배와 복종의 묵계가 성립한 이유에서 나온다. 약자인 반 아이들은 각자의 이익을 위하여 엄석대의 불의를 인정하고 받아들였다. 묵계의 성립 구조에서 알 수 있듯이, 반의 구성원 모두—엄석대, 5학년 담임선생, 반 아이들—자신의 이익 추구가 엄석대의 독재를 성립하게 하였다. 각자의 이익을 추구하였으므로 모두가 이익을 볼 수

---

22 묵계convention란 흄의 《인간 본성에 관한 논고 3 도덕에 관하여》 '제2부 정의와 불의에 관하여'에서 "정의의 규칙을 준수하는 것과 공공의 이익을 결부시키는 것은 자연스럽지 않으며, 이제부터 자세히 설명하겠지만 정의의 규칙을 제정하기 위한 인위적인 묵계an artificial convention에 따라 공공의 이익은 정의와 연결될 뿐이다"라는 주장에서 인용하였다. 즉, 묵계란 구체적으로 약속하지 않았지만 서로 뜻이 맞아 성립된 약속이란 의미이다. 데이비드 흄, 《도덕에 관하여》, 이준호 옮김, 서광사, 2014, 57쪽 참조.

23 송영숙은 반 아이들이 엄석대의 권력에 대하여 저항하지 않는 이유로 권력이 주는 달콤한 열매와 안정된 생활의 보장을 이유로 든다. 그래서 "엄석대와 반 아이들 사이에 지배와 복종에 대한 합의가 암묵적으로 전제되어 있음을 암시한다"고 설명한다. 송영숙, 〈이문열 소설의 군중과 권력연구 –《들소》, 《칼레파 타 칼라》, 《우리들의 일그러진 영웅》을 중심으로〉, 부경대학교 석사학위논문, 2009, 45쪽 참고.

있을 것 같지만, 실제 엄석대와 5학년 담임선생을 제외한 반 아이들은 행복하지 못하다. 엄석대의 각종 학교폭력과 전횡에 시달렸기 때문이다. 그러므로 반 아이들은 엄석대와 같은 독재자가 강자 중심의 정의관을 받아들일 것을 요구할 때 각자의 이익이 아닌 다른 기준으로 판단하여야 할 것이다. 그래서 처방의 방향이 '약자인 반 아이들이 강자의 불의에 맞서 각자의 이익이 아닌 다른 기준으로 자신의 선과 학급의 공동선을 선택할 수 있도록 처방되어야 한다'가 도출되었다.

② 처방의 방향은 반 아이들이 연대하여 엄석대에게 저항을 하지 않았다는 점에서 도출되었다. 엄석대는 반 아이들 전체에게 강자 중심의 정의관을 강요하였다. 그러나 반 아이들은 엄석대와 자신이 일대일로 맞서고 있다고 판단했다. 약자는 강자와 일대일 구도에서는 저항하기 어렵고 이기기는 더욱 어렵다. 그러므로 약자들은 연대하여 자신의 힘을 키워야 한다. 제각기 살 길을 도모하는 각자도생의 전략을 버리고 연대하여 강자에게 저항할 수 있는 전략으로 전환하여야 한다. 그래서 처방의 방향이 '강자와 약자의 구도를 강자 1 : 약자 다수의 구도로 인식을 전환할 수 있도록 처방하여야 한다'가 나왔다.

③ 처방의 방향인 '약자들이 개인의 선과 학급의 공동선을 지키는 이유를 외부의 권위나 권력에 기대지 않고 스스로 찾는 기회가 제공되도록 처방되어야 한다'는 두 가지 이유에서 도출되었다. 첫 번째 이유는 5학년 담임선생이 엄석대의 불의를 교정하고 학급의 민주적 운영을 해야 하는 역할을 하지 않아 약자인 반 아이들이 강자 중심의 정의관을 가졌다고 설명했는데, 공정한 중재자의 존재가 이 철학적 병의 발병을 막는 방법이라면 본 처방의 목적과 어긋난다. 본 처

방의 목적은 철학적 병에 걸린 약자들이 스스로 치료할 수 있도록 철학적 산파의 입장에서 그들을 돕는 것이기 때문이다. 또 다른 이유는 작가가 가진 민중에 대한 개념에서 나왔다. 작가는 민중을 소설에서 반 아이들로 우화하였다.[24] 작가가 평소 다른 작품에서 보여주었던 민중에 대한 시각이 이 소설에서도 그대로 표현되었다. 이남호는 작가가 바라보는 민중에 대하여 다음과 같이 서술하고 있다. 작가는 집단의 속성이 이기적이고 기회주의적이기 때문에 자발적인 공동선의 추구가 실제적으로 어렵다고 보고 있다.[25] 황명훈은 이렇게 말한다.

〔작가의〕 시각은 철저히 민중을 부정하는, 그래서 민중은 부당한 권력에 아부하기에 급급한 지극히 이기적인 속성만 가지고 있을 뿐, 그들이 역사의 주체가 되는 일은 결코 있을 수 없다는 허무주의적 세계관에 그 기반을 두고 있다. 민중은 무지하고 나약하며 소극적인 존재이기에 스스로 힘을 뭉쳐 현실의 부당함을 타파할 수 있는 능력이 없다고 믿고 있는 것이다. 따라서 이러한 민중을 이끌어 줄 영웅적 존재가 출현하기 마련인데, 만약 그 영웅이 정의롭고 긍정적인 인물이라면 다행이겠지만 권력의 속성상 그럴 확률은 지극히 낮을 것이고, 따라서 설령 그 영웅적 존재가 도덕적으로 정당성을 갖지 못하는 폭군의 경우라 할지라도, 그리하여 온갖 억압과 불의가 자행된다 하더라도 그 잘못은 어

---

24 본 소설은 알레고리 소설로 알려졌으며, 작가 스스로도 우화적인 구도를 가진 소설이라고 설명한다. 이문열, 《우리들의 일그러진 영웅》, '작가 후기" 191쪽 참고.
25 이남호, 〈낭만이 거부된 세계의 원형적 모습〉, 《이문열 중단편집(하) 해설》, 열린책들, 1993, 380쪽 참고.

차피 민중들이 자초한 것이기에 할 말 없다는 태도이다.[26]

즉, 작가는 소설에서 묘사한 반 아이들을 비주체적이며 이기적인 군중으로 우화하였다. 그러므로 반 아이들에게 필요한 처방은 개인의 선과 학급의 공동선을 지키는 이유를 스스로 발견하도록 하는 것이어야 한다. 약자들이 개인의 선과 학급의 공동선을 지키는 이유를 외부의 권위(담임선생)에 기대거나, 또 다른 영웅(착한 영웅)[27]의 힘에 의해야 한다면 이들의 철학적 병은 치유되지 못할 것이기 때문이다.[28]

---

26 황명훈, 〈교실 내 권력의 문제를 다룬 소설 비교 연구〉, 신라대학교 석사학위논문, 2002, 35쪽. 민중을 바라보는 작가의 시선은 소설 속에서 여러 군데에서 나타난다. 첫 번째는 소설 40~41쪽에서 엄석대의 비행을 일러바치는 한병태에게 5학년 담임선생은 반 아이들이 "서울 아이들같이 모두가 똘똘하"지 못해 서울의 방식처럼 학급을 운영할 수 없으니 엄석대의 방식에 적응하라고 종용한다. 두 번째는 한병태의 술회를 통해 대중을 불신하는 대목으로 78~79쪽에 있다. 6학년 담임선생에 의해 엄석대가 급장에서 쫓겨나고 새로운 급장을 선택해야 할 순간에 한병태는 난감해한다. 그 까닭은 "공부에서건 싸움에서건 또 다른 재능에서건 남보다 나은 아이치고 석대가 받을 비난에서 자유로울 수 있는 아이는 아무도 없었"기 때문이었다. 한병태의 생각에 반 아이들은 석대의 손발이 되어 석대의 불의를 도운 협조자이거나 구구단도 아직 못 외는 돌대가리거나 또는 겁 많은 허풍선이었다. 세 번째는 한병태는 전학 온 처음에는 엄석대의 불의에 저항하지만 5학년을 마치기 전에 엄석대에게 굴복하고 엄석대의 측근이 된다. 저항을 버리고 굴종을 택한 한병태는 엄석대의 권력이 주는 과실을 향유한다. 성인이 된 한병태는 생활이 어려워지자 급장 엄석대가 지배했던 옛날의 초등학교 교실을 그리워한다. 자신의 뜻대로 돌아가지 않는 세상에 다시 엄석대가 급장이 되어 자신을 등용해 주기를 기대한다. 84쪽.

27 소설의 제목이 암시하듯 엄석대를 일그러진 영웅으로 보고, 일그러지지 않은 영웅을 착한 영웅으로 표현하였다.

28 평론에 따르면 작가는 민중을 '비주체적이고 이기적인 군중'으로 보고 있고, 논자는 반 아이들을 이성을 가진 합리적인 주체로 판단하였다. 이 두 개의 관점은 본고에서 충돌하지 않는다. 작가가 바라본 민중 혹은 군중은 비주체적이며 비합리적이지 않다. 다만 더 나은 선택을 하지 못한 것뿐이다. 그렇기 때문에 임상철학은 약자인 반 아이들에게 더 나은 선택지를 제시할 수 있는 것이다. 그리고 임상철학이 더 나은 방안을 약자들에게 제시할 수 있는 것은 그들이 주체적이고 합리적인 인간이

처방의 원칙

이 절에서는 앞 절에서 도출된 처방의 방향에 맞추어 처방의 원칙을 정한다. 또한 처방의 시기와 대상을 특정한다. 본 처방의 목적은 강자 중심의 정의관으로 인한 철학적 병을 치유하려는 시도이다. 본 처방은 임상철학적 처방이므로 반 아이들의 인식 변화를 유도할 것이다. 앞 절의 세 가지 방향에 적합한 처방은 공동체주의적 처방이다. 즉, ①반 아이들이 자신의 선과 학급의 공동선을 결정할 때 각자의 이익이 아닌 다른 기준으로 판단하도록 처방하는 것. ②약자들이 연대하여 강자에게 저항하도록 처방하는 것. ③약자들이 개인의 선과 학급의 공동선을 지키는 이유를 스스로 찾도록 처방하는 것이다. 공동체주의란 공동선과 공동체와 구성원의 관계를 중시한다. 학급 공동체 구성원들이 추구하는 개인적 선과 학급 공동체가 추구하는 공동선의 기준을 공동체가 추구하는 가치에서 찾고, 개인적 선과 공동선이 조화를 이루어 학급 구성원들이 좋은 삶을 살도록 처방할 것이다.

공동체주의적 처방을 하는 이유와 처방의 원칙은 ①공동체주의자들은 인간의 삶이 공동체를 배경으로 하고 있으며, 공동체의 문화와 가치 그리고 역사의 영향을 받으며, 공동체가 요구하는 바람직한 역

므로 자신에게 무엇이 더 유리한지를 판단할 수 있다고 믿기 때문에 가능한 것이다. 그러므로 두 관점은 서로 모순된 것이 아니며, 서로 보완의 관점이다. 본고에서 말한 합리적인 주체란 이성과 논리로써 자신을 둘러싼 세상을 바라보는 태도를 가진 사람을 의미한다.

할을 요구받는 연고적 자아(encumbered-self[29])라고 보기 때문이다.[30] 매킨타이어에 따르면, 사람들은 다른 가치관을 자신의 가치관으로 수용할지 여부를 결정하는 도덕적 선택의 순간에 자신의 삶의 통일성을 묻는다. 매킨타이어는 "'나를 위한 선(개인 선)은 무엇인가?'라고 묻는 것은, 내가 어떻게 하면 이와 같은 (삶의) 통일성을 최선의 방식으로 살아 낼 수 있으며 또 완성시킬 수 있는가를 묻는 것이다"[31]라고 말한다. 이 주장을 반 아이들에게 처방한다면, 그들은 엄석대가 강요하는 강자 중심의 정의관을 수용할지 결정할 때 가족과 친구들, 학급, 담임선생, 학교 그리고 마을과 지역의 이야기 등을 괄호를 쳐서 선반에 올려놓고[32] 독립적이며 타산적인 개인으로서만 결정하는 것이 아니다. 부모와 형제, 친구 그리고 학교의 선생님과 동네 사람들과의 관계를 생각하고 어른들에게 들었던 옛날이야기의 교훈을

---

29 연고적 자아란 샌델이 롤스의 자유주의적 자아를 무연고적 자아라고 비판하면서 이에 대한 반대 성격의 자아를 지칭한 것이다. 즉, 롤스의 자아는 사회 이전에 독립된 자아로서 공동체에 대한 유대나 충성심 등을 설명할 수 없는 자아이고, 연고적 자아는 공동체의 문화나 역사 등에 영향을 받은 자아로서 구성원의 자아에 공동체의 가치 등이 영향을 미친 구성적 자아라는 의미이다.

30 공동체주의는 자유주의와 대비되는 개념으로 명확하게 규정짓기 어려운 개념이다. 대체로 인간관, 주관주의/객관주의, 보편성/특수성, 국가 중립성 등이 두 사조 간의 논쟁거리이다. 대표적인 공동체주의 이론가들은 마이클 샌델, 알레스데어 매킨타이어, 테일러, 월저가 있다. 스테판 뮤홀 · 애덤 스위프트, 《자유주의와 공동주의》, 김해성 · 조영달 옮김, 한울, 2017, 7쪽 참고.

31 알레스데어 매킨타이어, 《덕의 상실》, 이진우 옮김, 문예출판사, 1997, 322쪽.

32 샌델에 따르면 최소주의적 자유주의자들은 공적 영역에 들어갈 때 자신들이 선택하지 않은 도덕적 · 종교적 의무를 제쳐 두어야 하고, 정치와 법을 숙고할 때는 자신들의 도덕적 · 종교적 신념들을 괄호 쳐야 한다고 주장한다고 한다. 즉, 개인적 정체성과 정치적 정체성은 구별되어야 한다는 주장에서 나온 말이다. 마이클 샌델, 《민주주의 불만》, 안규남 옮김, 동녘, 2015, 34~35쪽; 마이클 샌델, 《정의의 한계》, 이양수 옮김, 멜론, 2014, 391~400쪽 참고.

반추하여 자기가 속한 공동체가 추구하는 선이 무엇인가를 생각하고 결정한다. 공동체주의자는 도덕적 선택의 갈림길에서 가정에서, 학교에서, 사회에서 전해지는 공동체가 추구하는 선의 맥락 속에서 선택을 한다는 것이다. 그러므로 반 아이들은 공동체주의적 처방을 통해서 개인의 이익을 추구하려는 마음을 극복하고 공동체가 추구하는 선을 도덕적 판단의 기준으로 삼게 된다.

②소설 속 반 아이들이 자신이 속한 공동체의 선의 맥락에서 도덕적 판단을 하고자 하여도, 각자 개인의 입장에서 강자의 강압을 물리치기는 어렵다. 약자가 강자의 불의와 강압에 맞서서 홀로 강자에게 저항하는 것은 어려운 일이다. 그러므로 약자들은 연대하여 강자와 힘의 균형을 맞춰야 한다. 본 처방은 약자들이 연대를 이루는 동기를 공동체주의에서 찾는다. 공동체주의는 애착관계에 의한 연대의무를 도덕적 의무로 받아들이기 때문이다.[33] 샌델은 "충성과 책임을 지키고 산다는 것은 우리 자신을 특정한 사람으로서, 즉 이 가족, 이 도시, 이 민족의 성원으로서, 이 역사의 담지자로서, 이 공화국의 시민으로서 이해하는 일과 떨어질 수 없다"고 주장한다.[34] 연대의 책무에 익숙한 공동체주의자들은 강자에게 연대하여 저항하는 정치적 행동이 낯설지 않을 것이다. 연대의 책무는 다음에 설명될 자기통치의 기반이 된다.

③반 아이들은 개인적으로 판단한 선을 바탕으로 다른 구성원들과의 토론과 합의를 통하여 학급의 공동선을 결정할 수 있다. 샌델

---

[33]   마이클 샌델, 《공동체주의와 공공성》, 김선욱 외 5명 옮김, 철학과현실사, 2008, 25
      쪽. 이양수, '들어가는 말' 참고.
[34]   마이클 샌델, 《공동체주의와 공공성》, 54쪽.

은 "공화주의 이론의 중심 생각에 따르면, 자유는 함께하는 자치 sharing in self-government에 달려 있다"고 주장한다.[35] 샌델에 따르면 '자치에 참여하는 것'은 "동료 시민과 함께 공동선에 대해 숙고하고 정치 공동체의 운명을 형성하는 데 기여하는 것이다."[36] 공공선의 결정에 참여하고 숙고하는 과정에서 자신의 이익과 공동체의 이익이 저울질된 도덕적 판단이 개입된다. 반 아이들의 공동선에 대한 숙고와 합의 과정은 엄석대의 불의에 대해 연대하여 저항하는 것이다. 그러므로 공동체주의적 처방은 강자 중심의 정의관이란 철학적 병에 감염된 반 아이들에게 적합한 처방의 원칙이 될 것이다.

앞에서 설명한 처방의 원칙에 추가할 것은 처방의 시기와 대상이다. 먼저 처방의 시기는 반 아이들이 초등학교를 졸업하기 전인 6학년 시기이다. 담임선생이 시험 부정을 저지른 엄석대와 엄석대의 불의에 저항하지 않은 반 아이들을 혼내는 시점에서부터 초등학교를 졸업하기 전까지이다. 중학생 또는 고등학생의 시기로 하지 않은 것은 초등학교에서 엄석대의 횡포를 같이 경험한 아이들로 구성된 학급이 중학교 진학으로 해체되기 전이기 때문이다. 그리고 처방의 대상은 한병태와 반 아이들로 한다. 반 아이들을 제외한 나머지 인물인 5, 6학년 담임선생과 한병태의 부모는 본 처방의 대상에서 제외한다. 처방의 대상을 반 아이들로 한정한 이유는 초등학생과 성인은 처한 환경과 사회적으로 부여된 역할이 다르므로 같은 처방을 할 수 없기 때문이다. 또한 반 아이들은 이성을 가진 합리적 주체로 본다. 그들을 합리적 주체로 판단하는 까닭은 앞에서 분석한 '약자들이 강

---

35 마이클 샌델, 《공동체주의와 공공성》, 37쪽.
36 마이클 샌델, 《민주주의 불만》, 18쪽.

자의 정의관을 가진 이유'에서 드러났다. 반 아이들은 약자로서 자신이 처한 환경 또는 조건 안에서 자기의 이익을 추구하기 위하여 나름대로 합리적 사고를 하였다. 합리적 사고를 한다는 것은 자신에게 주어진 환경을 이해하고 가장 효율적인 선택을 하는 합리적 인간이기 때문이다.

처방의 원칙에 적합한 철학적 해독제의 선택

앞 절에서 논자는 본 처방의 원칙으로 공동체주의적 처방이 적합할 것으로 주장하였다. 그러나 공동체주의에 대한 개념이 공동체주의자들마다 조금씩 다르므로 그들의 주장 중에서 본고의 처방 성격과 부합하는 마이클 샌델의 철학을 철학적 해독제로 원용할 것이다.

마이클 샌델의 철학을 본고의 철학적 해독제로 사용하는 이유는 ①샌델은 합리주의를 바탕으로 한 공공철학자이기 때문이다.[37] 공공철학이 가진 실천적 성격과 철학실천의 하위 분야로서 임상철학의 관점이 일치한다.[38] 샌델이 추구하는 공공철학은 "철학이 단순 이념이 아닌 실제의 제도와 관행, 더 나아가 인간의 실천적 삶 속에서 작동하는 철학적 이념, 특히 공공의 삶을 가능케 하는 시민적 자유를 탐구"[39]한다. 그리고 야마아키 나오시는 공공철학은 학문이 서로 통

---

37 고바야시 마사야는 "정의와 공공철학은 샌델 정치철학 전체에 흐르는 기저라고 할
    수 있다"고 말한다. 고바야시 마사야, 《정의사회의 조건 마이클 샌델의 정치철학》,
    홍성민 · 양해윤 옮김, 황금물고기, 2012, 8쪽.
38 이진남, 〈철학상담의 한국적 적용을 위한 기초이론연구 – 용어 정리와 체계설정을
    위한 제언〉, 355쪽 참고.
39 마이클 샌델, 《공동체주의와 공공성》, 이양수, '해제' 310~311쪽.

합되는 학문의 구조 개혁을 추진하고 이념과 현실의 통합을 지향한다고 주장한다.[40] 김태창은 공공철학의 '공공'을 명사로 쓰면 공공성의 철학이 해결하려는 주제이며, 동사로 이해하면 주로 실천활동의 관점에서 고찰하는 것을 의미한다고 말한다.[41] 철학실천의 하위 분야인 임상철학 역시 광범위한 인간의 실천활동에 관계하는 철학이다. 그리고 본 처방의 대상이 합리적 사고를 하는 반 아이들이다.[42] 그러므로 샌델의 철학이 합리주의를 기초로 한 실천적인 공공철학이므로 샌델의 철학을 본고의 철학적 해독제로 사용하는 것은 적절하다고 생각한다.

②앞에서 본 처방이 공동체주의적[43] 처방이라고 밝혔다. 공동체주

40　야마키 나오시, 《공공철학이란 무엇인가》, 성현창 옮김, 이학사, 2011, 19~48쪽 참고.

41　김태창, 〈공공철학이란 무엇인가?〉, 《철학과 현실》, 2007, 82~83쪽 참조. 김태창은 공공철학을 기본적으로 세 가지 차원의 상호운동이라고 설명한다. 그 첫째는 공공의 철학이고 둘째는 공공성公共性의 철학이고 셋째는 공공(하는) 철학이다. 그중에서 셋째의 공공(하는) 철학이란 명사가 아니고 동사로 이해되어야 한다고 주장한다. 공공을 명사로 쓰면 공공성의 철학이 해결하려는 주제이며, 동사로 이해하면 주로 실천활동의 관점에서 고찰하는 것을 의미한다고 한다고 말한다.

42　앞 절 '1. 처방의 방향'에서 반 아이들은 합리적으로 자신의 이익을 추구하는 존재라는 것을 설명하였다.

43　본 처방이 공동체주의적 처방인가는 논란이 있을 수 있다. 이 논란에 대해서는, 첫 번째 본 처방이 샌델의 논변이므로 샌델이 공동체주의자인가 하는 문제이다. 샌델은 《공동체주의와 공공성》의 서문에서 자신을 공동체주의자라고 부르는 것을 항상 불편하게 느꼈다고 한다. 그 이유는 그 표현이 자신이 거부하는 견해를 가리키고 있기 때문이라는 것이다(《공동체주의와 공공성》, 8~9쪽 참조). 또한 그의 다른 저서 《정의의 한계》 재판 서문에서 자신이 공동체주의자라는 논란에 대한 자신의 입장을 밝혔다(마이클 샌델, 《정의의 한계》, 2014). 그러나 스테판 뮤홀과 애덤 스위프트는 그들의 저서 《자유주의와 공동주의》에서 마이클 샌델을 자유주의에 대한 공동체주의적 비판가로 소개한다(《자유주의와 공동주의》, 7쪽 참고). 이에 대한 자세한 설명은 샌델의 주장에서 어떤 점이 공동체주의에 가깝고 어떤 점이 자유주의와 구분되는지에 달렸다고 할 수 있다. 이에 대해서는 맹주만의 설명을 참고할 것

의는 공공선과 공동체와 구성원의 관계를 중시한다. 샌델은 공동체 구성원의 자아를 연고적 자아로 바라본다. 연고적 자아는 자신을 둘러싼 공동체의 역사와 문화 등에서 자신의 정체성을 발견하는 자아이며, 공동체의 가치가 자아의 정체성에 영향을 끼친 자아이다. 공동체와의 관계에서 정체성을 깨달은 자아에게 샌델은 충성심, 애착심 등을 기대할 수 있다고 하였다.[44] 즉, 공통의 소속감이 개인적 이익 추구에 우선하여 공동선을 추구할 수 있는 신념적 기초이고 또 그 동기가 되기 때문이다.

③샌델은 자신의 철학을 실천하기 위한 정치체제로서 시민적 공화주의civic republicanism[45]를 주장하였다. 시민적 공화주의의 핵심은 자기통치이다. 자기통치란 동료 시민들과 함께 공익에 대하여 숙고하고 정치공동체의 운명을 만들어 가는 것을 말한다. 즉, 공동선의 결정에 반 아이들이 직접 참여하고 고민하고 판단하고 선택하는 과정을 자기통치라고 할 수 있다. 반 아이들은 이 과정을 통해서 학급

(맹주만, 〈롤스와 샌델, 공동선과 정의감〉, 《철학탐구》 32, 중앙대학교 중앙철학연구소, 2012, 313~348쪽 참고). 두 번째는 본 처방이 현대사회의 합리성에 기대고 있다는 점이다. 본 처방은 개인의 선택에 무간섭주의를 강조하는 자유주의 합리성에서 출발하기 때문이다. 그리고 합리적인 개인의 선택을 중시하는 처방이기 때문이다. 세 번째, 샌델의 시민적 공화주의와 공동체주의의 구분에 대하여 논란이 있을 수 있다. 따라서 본 처방이 공동체주의적인가는 논쟁의 여지가 있을 수 있다. 이 부분에 관해서는 마이클 샌델, 《정의의 한계》, 57~61쪽 참조.

44 마이클 샌델, 《공동체주의와 공공성》, 54쪽 참조.

45 김은희는 아래 논문에서 샌델이 직접적으로 자신이 지지하는 입장을 '시민적 공화주의'라고 말하지는 않았지만 시민적 덕을 강조하면서 그러한 덕의 육성을 일차적 목적으로 삼는 공화주의를 대안으로 삼고 있다는 점과, 다른 논자들이 샌델의 입장을 그렇게 일컫고 있다고 각주에서 밝히고 있어 본고에서도 '시민적 공화주의'로 표현하였다. 김은희, 〈샌델의 시민적 공화주의는 '민주주의 불만'을 해소할 수 있는가?〉, 《철학사상》 45집, 2012, 171쪽 참고.

공공선의 입법자이며 공동 저작권자가 되는 것이다. 즉, 자기통치는 반 아이들이 철학적 병을 치유하는 실천적이며 제도적 해법이다. 자신이 합의한 공동선을 지키기 위해 강자에 맞설 수 있는 용기와 이유가 탄생하는 배경이기도 하다.[46]

샌델의 철학

앞 절 '처방의 원칙에 적합한 철학적 해독제의 선택'에서 마이클 샌델의 철학을 본고의 철학적 해독제로 사용하는 이유로 세 가지를 설명하였다. 그리고 다음 절에서 샌델의 철학을 원용한 세 단계의 처방의 적용을 설명할 것이다. 그러므로 이번 절에서는 마이클 샌델의 철학을 간략하게 설명한다.

철학적 해독제로 선택한 샌델의 철학은 롤스의 《정의론》[47]에 대한 비판의 맥락에서 이해하여야 한다. 샌델의 철학을 대표하는 《정의의 한계》는 롤스의 《정의론》에 대한 비판서이기 때문이다. 롤스는 사회적 약자인 최소 수혜자the least advantaged[48]를 우선 배려하는 정의론을 주장하였다. 롤스의 정의론은 자유주의 입장에서 정의에 대한 합

---

46 본고의 처방에는 샌델뿐만 아니라 다른 공동체주의자인 매킨타이어의 주장을 인용한다. 그러나 본고의 처방은 샌델의 철학과 많이 부합한다. 샌델의 철학은 권리와 옳음에 대한 선의 우선성에 기초한 공동선에 대한 숙고, 공동체의 성원으로서의 시민적 덕성의 강조, 정치에의 적극적 참여, 역사적·구체적 인간관 등을 옹호한다. 따라서 본고의 처방에 적합한 철학자로 샌델을 선택하였다.

47 존 롤스, 《정의론》, 황경식 옮김, 이학사, 2016.

48 롤스는 최소 수혜자들에 대한 개괄적인 정의로 "그 가족 및 계급적 기원이 다른 사람들보다 불리하며, 천부적 재능으로도 유리한 형편에 있지 못하며, 살아가면서 운수나 행운 역시 보잘것없는 것으로 드러난 사람들"이라고 설명한다. 존 롤스, 《정의론》, 148쪽 참고.

의를 사회계약이라는 형식으로 정의하였다. 롤스는 정의 원칙에 합의하기 위해 자유로운 개인들이 원초적 상태original position[49]에서 자신의 성별이나 재산 또는 부모, 학력 등을 알 수 없게 무지의 베일에 싸여 있다고 가정한다. 이런 평등한 상황에서 이성적이고 자기 이익을 챙기는 우리 인간들이 어떤 결정을 할 것인가를 짐작할 수 있다고 하였다. 원초적 상태의 사람들은 정의 원칙 두 가지에 합의한다. ①사람들은 모두에게 언론의 자유, 종교의 자유 등의 기본 자유를 평등하게 제공한다는 원칙에 합의한다. ②사회적, 경제적 평등 문제에서 사람들은 다소간의 불평등을 인정하더라도 불평등과 관련된 이익은 사회 구성원 중 가장 약자에게 돌아가야 한다는 것에 합의한다.[50] 이런 상태에서 합의하는 정의를 롤스는 공정으로서의 정의 justice as fairness[51]라고 부른다. 그는 이렇게 사회주의나 사회민주주의와는 다른 자유주의 정치철학을 통해서 복지국가를 정당화하였다. 롤스는 선과 같은 윤리적 관념과 관계없이 인간의 합의로서 정의를 생각한 것이다. 롤스는 사람마다 좋은 삶에 대한 생각conception이 다르므로 모든 사람들이 합의할 수 있는 정의를 우선시하였다.

롤스에 대한 샌델의 비판의 핵심은 롤스의 무연고적 자아관과 옳음의 좋음에 대한 우선성 비판이라고 할 수 있다. 샌델의 비판은 ① 롤스가 형이상학적 존재를 경험론적 상황에 억지로 결합시켰다고 지적한다. 샌델은 롤스의 자유주의적 자아는 무연고적 자아관으로

---

49 '공정으로서의 정의에 있어서의 평등한 원초적 입장이라는 것은 전통적인 사회계약론에 있어서의 자연 상태state of nature에 해당된다.' 존 롤스, 《정의론》, 46쪽 참고.
50 존 롤스, 《정의론》, 105쪽 참고.
51 존 롤스, 《정의론》, 45쪽 참고.

일상의 삶에서 만나는 도덕적 주체가 아니라 초월적 주체라고 비판한다. 초월적 주체는 경험 이전의 사고에서만 존재하는 형이상학적인 것이다.[52] 그리고 롤스가 인용한 흄의 '정의의 여건'[53]은 경험론적인 것이며, 원초적 입장 역시 "특징적인 인간 상황에 관한 특정한 경험주의 설명을 포함한다."[54] 결국 롤스의 주장은 형이상학적인 무연고적 자아관과 경험적인 정의의 여건과 원초적 입장을 한곳에서 논의하는 문제를 노정한다. 경험론의 입장에서 형이상학적 무연고적 자아관을 받아들일 수 없다는 비판이다.[55]

②롤스의 정의론은 도덕적 타락을 구원하지 못한다는 것이다. 롤스의 무연고적 자아관에 기초한 정의는 서로에게 무관심한 상태에서 자신에게 가장 유리한 정의의 원칙을 합리적으로 선택한다. 즉, 롤스의 정의론은 도덕과 무관하거나 도덕이 타락한 상황을 전제로 하기 때문에 도덕의 타락을 방지할 수 없다. 샌델은 이런 점에 대하여 "정의의 확대는 적어도 상이한 두 가지 측면에서 전체 도덕의 향상에 연계되지 못한다. 정의의 여건을 충분히 확대시키지 못하거나, 아니면 충분해도 더 고귀한 덕목과 좀 더 유리한 축복의 상실을 복원할 수 없다."[56]고 주장한다.

③무연고적 자아관의 특징은 서로 무관심하며 각자의 이익을 극

---

52   마이클 샌델,《정의의 한계》, 107~113쪽 참고.
53   흄의 주장으로, 인간의 욕구에 비해 부족한 자연자원과 아울러 인간의 자기중심성과 한정된 관용 등 오직 이런 것들에 정의의 기원이 있다는 주장. 흄,《인간본성에 관한 논고 3; 도덕에 관하여》, 이준호 옮김, 서광사, 2014, 63~68쪽 참고.
54   마이클 샌델,《정의의 한계》, 131쪽.
55   마이클 샌델,《정의의 한계》, 136~137쪽 참고.
56   마이클 샌델,《정의의 한계》, 122쪽.

대화하려고 노력하므로 공동체의 가치보다 자신의 이익이 앞선다. 그래서 분배의 문제에 대해 취약하다는 비판이다. 이를 보완하기 위해 롤스는 우리의 재능을 공유자산common asset으로 보고, 자신의 이론을 상호주관적 또는 간주관적인 개념에 암시적으로 의존한다.[57] 그러나 상호주관적이라는 개념은 목적에 앞선 자아라는 전제에 모순이 된다는 비판이다. 그리고 공유자산 개념은 일부 사람들을 다른 사람들의 목적을 위한 수단으로 취급함으로써 칸트의 의무론을 근거로 하여 개인의 자유 침해를 최소화하려는 자유주의 이론에 모순이 생긴다고 샌델은 비판한다.[58]

④목적에 앞선 자아라는 무연고적 자아관에서 도출된 옳음의 좋음에 대한 우선성 비판이다.[59] 샌델은 선(좋음)이란 좋은 삶에 대한 윤리적 관념으로 좋음과 옳음은 상관적이라고 주장한다. "정의에 대한 반성은 철학적 문제이므로, 이 반성은 좋은 삶의 본성 및 인간의 최고 목적에 대한 고찰과 합당하게 분리될 수 없다"고 주장한다.[60] 좋음과 옳음은 상관적이라서 롤스의 주장처럼 좋음과 무관하게 정의를 합의할 수 없다고 비판한다.

⑤롤스의 국가 중립성에 대한 비판이다. 롤스는 현실적으로 다원주의 국가에서 전체의 합의를 이루기는 어려우므로 국가는 도덕적·종교적 신념에 대해 중립을 지켜야 한다고 주장한다. 샌델은 롤스의 사회계약론을 현 사회가 처한 개인주의와 가치 중립의 문제점에 대

---

57   마이클 샌델, 《정의의 한계》, 198~199쪽 참조.
58   마이클 샌델, 《정의의 한계》, 200~233쪽 참조.
59   마이클 샌델, 《공동체주의와 공공성》, 52쪽 참조.
60   마이클 샌델, 《정의의 한계》, 375쪽.

한 해법이라고 본다. 그러나 샌델은 정의와 좋음은 상관적이므로 정치적 문제에서 정의와 권리에 대한 숙고는 선 개념과 관련이 있다고 주장한다. 그 선 개념은 문화와 전통의 모습으로 나타나고, 그 문화와 전통 안에서 이런 숙고가 일어난다고 설명한다.[61] 샌델은 자신의 공공철학을 실현하는 방안으로 시민은 자기통치에 참여하고 국가는 시민적 덕성을 함양하는, 공동선을 추구하는 시민적 공화주의를 주장한다. 시민적 공화주의는 샌델이 현대 미국정치를 절차적 공화정이라고 비판하면서 이에 대한 대안으로 제시한 것이다.[62]

처방의 적용

처방의 적용은 세 단계로 이루어진다. 첫 단계는 연고적 자아를 인식하는 단계이며, 두 번째는 강자 중심의 정의관에 대한 개인적 선의 선택 단계이다. 세 번째는 '공동선의 합의: 자기통치의 참여'로서 학급 공동체의 공동선을 결정하는 과정이다. 첫 단계에서 반 아이들은 자신이 연고적 자아임을 인식한다. 이 과정을 통해서 그들은 자신이 학급 공동체의 구성원임을 깨닫고, 공통의 소속감을 통하여 개인적 선을 바탕으로 학급 공동체의 선을 추구할 수 있는 신념적 기초와 동기가 마련된다. 두 번째 개인적 선의 선택 단계에서 반 아이들은 도덕적 행위자로서 서사적 탐색을 통하여 엄석대가 강요한 강자 중심의 정의관을 개인적 선으로 선택할지를 결정한다. 마지막

---

61 마이클 샌델, 《정의의 한계》, 374~422쪽 참조.

62 샌델은 자신의 책 《민주주의 불만》에서 미국의 정치를 절차적 공화정이라고 비판하면서 이에 대한 대안으로 공화주의를 주장한다. 마이클 샌델, 《민주주의 불만》, 안규남 옮김, 동녘, 2015.

공동선의 선택: 자기통치의 참여 단계에서는 개인적으로 선택한 선을 바탕으로 다른 구성원들과의 토론과 합의를 통하여 학급의 공동선을 결정한다. 모든 처방의 적용 과정은 순차적으로 시행된다. 처방의 적용의 앞 단계는 다음 단계의 처방을 적용하기 위한 선수 학습의 단계와 같다.

처방 1단계 – 연고적 자아 인식하기

이 단계는 반 아이들이 연고적 자아를 인식하는 단계이다. 이 단계에서 원용하는 철학적 지혜는 매킨타이어의 '이야기하는 존재'[63]이다. 이 단계를 통하여 반 아이들은 학급 공동체의 구성원임을 깨닫고, 공통의 소속감을 통하여 유대의 감정을 느끼며, 개인적 선을 바탕으로 연대하여 공동선을 추구할 수 있는 신념적 기초와 동기를 마련한다. 연고적 자아임을 깨닫는 단계는 반 아이들이 철학하도록 doing philosophy 안내하는 첫 단계이기도 하다.

연고적 자아를 인식하는 단계는 자신의 정체성을 탐색하는 과정이다. 탐색의 방법은 자신을 둘러싼 가족과 마을, 직장, 종교 집회, 국가 등과의 관계에서 자신의 정체성을 발견하는 것이다. 샌델은 정체성을 찾는 방법으로 매킨타이어의 서사적敍事的 인간관(이야기하는 존재)을 원용한다. 매킨타이어는 인간을 서사적인 존재로 본다. 매킨타이어는 같은 이야기를 공유하는 이들은 서로 책임을 질 뿐만 아니라 다른 사람에게 책임을 물을 수 있는 사람이기도 하고, 서로

---

63 매킨타이어는 그의 책 《덕의 상실》에서 인간의 도덕적 정체성을 하나의 유일무이한 삶 속에서 구현된 이야기의 통일성 속에 있다고 말한다. 샌델은 《정의란 무엇인가》에서 매킨타이어의 주장을 인용하며 인간을 이야기하는 존재라고 표현한다. 《덕의 상실》, 322쪽 참조, 《정의란 무엇인가》, 309쪽 참조.

같은 이야기의 한 부분이라고 한다. 어떤 사람의 이야기는 서로 맞물려 있는 일련의 이야기들의 한 부분이기 때문이다. 그러므로 "인격적 정체성은 어떤 이야기의 통일성이 요청하는 성격의 통일성에 의해 전제되는 정체성"[64]이라고 본다. 자신을 둘러싼 공동체의 역사와 문화 등에서 자신의 정체성을 발견한 자아는 샌델이 주장하는 연고적 자아이다. 연고적 자아는 공동체의 가치가 자아의 정체성에 영향을 끼친 자아이다. 공동체의 일원이라는 정체성에 의해 요청되는 목적이나 가치를 인식한 자아는 자신의 삶도 역사의 일부이며 역사를 떠안은 존재, 부담하는 존재encumbered self라고 본다.[65]

소설 속 반 아이들이 연고적 자아를 인식하는 과정은, 자신이 학급의 구성원에서 마음대로 벗어날 수 없다는 것을 깨닫는 것이 아니다. 그들은 먼저 학교와 학급과 자신을 연관 지어 생각해 보는 것이다. 그들은 학교에서 지식과 지혜를 배우는 자신을 돌아보고 학교와 선생님과 자신의 관계를 생각해 본다. 그들은 함께 시험을 치르고, 다 같이 학교 규칙을 준수하고, 주번을 정해 돌아가며 실습지를 돌보고, 방과 후 역할을 나누어 교실을 청소한다. 학교에서 일어나는 일 속에서 자신과 동급생을 함께 생각하고, 학급과 동급생과 자신을 하나의 이야기로 연결 지어 생각하는 것이다. 그리고 아침에 등교하는 나에 대한 가족의 기대와 염려를 연속된 하나의 이야기에

---

64 알레스데어 매킨타이어,《덕의 상실》, 321쪽.

65 샌델은《정의란 무엇인가》에서 독일의 유대인 학살에 대해 하네스 라우 독일 대통령이 2000년 이스라엘 국회 연설에서 사죄한 것과 일본이 한국과 다른 아시아 국가의 여성과 여자아이들을 강제로 끌고 가 성노예로 이용한 것에 대하여 사죄하지 않은 점을 들어 설명한다. 마이클 샌델,《정의란 무엇인가》, 이창신 옮김, 김영사, 2010, 293~294쪽.

담아 이해하는 것이다. 그러면서 학교와 학급, 그리고 가족이란 배경setting[66]에서 나의 이야기, 동급생의 이야기, 선생님의 이야기, 가족의 이야기가 하나의 이야기라는 것을 깨닫는 것이다. 연속적으로 연결된 하나의 이야기에 자신의 정체성이 있음을 발견한다. 반 아이들은 학교와 학급과 선생님과 부모와 동급생과 나의 관계가 하나의 이야기 속에 있다는 것을 깨닫고, 자신이 학급 공동체에 속한 연고적 자아임을 인식한다. 이들은 같은 담임선생의 제자로서, 같은 학급의 동급생으로서, 응당 부응해야 할 많은 바람과 기대, 염려를 수긍하는 연고적 자아가 된다.

연고적 자아를 깨달은 반 아이들에게 학급은 단지 학생들을 구분하기 위한 단위나 표지가 아니다. 그들은 하나의 이야기에 연결된 존재들이며, 같은 목적과 관심을 공유한 동급생이다. 그들은 학급 공동체의 구성원으로서 서로에게 유대감을 갖고 학급 공동체의 공동선을 지키려는 애착심이 있는 존재이다. 연고적 자아가 공동체에 대하여 부담하는 책임에 대한 도덕적 무게는 소속된 자아라는 도덕적 고민에서, 그리고 내 삶의 이야기는 다른 사람의 이야기에 포함된다는 인식에서 나온다.[67] 학교와 선생님과 부모가 그들에게 갖는 기대와 염려에 대한 반응은 개인적 선의 선택으로 나타난다. 이제 학급 공동체의 연고적 자아임을 깨달은 반 아이들은 공통의 소속감을 바탕으로 연대하여 개인선과 공동선을 판단할 수 있는 신념적 기초와 동기가 마련된다.

---

66 알레스데어 매킨타이어, 《덕의 상실》, 303쪽 참고.
67 마이클 샌델, 《정의란 무엇인가》, 314쪽 참고.

처방 2단계 – 강자 중심의 정의관에 대한 개인적 선의 선택 단계

이번 단계는 연고적 자아를 인식한 반 아이들이 강자 중심의 정의관이 자신들에게 주는 이익을 중시하여 강자 중심의 정의관을 개인적 선으로 받아들일지를 결정하는 도덕적 판단의 단계이다. 이 단계에서 원용하는 철학적 지혜는 매킨타이어가 《덕의 상실》에서, 우리가 도덕적 행위자로서 목표와 목적에 도달하는 방법으로 제시한 서사적 탐색이다. 앞 단계의 연고적 자아의 인식 단계에서 반 아이들은 공통의 소속감으로 연대하여 개인적 선과 공동선을 선택할 수 있는 신념적 기초와 동기가 마련되었다. 그러므로 이번 단계에서 반 아이들은 엄석대가 강요하고 5학년 담임선생이 비호하는 강자 중심의 정의관이 주는 이익을 고려하여 자신의 선으로 선택하지 않고 배척할 것이다. 이 단계는 반 아이들이 개인적으로 도덕적 판단을 하는 단계이며, 개인적 지적 활동인 철학함의 두 번째 단계이기도 하다.

'처방의 방향'에서 약자인 반 아이들이 강자 중심의 정의관을 가진 이유에서 분석한 바와 같이, 반 아이들은 각자 자신의 이익을 위하여 강자 중심의 정의관을 자신의 선으로 선택하였다. 그러나 자신이 연고적 자아임을 깨달은 반 아이들은 학급 공동체의 구성원이라는 소속감에서 비롯된 공동체의 책임을 부담하는 자아이다. 그리고 이 책임에 담긴 도덕의 무게는 공동체에 소속된 자아라는 도덕적 고민에서, 그리고 내 삶의 이야기는 다른 사람의 이야기에 포함된다는 인식에서 나온다고 앞에서 설명하였다. 매킨타이어는 "한 전통 속에서 선들의 추구는 대대로 이어지고, 경우에 따라서는 여러 세대를 거쳐 이어진다. 그렇기 때문에 자신의 선에 대한 개인의 추구는 일반적으로 그리고 특징적으로—개인의 삶이 그것의 한 부분을 이루는—전통에 의해 정의된 하나의 콘텍스트 안에서 이루어진다. 그리

고 이러한 사실은 실천에 내재하는 선들뿐만 아니라 개인적 삶의 선들에도 타당하다[68]고 말한다. 반 아이들은 선생님에게 배우고, 어른들에게서 옛날이야기를 듣고 또는 부모님에게 밥상머리 교육을 받으며 공동체가 요구하는 가치를 배운다. 착한 일을 해야 한다거나, 친구들과 싸우면 안 된다든지, 게으름을 피우면 안 된다는 등의 이야기를 듣는다. 이 이야기들은 공동체가 추구하는 선이자 가치로서 모든 공동체의 보편적인 가치이기도 할 것이다. 이 가치들은 반 아이들의 자아의 구성적 요소가 된다. 그리고 도덕적 판단을 할 필요가 있을 때 가치 판단의 기준이 되는 것이다. 연고적 자아는 단순히 상황 속에서 판단하고 행동하는 자아의 특성에 머물지 않는다. 특정 공동체의 가치가 상황 속에서 무의식적이든 의식적이든 개입하고 간섭한다.

그러므로 반 아이들은 자신이 추구할 선을 부모와 선생님과 어른들이 들려주는 이야기 속에서 그리고 공동체가 요구하는 가치에서 찾는다. 그러므로 반 아이들은 엄석대가 강요하는 강자 중심의 정의관을 배척하고 공동체가 요구하는 가치관을 자신의 선으로 선택한다. 이 판단의 배경은 연고적 자아의 책임에서, 나의 이야기와 너의 이야기는 한 이야기에 포함된다는 인식에서, 자신의 선에 대한 개인의 추구는 전통에 의해 정의된 하나의 콘텍스트 안에서 파악된다는 맥락에서 이루어진다. 연고적 자아임을 깨달은 반 아이들은 개인적 선을 선택할 때 개인의 이익을 도덕적 판단의 기준으로 하지 않고 공동체의 공동선을 기준으로 할 것이다. 따라서 그들은 강자 중심의 정의관을 배척할 것이다.

---

68   알레스데어 매킨타이어, 《덕의 상실》, 327~328쪽.

처방 3단계 – 공동선의 합의: 자기통치의 참여

이번 단계에서 반 아이들은 자기통치의 과정을 통해서 학급 공동체의 공동선을 숙고하고 그 기준의 결정 과정에 참여함으로써 공동체와 자신과의 상관성을 체화한다. 이 단계는 동료들과 함께 대화하고 학급 공동체의 공동선 결정에 참여하는 단계로서 진정한 자유의 실현 단계이다. 이번 단계에서 원용하는 철학적 지혜는 샌델이 주장한 진정한 자유에 도달하기 위한 자기통치의 참여이다.

샌델의 시민적 공화주의는 시민은 자기통치에 참여하고, 국가는 시민의 덕성을 함양하는 공화주의를 말한다. 이 단계는 엄석대가 강요한 강자 중심의 정의관이 가져다주는 이익을 개인의 선으로 받아들일지 판단한 반 아이들이 학급 공동선의 결정에 참여하는 단계이다. 자기통치의 참여 단계는 다른 구성원들과의 토론과 합의를 통하여 공동선을 결정함으로써, 강자에게 저항하고 좋은 공동체를 만드는 실천적 활동으로 정치적인 삶의 단계이다. 즉, 연대하여 강자에게 저항하는 단계이다.

샌델에 따르면, 자기통치에 참여한다는 것은 공동선에 대하여 동료 시민들과 숙고하는 것이며, 정치공동체의 운명을 함께 모색하는 데에 기여한다는 것을 말한다. 공동선에 대하여 토론하기 위해서는 자신의 목표를 잘 선택하고 타인의 선택할 권리를 존중하여야 한다. 이를 위해서 공공 사안에 대한 지식과 소속감, 사회 전체에 대한 관심, 나와 운명을 같이하는 공동체와의 도덕적 연결이 필요하다.[69] 샌델은 시민의 자격으로 공동체의 운명과 관련된 사안에 직접 참여하여 의사를 결정하는 과정에서 비로소 시민은 자유로울 수 있다고 주

---

69 마이클 샌델, 《공동체주의와 공공성》, 38쪽 참고.

장한다.[70]

반 아이들은 학급의 문제에 대해 자신의 의사를 선택하고 결정 과정에 참여함으로써 엄석대에게 억압받지 않고 자유로울 수 있다. 이번 단계에서 자기통치의 쟁점은 강자 중심의 정의관을 학급의 공동선으로 수용할 것인가를 결정하는 것이다. 강자 중심의 정의관을 배척하기로 개인적 차원에서 선을 선택한 반 아이들은 이제 학급 공동체 전체의 도덕적 판단의 기준을 결정하고 책임지는 무대에 섰다. 그들은 실제 무대에서 대안을 저울질하고 자신의 생각을 논의하고 타인의 의견을 경청하고 통치하고 통치를 받는 심사숙고의 과정에 들어선 것이다. 학급 공동체의 공동선을 토론과 선택의 민주적 절차로 결정하는 것은 어렵고 힘든 과정이다. 이 과정을 방해하는 힘들—엄석대의 힘, 5학년 담임선생의 권위, 엄석대의 독재에 협력하는 세력들의 위협, 엄석대의 질서에 안주하고 싶은 마음—이 있을 것이다. 그러나 연고적 자아는 공동체에 대한 책임을 인정하고 그 책임을 부담하기로 결심한 존재이다. 연고적 자아임을 깨달은 반 아이들은 강자 중심의 정의관을 학급의 공동선으로 결정하지 않을 것이다. 이미 그들은 개인의 선을 선택하는 도덕적 판단의 과정을 거쳤다. 그리고 함께 모여 공동체의 가치를 기준으로 공동선을 결정할 것이다. 이는 강자의 강압에 연대하여 저항하는 길이며, 강자 중심의 정의관으로 인한 철학적 병을 치유하는 마지막 단계이다.

---

70 마이클 샌델, 《민주주의 불만》, 18쪽 참고.

나가며

이 글은 임상철학의 관점에서 소설 속 등장인물들의 철학적 병에 대한 전편의 진단을 바탕으로 처방을 세우고 그 처방을 적용하였다. 이를 위해 '김영진의 임상철학과 본고의 처방'에서는 김영진이 주장한 임상철학에 대한 주장을 요약하고 김영진의 처방 방식에 보충할 논자의 처방을 설명했다. 보충한 것의 첫 번째는 진단을 바탕으로 처방의 방향과 원칙을 정하고, 처방의 방향과 원칙에 적합한 철학적 해독제를 선정하는 과정이다. 이 과정은 처방의 정확도와 치료 효과를 높이기 위하여 보충하였다. 그리고 처방을 적용한 후 처방의 수립 과정과 처방의 효과를 상호 비교검증하기 위함이다. 보충한 두 번째 부분은 처방의 적용 과정으로, 철학적 병에 걸린 사람들이 스스로 처방에 따라 치료할 수 있도록 철학적 산파의 입장에서 그들을 돕는 철학상담의 방식을 취했다. 그 까닭은 철학적 병에 걸린 대상자들에게서 정서적이고 의지적이며 행동적 결과를 이끌어 내기 위함이다. 다음 절에서 전편의 진단을 바탕으로 처방의 방향과 원칙을 정하고 처방 원칙에 적합한 철학적 해독제를 선택하고 선택한 이유를 설명했다. 논자가 취한 처방의 방향과 원칙은 공동체주의적 처방이며, 본 처방에 적합한 철학적 해독제로 마이클 샌델의 철학을 선택하였다. 마이클 샌델의 공동체주의 철학과 시민적 공화주의의 핵심인 자기통치가 본 처방의 핵심을 이루기 때문이다. 철학적 해독제로 원용한 샌델의 철학을 롤스의 철학과 대비하여 설명했다. 그리고 처방을 '연고적 자아 인식하기'와 '개인적 선의 선택' 그리고 '공동선의 합의: 자기통치의 참여'의 세 단계로 나누어 구성하고 적용했다. 1단계는 연고적 자아 인식하기 단계이다. 이 단계는 약자들이 공동체의 구성원임을 깨닫고, 공통의 소속감을 통하여 유대의 감정을 느끼며, 개인적 선과 공동선을 공동체가 추구하는 공동선을 기준으로 판단할 수 있는 신념적 기초와 동기를 마련하는 단계이다. 2단계는 연고적 자아를 인식한 약자들이 강자 중심의 정의관을 개인적 선으로 받아들일지를 결정하는 도덕적 판단의 단계이다. 3단계는 약자들이 자기통치의 과정을 통해서 학급 공동체의 공동선을 숙고하고 결정 과정에 참여함으로써 공동체와 자신과의 상관성을 체화하는 단계이다. 본 처방 3단계를 통해서 약자들은 강자 중심의 정의관을 배척함으로써 철학적 병에서 치유될 것이다.

본고의 의의는 ①병의 원인과 증상에 따라 치유 원칙과 방법을 세우고 이에 따라 처방을 하는 데에 있다. 이렇게 함으로써 정확한 처방이 가능해지고 치유의 효과가 높아질 것으로 기대한다. ② 본고는 임상철학의 실제 적용을 위한 사고실험으로서 의의가 있다고 생각한다. 실재하는 집단의 독재를 대상으로 임상철학을 적용하는 것은 쉽지 않기 때문이다. 왜냐하면 독재의 성립과 유지를 가능하게 하는 요인과 메커니즘은 집단의 역사와 문화, 경제, 민주주의 성숙도, 집단 내 관습이나 규칙과 더불어 독재에 대한 각 개인의 반응 등 수 많은 요인이 있기 때문이다. 특히 독재에 반응하는 각 개인들의 심리적 기제를 정확히 파악한다는 것은 더욱 어렵다. 그러므로 독재에 관한 대표적 알레고리 소설로 알려진 소설을 선택하여 사고실험의 차원에서 임상철학을 적용한 것은, 향후 다른 사회문제에 대한 임상철학적 접근에 많은 시사를 준다고 생각된다. 그러나 본고의 사고실험으로서의 의의가 오히려 본고의 한계라고 생각된다. 본고의 대상이 알레고리 소설이므로 사고실험으로서의 의의는 있지만 허구의 이야기를 대상으로 하였기 때문에 진단과 처방의 결과가 시사점은 있지만 실제와 정합성을 갖지는 못한다. 그리고 철학적 병에 대한 진단과 처방 그리고 적용 이후에 구체적으로 치료를 진행할 프로그램이나 임상 기법을 제시하지 못했다. 이 점은 향후 추가 연구가 필요하다.

임상철학은 개인적 아픔도 대상으로 하지만 특히 세월호 사건이나 포항 지진과 같은 대형 참사나 갑질과 같은 사회적 현상에 대하여 진단하고 처방하는 철학적 대안을 제시할 필요가 있다고 생각한다. 임상철학의 연구는 그러한 아픔을 겪는 사람들에 대한 개인별 철학상담의 기초 자료로서도 유용하게 사용될 수 있을 것이라고 기대하기 때문이다.

참고문헌

고바야시 마사야, 《정의사회의 조건 마이클 샌델의 정치철학》, 홍성민 · 양해윤 옮김, 황금물고기, 2012.

김영진, 《철학적 병의 진단과 처방》, 철학과현실사, 2004.

김은희, 〈샌델의 시민적 공화주의는 '민주주의 불만'을 해소할 수 있는가?〉, 《철학사상》 45집, 2012, 171쪽.

김태창, 〈공공철학이란 무엇인가?〉, 《철학과 현실》, 2007, 82-83쪽.

나카오카 나리후미, 《시련과 성숙: 자기변용의 철학》, 이기원 옮김, 경인문화사, 2015.

데이비드 흄, 《도덕에 관하여》, 이준호 옮김, 서광사, 2014.

마이클 샌델, 《민주주의 불만》, 안규남 옮김, 동녘, 2015.

_____, 《정의의 한계》, 이양수 옮김, 멜론, 2014.

_____, 《공동체주의와 공공성》, 김선욱외 5명 역, 철학과 현실사, 2008.

맹주만, 〈롤스와 샌델, 공동선과 정의감〉, 《철학탐구》 32, 중앙대학교 중앙철학연구소, 2012, 313~348쪽.

박대원, 〈임상철학의 정체성 연구 - '임상철학'의 국내외 자료 연구〉, 《동서철학연구》 제73호, 2014, 417~418쪽.

송영숙, 〈이문열 소설의 군중과 권력연구 - 《들소》, 《칼레파 타 칼라》, 《우리들의 일그러진 영웅》을 중심으로〉, 부경대학교 석사학위논문, 2009, 45쪽 .

스테판 뮤홀 · 애덤 스위프트, 《자유주의와 공동주의》, 김해성 · 조영달 옮김, 한울, 2017.

알레스데어 매킨타이어, 《덕의 상실》, 이진우 옮김, 문예출판사, 1997.

야마아키 나오시, 《공공철학이란 무엇인가》, 성현창 옮김, 이학사, 2011.

이남호, 〈낭만이 거부된 세계의 원형적 모습〉, 《이문열 중단편집(하)》, 열린책들, 1993, 380쪽.

이문열, 《우리들의 일그러진 영웅》, 민음사, 2017.

이영의, 〈철학상담과 심리치료의 관계; 아헨바흐의 견해를 중심으로〉, 《범한철학》 제53집, 2009. 398~399쪽.

이진남, 〈철학상담의 한국적 적용을 위한 기초이론연구 – 용어 정리와 체계설정을 위한 제언〉, 《범한철학》 제52집, 2009, 349~355쪽.

존 롤스, 《정의론》, 황경식 옮김, 이학사, 2016.

플라톤, 《고르기아스》, 김인곤 옮김, 이제이북스, 2018.

플라톤, 《국가》, 박종현 옮김, 서광사, 1997.

하종수 · 최희봉, 〈성과사회와 철학적 병: 샌델의 정의론으로 치료하기〉, 《인문과학연구》 제55집, 2017.

황명훈, 〈교실 내 권력의 문제를 다룬 소설 비교 연구〉, 신라대학교 석사학위논문.

철학의 여러 문제와 철학실천

2020년 2월 28일 초판 1쇄 발행

지은이 | 최희봉 김선희 최종문 이기원 유성선
        윤석민 황정희 이진남 허서연 하종수
펴낸이 | 노경인 · 김주영

펴낸곳 | 도서출판 앨피
출판등록 | 2004년 11월 23일 제2011-000087호
주소 | 우)07275 서울시 영등포구 영등포로 5길 19(양평동 2가, 동아프라임밸리) 1202-1호
전화 | 02-336-2776 팩스 | 0505-115-0525
블로그 | bolg.naver.com/lpbook12
전자우편 | lpbook12@naver.com

ISBN 979-11-87430-86-5 93100